PE

Uma Silbey

HEILKRAFT DER KRISTALLE

Verlag PETER ERD · München

THE COMPLETE CRYSTAL GUIDEBOOK
by Uma Silbey
Original English language edition published by
U-read Publications, San Francisco, California

Auflage 1993
Umschlaggestaltung: Franz Wöllzenmüller
Foto: Medenbach
Aus dem Amerikanischen übertragen von Ursula Fassbender

Druck und Verarbeitung: Wiener Verlag, Himberg
ISBN 3-8138-0117-9

INHALT

Dieses Buch ist meinem Mann, Ramana Das, sowie meiner Freundin, Eileen Kaufman, gewidmet, deren Hilfe und Ermutigung seine Entstehung möglich gemacht haben. Darüber hinaus gilt mein Dank allen Lehrern und meiner Familie, die mich auf meinem Weg begleitet und auf diese Weise indirekt zu diesem Werk beigetragen haben.

Für dein (Kristall-)Bewußtsein:
Sei vorsichtig
und absolut aufrichtig gegen dich selbst

KAPITEL 1: GRUNDWISSEN

Einführung

Es gibt viele Gründe dafür, mit Quarzkristallen zu arbeiten. Möchtest du heilen? Möchtest du deine Meditationen vertiefen, deine Affirmationen oder deine Gedanken verstärken? Du kannst deinen Körper mit Energie aufladen und die Körperenergien ausbalancieren. Du kannst viele parapsychologische Fähigkeiten entwickeln, einschließlich Hellsichtigkeit, Hellhörigkeit und Astralreisen. Du kannst Kristalle dazu benutzen, Unerwünschtes in deinem Leben zu verändern und dein Leben neu zu gestalten. Sind diese Gründe interessant für dich? Du kannst Führern und Wesen aus anderen Dimensionen begegnen und außersinnliche Erfahrungen machen. Ist das dein Ziel?

Die meisten Menschen haben eines oder mehrere solcher Ziele in ihrer Vorstellung, wenn sie mit ihrer Kristallarbeit beginnen. All diese Gründe werden in diesem Buch behandelt. Jedoch geschieht etwas sehr Sonderbares, wenn du mit Kristallen zu arbeiten beginnst. Du wirst dir einer Energie, einer Kraft bewußt, eines »inneren Potentials«, das einer höheren Quelle entspringt. Du wirst einer sehr mächtigen und wundervollen Energie gewahr und kannst beginnen, mit ihr zu kommunizieren. Manche Menschen nennen diese höhere

Kraft »Geist«, »Höheres Selbst«, »Gott« oder den »kosmischen Plan«. Wie auch immer du diese Kraft nennst, sie ist universell und transzendiert unser begrenztes Selbst. Wir stellen fest, daß wir von einem unbegrenzten Potential durchströmt werden, das unsere bisherigen, selbstauferlegten Grenzen und Beschränkungen unseres Selbstbildes aufzulösen beginnt. Wenn wir uns diesem Potential öffnen, durchfließt uns uneingeschränkt Energie, Visionskraft, Liebe, Kreativität, Zufriedenheit und Weisheit. Wir erlangen unser inneres Gleichgewicht und ruhen in einer Harmonie, die manche Menschen »das wahre Selbst« nennen; ein Gefühl für uns und das Universum, ein Gefühl, das sich jeglicher Beschreibung entzieht, immer mehr, je mehr wir versuchen, zu beschreiben, was wir empfinden und womit wir in Berührung sind.

Klingt das phantastisch? Der »fromme« Wunsch übertriebener Phantasie? Vielleicht – falls du bisher noch keine Erfahrungen in dieser Richtung gemacht hast. Dieses Buch will dich auf einen Weg führen und liefert dir detaillierte Anleitungen und Übungen, die dich für solche Erfahrung öffnen, dir aber auch herkömmliche Kristallarbeit ermöglichen. Du wirst in der Lage sein, mit Weisheit, Wissen und unendlichem Frieden in Berührung zu kommen, die in dir sind und darauf warten, von dir entdeckt und genutzt zu werden. Wenn du in der Kristallarbeit den kommenden Seiten folgst, wirst du die Erfahrung machen, daß nicht nur deine Entwicklung automatisch voranschreitet, sondern daß sich auch deine Fähigkeiten, Kristalle zu benutzen, und zwar in jeder Hinsicht, die du dir vorstellen kannst, automatisch in dir entfalten.

Ein Großteil der augenblicklich gelehrten Kristallarbeit befindet sich auf der Ebene der »Trick-Kunst«, die du mit deinem Kristall beherrschen kannst. Diese Lehren geben aber keine Auskunft darüber, wie man mit Kristallen unter einem holistischen Gesichtspunkt umgeht, der unerläßlich ist, wenn die Kristallarbeit wirklich effektiv sein soll. Dieser oberflächliche Ansatz ist ausgesprochen beschränkt – du würdest mit der Kristallarbeit sehr bald an Grenzen stoßen und früher oder später unzufrieden werden.

Was also mußt du wissen? Da du mit sehr subtiler Energie oder Vibration zu tun hast, wenn du mit Quarzkristallen arbeitest, mußt du etwas über Energiesysteme als Ganzes lernen, und zwar im Körper wie auch in deiner äußeren Umgebung. Oft wird beispielsweise die Kundalini-Energie geweckt, sobald du mit Kristallarbeit beginnst. Daher solltest du wissen, wie du diese Energie in dir kanalisieren und die freigesetzten Energien und Kräfte nützen kannst und wie du lernst, Energien anderer Menschen freizusetzen. Im Körper gibt es sogenannte Chakras oder Energiemuster, die bei der Kristallarbeit aktiviert werden, und diese Energien kannst du auch bei anderen Menschen freisetzen. Da die Kristallarbeit auf einer sehr subtilen Ebene stattfindet, ist es wichtig, etwas über die astralen und mentalen Ebenen und den Umgang mit ihnen zu wissen. Diese Dimensionen gehören zu diesem Prozeß, ob du dir dessen bewußt bist oder nicht. Je bewußter du dir darüber wirst, um so effektiver wird deine Arbeit sein. Da du ungeheure Energieströme durch deinen Körper kanalisierst, wenn du mit Kristallen arbeitest, mußt du lernen, dein Nervensystem stabil zu erhalten und dafür zu sorgen, daß die Kraft und die Gesundheit deines physischen Körpers im Gleichgewicht bleibt.

Kurz, du mußt dein Bewußtsein über deinen physischen Körper hinaus, über deine gewohnte physische Umwelt hinaus in andere Dimensionen hinein erweitern. Dieses Buch liefert dir deshalb nicht nur intellektuelles Wissen, sondern macht dich auch mit ganz konkreten Methoden vertraut, um dich für die Dinge, mit denen du dich jetzt beschäftigst, zu sensibilisieren. Deine eigene Erfahrung wird dir Kenntnisse vermitteln, denn bevor du etwas nicht erfahren hast, weißt du es nicht wirklich.

Kristallarbeit beschäftigt sich damit, unser Selbst und unser Ego zu transzendieren. Während dieses Prozesses werden wir Meister der Kristallarbeit, nicht Schwätzer, die überzeugend reden können. Die Arbeit mit Quarzkristallen ist eine Verbindung von Verstand, Willenskraft, dem Kristall und dem höheren Geist, der einen bei der Arbeit führt und stärkt. Damit deine Arbeit wirkungsvoll ist, mußt du dich hingeben und ein Kanal werden, durch den die kreative Kraft, der höhere Geist, wirken kann. Du bist wie ein Vehikel, wie ein hohles Bambusrohr, durch das der höhere Geist fließen kann, ohne von

Zweifeln, Ego, übertriebenem Intellektualismus, Angst, körperlicher Schwäche, Stolz oder Engstirnigkeit behindert zu werden. Um ein solcher Kanal zu werden, mußt du lernen, in deiner Mitte zu ruhen. Du mußt einen ruhigen, konzentrierten Geisteszustand erlangen.

In diesem Buch findest du Übungen, mit denen du diese Eigenschaften entwickeln kannst, und solche, die dir helfen sollen, deine Sensitivität für subtile Energien und die Vibrationen der Kristalle, deines Körpers und deiner äußeren Umgebung zu verbessern. Die üblichen Schwierigkeiten, die bei der Kristallarbeit auftauchen können, werden ebenfalls angesprochen, und du erfährst, wie du sie überwinden kannst. Die Kristallarbeit erfordert deine Bereitschaft, die notwendigen Anstrengungen zu unternehmen, und dein Vertrauen, daß die Kristallarbeit deine Mühe lohnt. Auch Aufrichtigkeit ist notwendig. Die meisten Menschen suchen nach einem »Ausweg«, statt nach einem Weg nach innen. Dies funktioniert hauptsächlich deshalb nicht, weil die Menschen vergessen, mit der höheren Kraft in Verbindung zu treten, und keine tiefe, innere Sehnsucht verspüren, mit dieser höheren Quelle in Berührung zu kommen. Die meisten Menschen streben nach schnellen, spektakulären Erfolgen oder einem Allheilmittel. Auch wenn du mit Kristallen schnelle Erfolge erzielen kannst, ist es wichtig, deine Arbeit zu vertiefen, denn dann wirst du noch viel mehr erleben. Du kannst damit rechnen, daß sich in dir selbst und in deinen Fähigkeiten, mit Kristallen umzugehen, tiefe, nachhaltige und dauerhafte Veränderungen einstellen werden. Es ist notwendig, daß du bereit bist, einen gewissen Grad an Disziplin und Verantwortung zu übernehmen.

Wenn du dich in der Kristallarbeit übst, wirst du offensichtliche, aber auch subtile Veränderungen erleben. Dein Körper wird sich in gewisser Weise verändern und in mancher Hinsicht viel sensitiver werden. Vielleicht erfährst du eine Trennung des physischen und des psychischen Selbst, vielleicht auch die Fähigkeit, wahlweise die eine oder die andere Bewußtseinsebene zu benutzen. Du wirst die Fähigkeit entwickeln, dich von deinem Intellekt und deinen Emotionen zu distanzieren, so daß sie dir dienen, dich aber nicht mehr beherrschen. Kosmische Energie wird in dich einströmen und dir in deinem täglichen Leben zur Verfügung stehen. Was dir vorher wie ein Wunder erschien, wird dir nun selbstverständlich werden. Du wirst erkennen, daß alle Wunder einer kosmischen Gesetzmäßigkeit unterliegen, und du wirst verstehen, wie Wunder zustande kommen. Ein unbegrenzter Fluß an kreativer Energie wird dich nun durchströmen, den du in jede gewünschte Richtung lenken kannst. Du wirst in dir ein tiefes Gefühl der Liebe entdecken, das nichts mit Emotionalität zu tun hat, sondern vielmehr ein tiefes Mitgefühl und Verständnis für andere Menschen ist. Du wirst in dir den starken Wunsch verspüren, deinen Mitmenschen zu dienen, und du wirst herausfinden, wie du dieses Ziel erreichen kannst. Je weiter du fortschreitest, um so furchtloser und zufriedener wirst du werden. Und du wirst fähig sein, dein Glück mit anderen zu teilen.

Sei bereit, Grenzen zu überschreiten, die deinen Fortschritt behindern könnten. Was sind solche Grenzen? Zweifel, Ungeduld, übersteigerte Phantasie oder Wunschvorstellungen, Emotionalität, die als »mystische Erfahrung« mißverstanden wird, starres Denken und Engstirnigkeit, Intellektualismus, Unbeständigkeit in deinen Übungen, Rechthaberei, Negativität und Depression, Mutlosigkeit, das Bedürfnis nach Anerkennung und Weltflucht. Wenn du dich durch die eine oder andere dieser Fallen auf die Probe gestellt siehst, solltest du eines wissen: Du wirst niemals vor eine Aufgabe gestellt, die über deine Kräfte geht, auch wenn es manchmal so scheinen mag. Mach einfach weiter, einen Schritt nach dem anderen. Dein ganzer Lebensstil kann sich verändern. Deine Freunde können wechseln. Du kannst deinen Beruf wechseln. Sei bereit loszulassen – viel Besseres wartet auf dich. Gib nicht auf: Du wirst von einer höheren Kraft geführt. Sei mutig und vertraue auf die Wahrheit.

Es gibt viele Wege der Kristallarbeit – vielleicht so viele Wege, wie es Menschen gibt, die mit Kristallen arbeiten. Wahrscheinlich haben alle ihre Berechtigung. Es geht darum, sie auszuprobieren und herauszufinden, welche Erfolge sie in der physischen Welt erzielen. Sei aufrichtig und finde heraus, was für dich tatsächlich zutrifft. Es gibt keine richtige oder falsche Methode, nur eine Methode, die funktioniert. Daher vereint dieses Buch verschiedene Systeme und Methoden, durch welche du lernst, dich auf deine innere Führung zu verlassen, anstatt dich auf das eine oder andere System verlassen zu müssen. Du kannst spontan sein und das tun, was die jeweilige Situation und der jeweilige Augenblick erfordern. Nimm dir Zeit und probiere deine eigenen Methoden aus. Bei manchen Menschen funktionieren gewisse Techniken sofort, während andere ein paar Wochen, einen Monat, ein halbes Jahr oder mehr dafür brauchen, bis du eine bestimmte Technik beherrschst. Laß dir Zeit. Nimm dir die Zeit, die du brauchst. In diesem Buch schlage ich dir optimale Versuchsperioden vor. Benutze deine Intuition oder deine innere Stimme, um zu erkennen, was für dich richtig ist und welche Methode du in einer bestimmten Situation anwenden sollst. Wenn du zu Beginn deine innere Stimme noch nicht hören kannst, praktiziere einige der von mir beschriebenen Methoden, um es zu lernen, Methoden, die dir aufzeigen, worauf du hören sollst und wie du ruhig wirst, um die Stimme deutlich vernehmen zu können. Vertraue dir selbst.

Schließlich denke daran, daß der Kristall nur ein Werkzeug ist, ein mächtiges Werkzeug zwar, aber eben nur ein Werkzeug. Wie bei jedem Werkzeug kannst du dasselbe auch ohne es bewirken, aber mit diesem Werkzeug geht es viel leichter. Der Kristall ist kein Gott. Er hilft dir dabei, eine bestimmte Aufgabe zu verrichten. Nach einiger Zeit wirst du vielleicht feststellen, daß du dieselben Wirkungen auch ohne Kristalle hervorbringen kannst. Dann scheu dich nicht, auch das zu tun. Lege deine Kristalle zur Seite, bewundere sie, weil sie so schön sind, und halte sie in Ehren, für das, wozu sie dir verhalfen – und mache einfach weiter. Kristalle sind keine Götter: Aber du bist göttlich. Du bist der Schöpfer in deinem eigenen Universum.

Verfolge deinen eigenen Weg.
Das heißt aber nicht, daß du nicht offen bist, aus den Erfahrungen anderer zu lernen.

Terminologie und Übungen

Begriffe, wie zum Beispiel »Energie« und »Vibration«, die in diesem Buch verwendet werden, sollen eine ganz bestimmte Erfahrung verdeutlichen. Sie werden nicht unbedingt im üblichen wissenschaftlichen Sinne verwendet. Wissenschaftler und Metaphysiker (Kristallarbeitende eingeschlossen) benutzen jedoch verschiedene Wörter, um ein und dasselbe Phänomen zu beschreiben.

Wenn dich die Vielzahl der verschiedenen Übungen in diesem Buch verwirrt und du dich fragst, wieviel Zeit du dafür aufwenden mußt, um sie zu praktizieren, oder in welcher Reihenfolge du sie machen sollst, möchte ich dir hier einige Anleitungen geben. Als Faustregel hältst du dich an die Aufeinanderfolge der Übungen in diesem Buch. Mache jeweils eine Übung, bis du ihre Wirkung voll und ganz erfahren hast, und so eine nach der anderen. Dadurch kann sich in dir die Fähigkeit entwickeln, zwischen den verschiedenen Energiekanälen zu unterscheiden, die durch deinen Körper fließen. Die Chakraübungen sollten in der Reihenfolge, in der sie von mir beschrieben sind, durchgeführt werden. Während der Chakraübungen kannst du gleichzeitig die Kundalini-Übungen machen. Wenn du alle Übungen in diesem Buch einmal durchgemacht hast, kannst du sie jederzeit und in jeder beliebigen Reihenfolge wiederholen. Wende sie dann an, wenn du glaubst, daß du sie brauchst. Arbeite von Beginn an mit deinen Kristallen und beobachte, wie ihre Wirkung dich bei deiner Entwicklung unterstützt, während du jede Übung praktizierst, um dein Wachstum und deine Sensitivität zu steigern.

Physikalische Beschreibung

Natürliche Quarzkristalle sind in alten Traditionen oft als »die Schleier der Erde«, »gefrorenes Wasser« oder »gefrorenes Licht« bezeichnet worden. Sie bestehen aus den Elementen Silikon und Wasser, aus denen sie sich in einem langwierigen Prozeß unter Hitze und Druck bilden. Kristalle liegen in der Erde, gewöhnlich bei Sandsteinfelsen oder manchmal auch in Flußbetten, wo sie aus dem Gestein herausgewaschen wurden. Nicht selten finden sie sich dort, wo es auch Gold gibt. Eine besondere Art des Quarzkristalls, auch Bergkristall genannt, kommt überall auf der ganzen Welt vor. Derzeit werden die meisten qualitativ hochwertigen Kristalle in Arkansas, Herkimer, New York, Mexiko und Brasilien abgebaut.

Die natürliche Form des Kristalls ist eine sechskantige Säule, die am einen Ende, manchmal auch an beiden, in einer Spitze zuläuft. Sie werden dementsprechend als einendig oder zweiendig bezeichnet. Kristalle kommen vor in größeren Formationen vieler kreuz und quer zusammenhängender Kristalle oder als einzelne, wohl aus einem größeren Kristallgebilde herausgebrochene.

Quarzkristalle können sowohl farblos als auch farbig sein. Dabei hat jede Farbe ihren eigenen Schwingungsgrad und ganz bestimmte Eigenschaften und Kräfte. Der gängigste Kristall ist der farblos-weiße Quarz. Zu der Familie der Quarzkristalle gehören auch der Amethyst, der violett schimmert, der blaue Quarz, der rote Quarz, der gelbe Quarz, dessen Farbe von blaßgelb über leuchtend orange bis hin zu hellbraun reicht, der grüne Quarz, der geriffelte Quarz, der feine gold- oder kupferfarbene Linien aufweist, und Quarze mit schwarzen, blauen oder grünen Turmalineinschlüssen. Jeder Kristall hat seine eigene, ganz besondere Wirkungsweise, auf die ich in diesem Buch im einzelnen eingehen werde.

Jeder Kristall strahlt Energie in Form von Vibrationen in sein Umfeld aus. Dieses Energiefeld wird oft als die Heilkraft oder Macht des Kristalls bezeichnet. Jedes Energiefeld hat eine unterschiedliche Reichweite. Im allgemeinen haben kleinere Kristalle von ungefähr zwei Zentimetern Länge ein Energiefeld mit einer Reichweite von ungefähr einem Meter. Daran kannst du erkennen, daß sogar kleine Kristalle ziemlich mächtig sein können. Größere Kristalle haben oft, aber nicht unbedingt, ein größeres Energiefeld als kleine Kristalle. Die Größe des Kristalls ist jedoch nicht immer der bestimmende Faktor für die Reichweite der Energiestrahlung. Die Klarheit und der Schimmer eines Kristalls sind oft wichtiger für seine Wirkung als die Größe. Im allgemeinen kann ein größerer Kristall mehr Energie in sich aufspeichern und mehr Energie aufnehmen und kanalisieren. Wie ich später noch erläutern werde, kann man in Kristalle ganz bestimmte Formationen legen, um ihr Energiefeld zu steigern.

Jeder Quarzkristall besitzt eine Fließrichtung, in der die Energie durch den Kristall geleitet wird. Der Energiefluß in einem Kristall beginnt am Boden, wo der Kristall die Energie aufnimmt, verläuft durch den Kristall nach oben, und durch seine Spitze fließt die Energie aus ihm heraus. Wenn der Quarzkristall an beiden Enden in eine Spitze ausläuft, verläuft der Energiefluß in beide Richtungen, wie bei einer Batterie. Wenn der Kristall Energie umwandelt, weitet er sich leicht aus oder zieht sich ein wenig zusammen, abhängig von dem Schwingungsgrad des Einflusses, dem der Kristall ausgesetzt ist (diese Oszillation ist der Grund dafür, daß Kristalle bei der Radio- oder Fernsehübertragung eine so wichtige Rolle spielen).

Es gibt viele Methoden, die Kraft des Kristalls zu steigern oder ihn mit Energie aufzuladen. Wenn man einen Kristall mit Energie auflädt, kann man das als Belebung des Kristalls bezeichnen. Stell deine Kristalle ins Sonnenlicht. Fließendes Wasser lädt einen Kristall mit Energie auf. Daher halte deine Kristalle am Meer in die Wellen oder unter Wasserfälle, oder lasse sie im Flußbett eines fließenden Gewässers liegen. Sogar kaltes Wasser aus dem Wasserhahn kann sie ein wenig mit Energie aufladen. Ebenso kann man sie frischem Wind aussetzen. Grundsätzlich bekommt der Kristall von allen Dingen Energie, die auch dir das Gefühl von größerer Lebendigkeit geben. Du kannst deinen Kristall durch verschiedene Einflüsse aufladen, die nicht nur seine Heilkraft verstärken, sondern die Energie in dem Kristall für später aufspeichern. Vergrabe deinen Kristall beispielsweise für eine Weile in der Erde. Das wird ihn mit der Erdkraft aufladen. Nimm deinen Kristall mit an den Strand und vergrabe ihn teilweise im Sand, so daß er die Erdenergie, die Energie der Meeresbrise und der Sonne empfängt. Stelle deine Kristalle über Nacht hinaus ins Freie, damit sie mit den weiblichen Mondenergien aufgeladen werden und die Energie der Sterne und der warmen Dunkelheit der Nacht aufnehmen. Lade deine Kristalle immer mit der entsprechenden Energie auf, je nachdem, für welchen Zweck du sie gebrauchen willst. Im allgemeinen tust du gut daran, jeden Kristall mit einer Energieform aufzuladen und ihn dann verschlossen aufzubewahren, bis du den jeweiligen Kristall benutzen möchtest.

Wenn du Kristalle wirklich kennenlernen willst, mache dich mit Felsgestein vertraut.
Suche einen Felsen und lehne deinen Körper daran, um ihn an dir zu spüren . . .
Meditiere bei Felsen und in Felsenhöhlen.

Wie du deinen Quarzkristall findest und richtig aufbewahrst

Nun weißt du etwas über die physikalischen Eigenschaften von Quarzkristallen. Wie findest du nun einen passenden Quarzkristall für dich? Wie ich bereits erwähnte, betrachte die Größe, die Klarheit und den Schimmer des Kristalls. Achte auch auf Einschlüsse, die dir gefallen. Manche scheinen wie Spinnweben eines Altweibersommers oder dunkle Wolken, die in dem Kristall eingeschlossen sind. Sprünge im Inneren des Kristalls, die manchmal einen prismatischen Farbeffekt haben können, formen üblicherweise Miniaturlandschaften oder Öffnungen, die dich in das Innere des Kristalls hineinzuziehen scheinen. Suche nach Kristallen mit Einschlüssen von Turmalin oder feinen Adern aus Gold oder Kupfer, die eine ganz bestimmte Bedeutung für dich haben. Regenbogen laden den Kristall mit ihrer Farbe und ihrer ätherischen Qualität auf. Manche Kristalle erscheinen dichter, andere ätherischer und scheinen dich himmelwärts zu ziehen. Suche nach Phantomkristallen, in die eine Vielzahl kleiner Pyramiden eingeschlossen sind, wenn du deinen Kristall dazu benutzen möchtest, Botschaften zu senden. Kristalle, die einen solchen Einfluß haben, sind aber sehr selten. Wie fühlt sich der Kristall für dich an? Strahlt er Wärme oder erfrischende Kühle aus? Oder ziehst du einen absolut klaren und durchsichtigen Kristall vor, da du alles andere als Ablenkung betrachtest? All diese Dinge steigern den Wert und die Bedeutung deines Kristalls. Die meisten Lehren über Kristallarbeit sagen, daß die Spitze des Kristalls nicht beschädigt sein sollte. Man sagt, daß eine beschädigte Kristallspitze den Energiefluß behindert oder beeinträchtigt. Oft stimmt das auch. Dennoch kann ein Kristall auch dann noch sehr wirkungsvoll sein, wenn seine Spitze beschädigt ist. Manchmal werden Kristalle in eine bestimmte Form geschliffen, die entsprechende Energiefelder oder einen Energiestrom ausstrahlt. Ein Beispiel dafür sind Kristallkugeln, deren Kugelform ein entsprechendes Energiefeld um den Kristall aufbaut, der einen sehr leicht in sein Zentrum zu ziehen scheint. Andere Beispiele sind das Kristallkreuz und die Kristallpyramide. Manche Kristalle sind auf einer oder mehreren Flächen geschliffen, andere Flächen wiederum bleiben ungeschliffen, womit interessante optische Wirkungen erzielt werden. Achte jedoch darauf, daß die Handarbeit an deinem Kristall bewußt vorgenommen wurde, so daß der Energiefluß nicht nachteilig beeinflußt worden ist. Manchmal wird der Energiefluß durchkreuzt oder durchschnitten, wenn der Kristall falsch bearbeitet wurde. Dadurch wird die Energie des Kristalls ernsthaft geschädigt. Die Steinschleifarbeit sollte die Integrität des Kristalls nicht verletzen, sondern vielmehr seine Kraft steigern, statt sie zu vermindern. Suchst du nach einem Kristall, den du immer bei dir tragen möchtest? Falls ja, suche einen Kristall, der gut in deiner Hand liegt. Manche Kristalle haben eine Form, die genau für diesen Zweck geeignet ist. Manche Kristalle eignen sich ihrer Form nach ausgezeichnet als Massagewerkzeug.

Wie benutzt du nun deinen Kristall? Wer die Absicht hat, auf Astralebenen oder mit Träumen zu arbeiten (Astralarbeit und Traumarbeit werden an späterer Stelle in diesem Buch erläutert), bevorzugt gewöhnlich einen zweiendigen oder einen Herkimer-Diamantkristall, einen ganz besonders glänzenden, zweiendigen, vieldimensionalen Kristall, der nur in der Gegend von Herkimer, New York, vorkommt. Wenn du deine Kristallenergien in eine bestimmte Richtung lenken möchtest, solltest du einen einendigen Stabkristall verwenden. Kristallgebilde, die aus mehreren Kristallen bestehen, sind dazu geeignet, einen Raum oder deine äußere Umgebung mit Energie aufzuladen. Schließlich mußt du die Energie des Kristalles fühlen, um herauszufinden, wie stark er ist.

Schließlich kommen wir zu dem entscheidenden Faktor. Welcher Kristall scheint dich quasi anzuziehen? Welcher erscheint dir fast unwiderstehlich? Wähle intuitiv aus, welcher Kristall der richtige für dich zu sein scheint. Meistens ist es derjenige, den du als erstes ins Auge gefaßt hattest!

Wenn du dich für einen Kristall entschieden hast, wie bewahrst du ihn nun am besten auf? Wenn du deinen Kristall nicht benutzt, solltest du ihn in Naturfasern aufbewahren. Die meisten Menschen verwenden bevorzugt Baumwolle, Seide oder Leder. Achte auf die Farbe des Stoffes, in den du deine Kristalle einhüllst, weil die Farbe deinen Kristall beeinflußt. Welche Farbe scheint deinem Kristall am besten zu entsprechen? Das ist genau die Farbe, für die du dich entscheidest. Möglicherweise stellst du deinen Kristall eingehüllt oder nicht eingehüllt auf einen Altar oder einen heiligen oder ganz besonderen Platz, den du dir eingerichtet hast. Dieser Einfluß von Reinheit und Licht wird in deinem Kristall gespeichert. Auf diese Weise wird er vor schädlichen Einflüssen geschützt. Vielleicht möchtest du zu deinem Kristall noch einen Gegenstand legen, der eine ganz besondere Bedeutung oder Kraft für dich hat. Auch dieser Gegenstand wird deinen Kristall mit seiner Energie durchdringen. Im allgemeinen sollte ein Kristall, den du für einen bestimmten Verwendungszweck beiseite gelegt hast, nicht von anderen Menschen berührt werden, ebensowenig wie du ihn anderen Einflüssen aussetzen würdest, die seine spezielle Funktion stören könnten.

Wie man mit Quarzkristallen arbeitet

Die moderne Physik hat erwiesen, daß physische Formen nicht aus Materie, sondern aus Energie bestehen und daß das Wesen physischer Materie innerlich dynamisch, also sich in einem Prozeß befindet. Mit anderen Worten, alles, was existiert, ist eine äußere Manifestation einer Energieform, einer ganz bestimmten Vibration. Darüber hinaus steht alles, was existiert, in einer dynamischen Wechselbeziehung von Ursache und Wirkung mit allen anderen Schöpfungen. Nichts existiert in einem Vakuum. Deshalb verursacht eine Veränderung einer Schwingungsform eines bestimmten Körpers an einer Stelle eine entsprechende Vibrationsveränderung anderer Gegenstände an anderen Stellen, die wiederum andere physische Manifestationen beeinflussen, und so weiter. Dieser einfache Ursache-Wirkung-Mechanismus entspricht dem Beispiel eines Steines, der in ein stilles Gewässer geworfen wird, dessen Wellen sich in konzentrischen Kreisen um die Einwurfstelle unendlich vermehren und ausbreiten.

Wenn wir mit Quarzkristallen arbeiten, gehen wir nach demselben Prinzip vor. Wir rufen Veränderungen hervor oder manipulieren in gewisser Weise die Energievibrationen auf einer subtilen, nichtphysischen Ebene, um schließlich die entsprechenden Vibrationen auf einer physischen Ebene zu beeinflussen. Wir arbeiten im feinstofflichen Bereich, um physische Manifestationen hervorzurufen. Wir können Quarzkristalle dazu benutzen, weil sie extrem hohe und exakte Schwingungsgrade besitzen, die sehr gezielt eingesetzt werden können, was darauf zurückzuführen ist, daß Kristalle dazu neigen, harmonisch mit jeder Vibration, mit der sie in Kontakt kommen, zu schwingen. Wenn wir dies wissen, fragt sich nun, wie wir diese Eigenschaft nutzen, damit der Kristall die Energie steigert, speichert, transformiert oder konzentriert, um die Veränderungen hervorzurufen, die mit der Kristallarbeit verbunden sind? Quarzkristalle harmonisieren und erschaffen die Schwingung eines jeden Objekts automatisch, mit dem sie in direkten, physischen Kontakt kommen. Man kann sie zu diesem Zweck auch auf einen bestimmten Gegenstand richten, indem man ihre Kraft mit bewußtem Willen auf ihn lenkt. Um die Aktivität des Kristalls mit unserem Willen auf etwas zu lenken, benutzen wir unser angeborenes inneres Wissen, wie man besondere Schwingungen in sich selbst hervorruft. Danach treten wir in Interaktion mit den Kristallen, so daß sie in Resonanz und Harmonie mit dem neuen Schwingungsmuster in uns kommen. Daraufhin können wir die Resonanz des Kristalls mit unserer Willenskonzentration auf jedes andere Schwingungsfeld lenken, ohne daß dieser Einfluß durch normale Grenzen von Raum und Zeit behindert würde. Wenn in dem beabsichtigten Schwingungsfeld kein Widerstand zu spüren ist, wird diese Schwingung dazu veranlaßt, in Harmonie mit den Schwingungen des Kristalls zu gelangen, die stärker sind, da sie durch unsere Willenskraft sehr stark aufgeladen sind.

Mit anderen Worten: Wir setzen in dem Kristall einen bestimmten Energiefluß frei. Unsere Willenskraft ist die Welle, die diesen Energiestrom lenkt oder überträgt. Je konzentrierter unsere Willenskraft ist, um so stärker kann sich die Welle ausbreiten und um so mehr Veränderungen kann sie bewirken. Auf diese Weise haben wir durch den Gebrauch des Kristalls eine Veränderung in einem Schwingungsfeld herbeigeführt, die sich physisch manifestiert, so wie wir es beabsichtigt hatten. (Weitere Ausführungen zu dieser Methode folgen in den nächsten Kapiteln).

Der Kristall bewirkt manches automatisch. Allein in der Nähe eines Kristalls zu sein, bewirkt, daß der Körper oder die Umgebung mit Energie aufgeladen wird, was sich zurückführen läßt auf die natürliche Tendenz der Kristalle, niedrige Schwingungen auf ein höheres Energieniveau zu bringen. Darüber hinaus erzeugen Kristalle negativ geladene Ionen und schaffen somit eine erfrischende, harmonische und erhebende Atmosphäre um sich herum. Jede besondere Schwingung, mit welcher der Kristall aufgeladen ist, wird bald von seiner Umgebung aufgenommen und reflektiert. In den meisten Fällen ist bei der Kristallarbeit jedoch die Absicht des Benutzers von größter Bedeutung.

Da alle physischen Manifestationen im Grunde genommen Energieschwingungen sind, wie Schamanen, Priester, Mystiker und Heiler seit Jahrhunderten wissen, können Quarzkristalle dazu benutzt werden, Gedanken, Gefühle, den eigenen Körper und andere physische Formen zu verändern. Negative Gefühle können in positive umgewandelt werden. Ein Zustand von Disharmonie kann in Harmonie gebracht werden. Unser Körper kann mit Energie aufgeladen oder geheilt werden. Gedanken können verstärkt werden, indem die Kraft der Affirmation, Konzentration, Meditation, des Willens und die Visualisation positiv beeinflußt werden. Wenn Streß herrscht, können wir Ruhe erzeugen. Die Wirkungsweise und die wohltuenden Eigenschaften von Quarzkristallen gehen fast über unser Vorstellungsvermögen hinaus.

Du bist dein eigenes Laboratorium ...
und dein eigener Forscher

Wie man in seine Mitte kommt und sich erdet

Bevor du mit der Kristallarbeit beginnst, mußt du als erstes in Harmonie und in deine Mitte kommen. Was bedeutet das?

In deiner eigenen Mitte zu sein bedeutet, daß du dich in einem Zustand befindest, in dem du ganz einfach du selbst bist. Anstatt dich zu beurteilen und zu bewerten, wer oder wie du sein solltest, hast du ganz einfach das Gefühl, hier und jetzt zu sein. (Dieses Gefühl, hier und jetzt zu sein, ist kein Gedanke, sondern eine Erfahrung, die nichts mit dem Intellekt zu tun hat.) Wenn du in deiner Mitte bist, hast du das Gefühl, in deinem Zentrum gesammelt, anstatt zerstreut und zerrissen zu sein. Dieses Zentrum liegt wohl in der Gegend deines Herzens, deines Nabels oder auch zwischen beiden. In Wirklichkeit hat dein Zentrum jedoch gar keinen bestimmten Platz. Es fühlt sich an wie ein Zustand ruhiger Empfänglichkeit. In dem Maße, wie du zentriert bist, werden dir deine Intuition, dein Wille, deine höheren Energiezentren und Bewußtseinsebenen verfügbar. Du kannst dich nur konzentrieren und Energie in eine bestimmte Richtung lenken, wenn du zentriert bist. Du hast mehr Energie, wenn du in deiner Mitte bist. Diese Voraussetzungen sind notwendig, um effektive Kristallarbeit zu leisten. In diesem Buch findest du immer wieder Hinweise darauf. Darüber hinaus findest du Übungen, die du zunächst dazu brauchst, in deine

Mitte zu kommen. Es ist ratsam, sich vor jeder Kristallarbeit oder -übung erst einmal in seine Mitte zu begeben, ob ich das nun eigens vorgeschlagen habe oder nicht. Die folgende Übung ist eine spezielle Technik, um sich zu zentrieren, wenn auch alle anderen Übungen ebenso geeignet sind, deinen Geist zu klären, deine Konzentration zu fördern, mit deinen Emotionen zurechtzukommen und deine Willenskraft zu stärken:

Übungen, um sich zu zentrieren

Setz dich mit sehr aufrechter Wirbelsäule hin. Setz dich so, wie es dir bequem ist – mit gekreuzten Beinen, auf die Knie oder in einen Sessel mit gerader Rückenlehne. Schließe deine Augen. Konzentriere deine Aufmerksamkeit auf dein Zentrum in deiner Brust. Als nächstes beginnst du in langen, tiefen Atemzügen durch die Nase zu atmen. Fülle deine Lungen, halte den Atem für eine oder zwei Sekunden an und lasse ihn dann wieder los, indem du die Lungen vollständig entleerst. Dabei füllst du deinen Körper mit Lebensenergie und gleichst den Körperrhythmus aus. Atme in langen, tiefen Atemzügen. Atme so lange, bis du dich zentriert fühlst: Es dauert im allgemeinen drei bis zehn Minuten.

Bei einer anderen Zentrierungsübung benutzt man Töne. Es gibt verschiedene Möglichkeiten, mit Tönen und Klängen zu arbeiten. Ich möchte hier eine Möglichkeit vorschlagen: Atme in langen, tiefen Atemzügen und schließe die Augen. Läute eine Glocke oder einen Gong mit einem klaren Dauerton. Entspanne dich und konzentriere dich auf den Klang, während du den Gong ständig schlägst. Laß dich durch die Klänge in einen ruhigen, zentrierten Zustand versetzen.

Nachdem du dich zentriert hast, ist der nächste Schritt in der Vorbereitung zur Kristallarbeit die »Erdung«. Sie ruft eine feste Verbindung und Beziehung zur Erde hervor. Sie ermöglicht der Energie, von der Erde durch die Fußsohlen in deinen Körper einzufließen. Diese Energie verbindet sich dann mit der Energie, die dir von oben durch den Kopf hinunter in den Körper zufließt. Die Verbindung der Energie vom »Himmel« und der der Erde versetzt dich in das richtige Gleichgewicht, um mit Kristallen zu arbeiten. Die subtile Information, die du erfahren hast, während dies geschieht, kann sich in dem Kristall manifestieren und dadurch wiederbenutzt werden. Dies kann nicht geschehen, wenn du nicht geerdet bist. Wenn du nicht geerdet bist, fühlst du dich »abgehoben«, nervös oder überaktiv, und bist in deinem Alltagsleben oft weniger produktiv.

Es gibt viele Methoden, sich zu erden. Dabei erweisen sich deine Rauchquarzkristalle als sehr hilfreich. Eisenpyrith hat sich als ausgesprochen wirkungsvoll erwiesen. Jeder erdfarbene Edelstein, wie zum Beispiel Achat oder Jaspis, verhelfen zur Erdung. Kristalle oder Erdungssteine, die als Armreifen getragen werden, haben einen stark erdenden Effekt. Eine andere Möglichkeit, dich zu erden, besteht darin, die Energiemeridianpunkte in der Mitte deiner Fußsohlen zu öffnen. Stell dir dazu vor, wie Wurzeln aus deinen Fußsohlen in die Erde wachsen, wenn du barfuß läufst. Versuche folgende Technik:

Erden

1. Sitze ruhig mit aufrechter Wirbelsäule, und komme in deine Mitte. Schließe die Augen.

2. Stell dir eine goldene Lichtschnur vor, die aus dem unteren Ende deiner Wirbelsäule austritt und in die Erde wächst. Wenn du dich in der Wohnung befindest, stelle dir die Lichtschnur vor, wie sie durch den Fußboden und die Stockwerke hinunter in die Erde verläuft.

3. Wenn du willst, benutze deinen Atem. Jedesmal, wenn du ausatmest, schicke immer größere Mengen Energie in Form einer

goldenen Schnur hinunter, immer weiter zum Mittelpunkt der Erde hin.

4. Eventuell fühlst du dich schwerer – oder so, als ob sich dein Körper ausgedehnt hätte. Möglicherweise fühlst du ein Kribbeln am unteren Ende der Wirbelsäule.

5. Wenn du eine Spannung oder Steifheit fühlst, stell dir vor, daß du diese Blockaden bei jedem Atemzug löst. Laß dann langsam deinen Nacken kreisen und entspanne die Teile deines Körpers, die verspannt scheinen.

6. Fahre mit dieser Übung fort, bis du dich geerdet fühlst, oder mache sie drei Minuten lang.

Reinigung und Aufladen deines Kristalls

Quarzkristalle speichern die Vibrationen der verschiedensten Energiequellen, wie Klang, Licht, Berührung, Emotion, Gedanken oder der physischen Umgebung, in der sie sich befinden. Diese Vibrationen können wiederum diejenigen beeinflussen, die mit dem Kristall in Berührung kommen. (Dieser Prozeß wurde bereits an früherer Stelle detailliert erläutert.) Daher ist es notwendig, daß du die Energie, die dein Kristall aufgenommen und gespeichert hat, reinigst, wenn du deinen Kristall gerade neu bekommen hast oder beginnst, mit ihm zu arbeiten, und genauso, nachdem du mit deinem Kristall eine Heilung vollzogen hast. Dieses Befreien von gespeicherter Energie nennt man das Reinigen des Kristalls.

Um Kristalle zu reinigen, eignen sich viele Methoden. Nachfolgend möchte ich einige Methoden beschreiben, die du ausprobieren kannst. Probiere sie und benutze dann die Methode, welche am besten für dich ist.

Die Räuchermethode:

Das Räuchern ist eine Methode, die ursprünglich von den Indianern Amerikas stammt. Sie eignet sich dazu, dich selbst, andere Menschen, den Raum, in dem du dich befindest, sowie Kristalle und andere Edelsteine zu reinigen.

Als erstes gibst du nun etwas Salbei, Zeder oder Duftgras in eine feuerfeste Schale. Du kannst dafür Weihrauchgefäße oder ähnliche Gefäße, wie sie für Räucherwerk benutzt werden, verwenden. Entzünde das Räucherwerk, bis es brennt und sehr stark raucht. Halte deinen Kristall (deine Kristalle) nun in den Rauch oder die Rauchsäule oder blase den Rauch über den Kristall, in der Absicht, den Kristall zu reinigen. Dies machst du so lange, bis dir dein Kristall wieder klar und gereinigt scheint. Verwende nur Salbei oder Zedernholz von wilden Bäumen oder Sträuchern und breche kleine Zweige ab. Trockne sie, bevor du sie zum Räuchern verwendest. Auch einzelne Blätter können verwendet werden, aber sie sind schwerer zu entzünden, als die Zweige. Selbstverständlich mußt du kleine Zweige nehmen, die keine zu starke Flamme bilden, damit du keinen Schaden anrichtest. Salbeigewürz kann nur zusammen mit Holzkohle entzündet werden, was aber schwierig zu bewerkstelligen ist. Benutze die Blätter anstatt Zedernhölzchen des Zedernbaumes. Duftgras ist eine ganz besondere Art von Wildgras, das in vielen ländlichen Gegenden wächst, nicht die Art vom Rasen deines Vorgartens.

Wenn du weder Salbei noch Zedernzweige oder wildes Gras findest, kannst du auch Sandelholz als Räucherwerk verwenden. Falls du auch das nicht zur Verfügung hast, kannst du jedes andere Räucherwerk verwenden, das du magst. Wenn du dich selbst oder andere Menschen reinigst, blase den Rauch über den ganzen Körper, vom Kopf zu den Füßen. Blase den Rauch durch den Raum, um ihn zu reinigen.

Die Atemmethode:

Diese Methode eignet sich am besten für einzelne Kristalle, und nicht so sehr für größere Kristallformationen. Wenn du viele Kristalle auf einmal reinigst, ist diese Methode viel zeitaufwendiger als die Räuchermethode. Zunächst hältst du den Kristall in der linken Hand, mit der Spitze nach oben. Halte den Kristall unten mit dem linken Daumen und lege den linken Zeigefinger auf die Spitze. Halte ihn un-

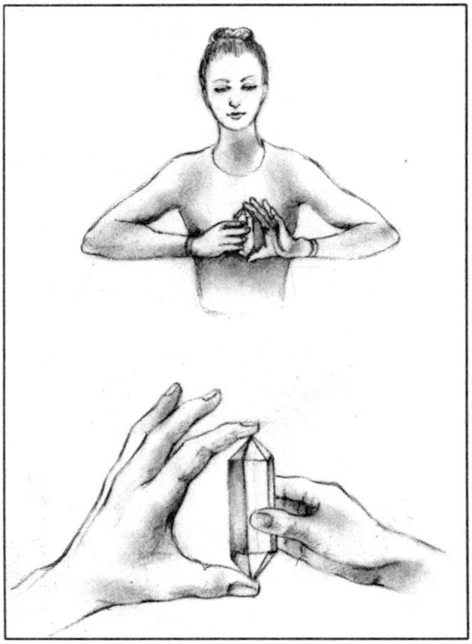

gefähr fünfzehn Zentimeter vor die Mitte deiner Brust. Als nächstes legst du deinen rechten Daumen auf irgendeine Seitenfläche des Kristalls. Den rechten Zeigefinger legst du nun auf die Fläche des Kristalls, die deinem rechten Daumen gegenüber liegt (siehe Abbildung). Konzentriere dich auf den Kristall, in der Absicht, ihn zu reinigen. Während du das tust, atmest du durch die Nase ein und kräftig durch den Mund in Richtung des Kristalls aus, so, als ob dein Atem deine Willenskraft in sich trägt. Danach legst du den rechten Daumen auf die Fläche, die der, wo er bisher lag, am nächsten liegt. Deinen rechten Zeigefinger legst du wiederum auf die Fläche des Kristalls, die deinem rechten Daumen genau gegenüber liegt. Atme ein und kräftig gegen den Kristall aus, in der Absicht, ihn zu reinigen. Schließlich legst du den rechten Daumen und den rechten Zeigefinger auf die noch übrig gebliebenen Flächen des Kristalls. Auch hier atmest du wieder ein und gegen den Kristall aus. Wenn du bei allen Flächen des Kristalls so verfahren bist, ist er jetzt gereinigt.

Die Salz-Wasser-Methode:

Lege deinen Kristall (deine Kristalle) für ein bis sieben Tage in Meersalz. Du bedeckst deine Kristalle entweder vollständig oder nur teilweise mit Salz. (Meersalz kannst du aus dem Reformhaus oder Naturkostladen besorgen.) Wenn du intuitiv das Gefühl hast, daß deine Kristalle klarer geworden sind, nimmst du sie aus dem Salz heraus. Erneuere das Salz mindestens einmal monatlich. Wenn du die Salz-Wasser-Methode anwenden möchtest, kannst du deine Steine in einen mit Salzwasser gefüllten Glasbehälter legen. Stelle diesen Behälter dann für ein bis sieben Tage ans Sonnenlicht. Nimm drei Eßlöffel Salz auf eine Tasse Wasser und so viel Wasser, daß die Edelsteine vollständig bedeckt sind. Diese beiden Salzmethoden zielen darauf ab, daß die kleineren Salzkristalle die Energie, welche in dem großen Kristall gespeichert ist, aus ihm herausziehen können. Wenn du deine Kristalle auf diese Weise gereinigt hast, schütte das Salzwasser weg. (Trinke es nicht etwa oder gieße damit deine Lieblingspflanze.)

Weitere Methoden:

Um deine Kristalle zu reinigen, kannst du auch ein Gerät zur Entmagnetisierung verwenden, wie es bei Tonbandgeräten und Kassettenrecordern benutzt wird. Streiche mit diesem Gerät die ganze Länge deiner Steine auf und ab. Du kannst auch deine Kristalle mittels Visualisation reinigen. Diese Methode ist jedoch nicht so zuverlässig wie die oben erwähnten Techniken. Wenn deine Konzentration oder deine Willenskraft nachläßt, kann es sein, daß die Edelsteine nicht vollkommen gereinigt werden. Wenn du dich für eine Visualisationsmethode entscheidest, reinige deinen Kristall (deine Kristalle), indem du goldenes Licht visualisierst, welches durch die Sonnenstrahlen in die Spitze des Kristalls einströmt und aus seinem Boden wieder austritt. Dieses goldene Licht vertreibt all die graue Negativität aus dem Boden des Kristalls in die Erde, wo sie umgewandelt wird. Auf diese Weise wird dein Kristall wieder glänzend und klar.

Wenn dein Kristall gereinigt ist, kannst du beginnen, mit ihm zu arbeiten. Von jetzt ab wird beschrieben und genau erklärt, wie du durch den Einsatz deiner Willenskraft, deines Verstandes und deiner Emotionen die Schwingungen deines Kristalls (deiner Kristalle) beeinflussen kannst, um entsprechende Veränderungen in feinstofflichen und später in physischen Körpern hervorzurufen. Veränderungen der Energievibration, die du in einem Kristall bewirkt hast, können sofort genutzt werden, um Veränderungen hervorzurufen, oder sie können in dem Kristall gespeichert werden, um zu einem späteren Zeitpunkt genutzt zu werden. Bestimmte Vibrationen können in dem Kristall auch dazu gespeichert werden, durch längere Zeit hindurch Wirkungen zu erzielen. Dieser Zeitraum dauert so lange wie die Reinigung des Kristalls. Das bewußte Erzeugen und Speichern einer Energievibration oder verschiedener Schwingungen, um sie später zu benutzen oder eine dauerhafte Wirkung zu erzielen, wird als Aufladen des Kristalls bezeichnet. Ein Kristall kann durch Gedanken, Gefühle, Klang, Farbe, Berührung oder jeden anderen äußeren Einfluß aufgeladen werden, durch den du normalerweise die Vibration in einem Kristall verändern kannst.

Das Aufladen deines Kristalls

1. Reinige den Kristall, der aufgeladen werden soll.

2. Halte deinen Kristall in beiden Händen, während du ihn anschaust. (Wenn du den Kristall nicht in die Hand nehmen kannst, lege einfach beide Hände auf ihn).

3. Komme in deine Mitte und kläre deinen Geist. Konzentriere dich darauf, wie du deinen Kristall aufladen möchtest.

3. Bleibe konzentriert, atme ein und wieder kräftig durch deinen Mund aus. Tu das so, als ob du deine Willenskraft in den Kristall hineinblasen wolltest.

5. Fahre fort, bis du das Gefühl hast, daß dein Kristall nun vollkommen mit deiner Absicht gefüllt ist.

6. Diese Schwingung ist nun in dem Kristall gespeichert, bis du ihn wieder davon reinigst. Einige Methoden gehen davon aus, daß ein

Programm in einem Kristall noch effektiver gespeichert ist, wenn man dieses Ritual vor einer Kerzenflamme vollzieht. Ist der Kristall aufgeladen, führst du ihn zum Schluß von rechts nach links durch die Flamme. Diese rituelle Handlung versiegelt das, was in den Kristall eingespeichert worden ist.

7. Wenn das Aufladen beendet ist, reinige dich und deine Umgebung. Wenn du das Programm in deinem Kristall wieder löschen willst, reinige ihn ganz einfach. (Dies ist auch dann möglich, wenn das Programm bereits fest in ihm gespeichert ist.)

Auf diese Weise kannst du deinen Kristall mit Energie aufladen, die du sofort oder später nutzen willst. Nachfolgend erhältst du noch weitere Informationen, die dir ermöglichen, vollkommen zu verstehen, wie ein Kristall beeinflußt und benutzt werden kann und wie man den Körper, die Gedanken, die Gefühle und seine Umwelt dadurch beeinflussen kann.

Die Wahrheit liegt jenseits von richtig und falsch . . .
sie ist ganz einfach sie selbst.
Mache die Wahrheit zu deinem Führer.
Dies ist es, was Urteilsvermögen bedeutet.

Wie du deine Sensitivität entwickelst, um physisch und intuitiv Schwingungen wahrzunehmen

Bei deiner Kristallarbeit kannst du die den Kristall umgebenden Energiefelder und die Schwingungsmuster, die durch seinen Einsatz hervorgerufen werden, ebenso wie auch die Schwingungsfelder, die in Verbindung mit den Dingen stehen, mit denen du deinen Kristall aufladen möchtest, intuitiv wahrnehmen. Es ist jedoch sehr hilfreich, besonders im Zusammenhang mit Heilen, wenn man die Energien, mit denen man arbeitet, auch körperlich empfinden kann. Versuche folgende Übung, um die Sensitivität deiner Hände zu entwickeln und solche Energien fühlen zu können:

Atem- und Kristallsensitivierungsübung

Reibe deine Handflächen dreißig Sekunden oder eine Minute lang kräftig aneinander, bis sie heiß werden. Dann sensitivierst du deine Hände, indem du sie öffnest und leicht anbläst, bis du ein Kitzeln verspürst. Als nächstes nimmst du deinen Kristall in die eine Hand und berührst mit der Spitze des Kristalls leicht die Mitte deiner anderen Handfläche. Dann nimmst du den Kristall wieder von der Handfläche weg, und bewegst ihn in Kreisen, bis du seine Energie fühlen kannst wie ein Kitzeln oder wie Kühle. Achte darauf, wie weit von der Handfläche entfernt du die Energie deines Kristalls noch fühlst. Experimentiere dann, indem du deinen Kristall über deinen Körper führst, und zwar in einem Abstand von ungefähr fünfzehn Zentimetern. Während du dies machst, kannst du die außergewöhnliche Kraft der so erzeugten Energie spüren.

Wie du siehst, mußt du sehr ruhig werden, um die Schwingung wahrnehmen zu können, die von dem Kristall ausgeht. Tatsächlich ist die Wahrnehmungsfähigkeit der Energie nicht nur eine Angelegenheit der Sensitivität der Hände, sondern auch eine Angelegenheit deiner geistigen Konzentrationsfähigkeit. Um die notwendige Konzentration zu erreichen, mußt du sowohl körperlich als auch geistig ruhig werden. Laß den Verstand zur Ruhe kommen – wie ein stilles Gewässer, halte an keinen Gedanken fest, die seine ruhige Oberfläche stören könnten. Wenn du das Gefühl hast, daß deine Gedanken umherwandern, lenke deine Aufmerksamkeit von ihnen ab und richte sie statt dessen auf den Kristall und deine Hand. Manche Menschen können die Energie, die von dem Kristall ausgeht, sofort spüren, andere brauchen mehr Zeit. Wenn du zu Beginn keinen Erfolg hast, versuch es weiter oder übe es einige Male am Tag. Schließlich wirst du die Schwingung fühlen können.

Die nachfolgende Übung eignet sich nicht nur dafür, die Sensitivität für die Kristallvibration zu entwickeln, sondern entwickelt auch die Sensitivität der Hände, um das feinstoffliche Schwingungsfeld physischer Gegenstände wahrzunehmen – auch das deines Körpers und des anderer Menschen. Versuche dazu folgende Übung:

Übung, um das subtile Schwingungsfeld wahrzunehmen

Als erstes sensitiviere deine Hände, indem du die oben beschriebene Atem- und Kristallsensitivierungsübung anwendest. Nun nimmst du die Hand, in der du deinen Kristall hältst, und führst sie über einen Gegenstand deiner Wahl. Halte die Hand mit dem Kristall in einer Entfernung von ungefähr fünfzehn Zentimetern davon. Der Kristall verstärkt die Sensitivität deiner Hände. Wenn du die Vibration des Energiefeldes um das betreffende Objekt spüren kannst, versuche, die Hand langsam weiter und weiter von dem Gegenstand wegzuziehen, so lange, bis du das Energiefeld nicht mehr spüren kannst. Dein Verstand sollte ruhig sein, und deine Aufmerksamkeit sollte sich dabei vollkommen auf die Sache konzentrieren, während du dies machst. Wie weit dehnt sich das Energiefeld um das Objekt? Die Vitalität und Lebenskraft eines Objekts wird durch die Reichweite seines Schwingungsfeldes angezeigt. (Siehe dazu in Kapitel zwei über die astrale und mentale Aura.)

Während du daran arbeitest, deine Sensitivität der Hände und deine Konzentrationsfähigkeit zu entwickeln, wirst du feststellen, daß auch deine intuitiven Fähigkeiten verstärkt zu Tage treten. Je weniger du den Intellekt benutzt, desto mehr beginnst du dich allmählich auf andere Wissensquellen zu verlassen, die sich dir ganz natürlich zu öffnen scheinen. Indem du körperlich subtilere Energie empfinden kannst, entwickelst du gleichzeitig auch ein subtiles Wahrnehmungsvermögen. Es entspricht dem Gefühl, etwas zu wissen, ohne zu wissen, warum du es weißt. Dieses Gefühl beruht nicht auf intellektuellen und vernünftigen Gründen, läßt sich aber später auch intellektuell als richtig bestätigen. Lerne, dich auf dieses Wahrnehmungsvermögen zu verlassen. Das bedeutet nicht, daß du Informationen, die aus der physischen Welt stammen, ignorierst. Tatsächlich benutzt du die physische Welt, um die Gültigkeit dessen zu erproben, was du intuitiv wahrgenommen hast. Dies wiederum verstärkt die Genauigkeit deines intuitiven Wahrnehmungsvermögens. Das Wichtige beim Entwikkeln der subtileren Sinne ist zunächst, sie zu erkennen, und dann, ihnen zu vertrauen. Vertraue auf das, was du empfindest, und scheue dich nicht, danach zu handeln. Sei mutig. Du wirst feststellen, daß du dein intuitives Wahrnehmungsvermögen ebenso bei deiner Kristallarbeit nutzen kannst wie das körperliche Empfinden subtiler Schwingungen. Es macht sie noch effektiver.

Wenn du dich einige Zeit lang darin geübt hast, dein Wahrnehmungsvermögen für die Schwingungsfelder physischer Gegenstände mit deinem Kristall zu üben, versuche dasselbe ohne deinen Kristall. Mache die Atem- und Sensitivierungsübung und führe deine Hand dann über das Energiefeld eines Gegenstandes, ohne dabei deinen Kristall zu benutzen. Kannst du das Energiefeld noch fühlen? Wenn nicht, versuche es noch einmal, nachdem du die Kristall- und Atemsensitivierungsübung wiederholt hast. Wenn du das Energiefeld immer noch nicht so fühlen kannst, wie bei den anderen Sensitivierungsübungen, versuche diese Übungen mehrere Male am Tag, bis du das Energiefeld wahrnehmen kannst. Schließlich wirst du Erfolg haben.

Wie bei jeder anderen Tätigkeit verhilft auch bei der Kristallarbeit ständige Übung zum Erfolg. Wenn du dich nicht ständig darin übst, verlierst du etwas von deiner Fähigkeit, obwohl gewöhnlich die neu entwickelte Sensitivität der Hände nicht mehr vollkommen verschwindet. Wenn du die Fähigkeit verlierst, Schwingungen körperlich zu fühlen, weil dir die Übung fehlt, wird es nicht länger dauern, als beim ersten Mal, bis du die Fähigkeit wiedererlangst. Übe einfach wieder.

Wenn du die Wahrnehmungsfähigkeit der einen Hand erst einmal entwickelt hast, wirst du auch die andere Hand entwickeln wollen, weil du bei der Kristallarbeit gewöhnlich beide Hände benutzt. Du kannst erst die Sensitivität der einen Hand entwickeln und dann die der anderen, oder du kannst die Sensitivität beider Hände zugleich entwickeln.

Die folgende Übung kannst du zusammen mit den anderen Sensitivierungsübungen machen. Diese Übung entwickelt nicht nur die Sensitivität der Hände, sondern stimuliert auch die Schilddrüsen- und Nebenschilddrüsentätigkeit, wodurch Energie in die oberen Zentren des Kopfes strömt. Dies wiederum regt die Hypophyse an, wodurch die intuitiven Fähigkeiten verstärkt werden. Das Herzzentrum bekommt mehr Energie, und der Geist wird klar, wodurch erhöhte Konzentration möglich ist. Während du die Übung machst, ist es wichtig, daß du deine Position genau beibehältst weil die Stellung gewisse Spannungen verursacht (wie du sicherlich feststellen wirst), die wiederum Reaktionen hervorrufen, welche eine Veränderung von Gedankenmustern herbeiführen.

Die Geräusche, die du machst, aktivieren ebenfalls bestimmte Energiezentren. Auch das ruft Wirkungen hervor, die du erfahren wirst. Die Übung sollte sechs Minuten lang praktiziert werden. Wenn du dies zu Beginn nicht schaffst, beginne mit einer Minute. Dann versuche drei Minuten. Wenn du die Übung drei Minuten lang schaffst, dann probiere weiter bis zu sechs Minuten. Diese Übung ist nicht einfach. Sie erfordert einige Anstrengung von deiner Seite. Benutze deine Willenskraft, um weiterzumachen. Wie du sehen wirst, ist diese Übung der Mühe wert. Um die wohltuende Wirkung dieser Übung vollkommen zu erfahren, solltest du sie dreißig Tage lang durchführen.

Übung, um die Intuition und die Sensitivität der Hände zu entwickeln

Setz dich an einen Platz, an dem du nicht gestört wirst. Setz dich mit aufrechter Wirbelsäule hin, den Blick auf waagerechter Kinnlinie nach vorne. Wenn du auf einem Stuhl sitzt, sollten die Fußsohlen fest

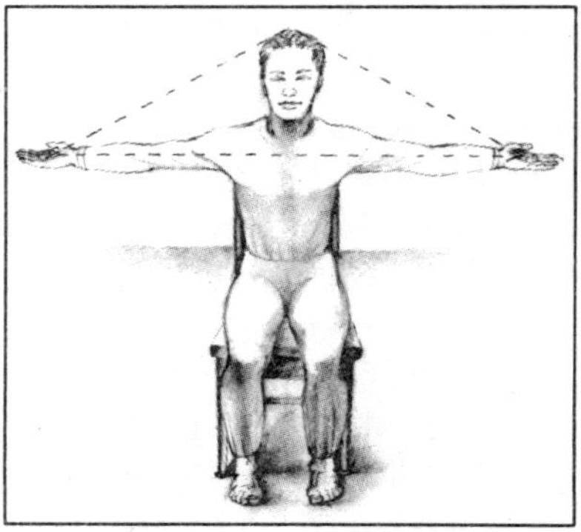

A

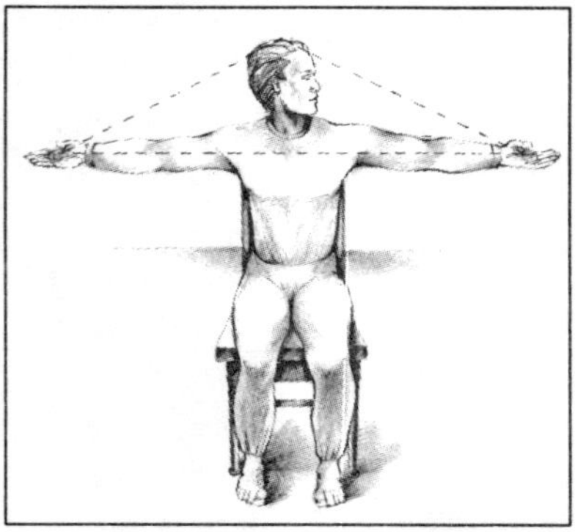

B

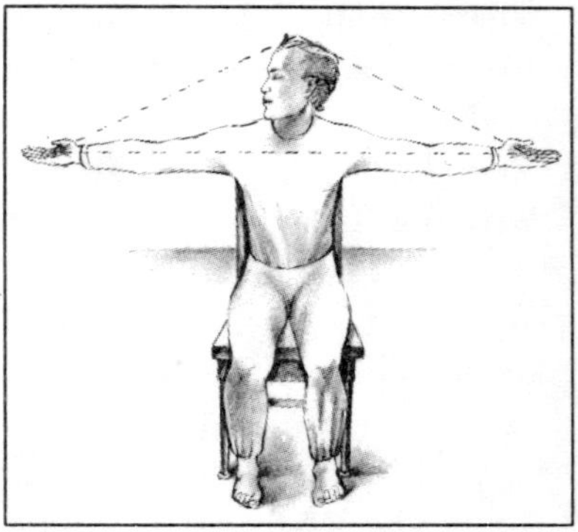

C

auf dem Boden liegen, und die Beine sollten nicht gekreuzt sein. Breite nun die Arme parallel zum Boden hin aus. Die Handflächen sind geöffnet und zeigen nach oben. Konzentriere dich nun auf die höchste Stelle des Kopfes und sei dir gleichzeitig der Energie in deinen Handflächen bewußt. (Anfangs wird es dir möglicherweise schwer fallen, dir gleichzeitig deines Kopfes und deiner Hände bewußt zu sein. Wenn du die Übung mit diesem Bild in deiner Vorstellung weiter übst, wird dir dies gelingen.) Wenn deine Gedanken umherwandern, lenke sie sanft wieder zurück auf die Übung, sobald du bemerkst, daß du gedanklich abschweifst. Nach einer Weile wirst du dich gedanklich viel leichter auf die Übung konzentrieren können. Wenn du magst, kannst du dir eine Energielinie von den Handflächen zu deinem Kopf und von der einen Hand zur anderen Hand vorstellen. Diese Linien bilden ein Dreieck (Abbildung A). Beginne, indem dein Blick nach vorne gerichtet ist. Dann drehst du den Kopf viermal nach links und sprichst laut »Wah-ho« bei jeder Drehung des Kopfes (Abbildung B). Nach jeder Kopfdrehung bringst du den Kopf zurück in die Anfangsposition. Dann drehst du den Kopf viermal nach rechts, wobei du laut »Guru« aussprichst (Abbildung C). Auch hier drehst du den Kopf immer wieder zurück in die Ausgangsposition. Fahre mit dieser Übung in einem regelmäßigen Rhythmus sechs Minuten lang fort. (Der Klang des Wortes sollte rhythmisch sein und kontinuierlich gesprochen werden, ohne Unterbrechung.) Eine einzelne Wiederholung des Lautes dauert ungefähr sieben Sekunden. Nach sechs Minuten atmest du tief ein und aus und entspannst deine Arme. Bleibe noch einige Minuten ruhig sitzen, damit sich die Veränderungen, die diese Übung bewirkt, sich in dir setzen können.

Wie man seinen Geist trainiert

Die meisten Menschen bewegen sich im Geiste von einem Gedanken zum nächsten. Diese Gedanken werden ausgelöst durch das, was wir sehen und hören, durch sinnliche Eindrücke Erinnerungen und all die Gedanken, die unablässig um uns herum vorhanden sind. Wenn unser Geist nicht geübt ist und wir ihm freien Lauf lassen, befindet er sich mit jeder Gedankenschwingung in Resonanz, die in unserer Umgebung vorhanden ist oder auf uns gelenkt wird. Da unser unkontrollierter Geist mit diesen verschiedenen Schwingungszuständen um uns herum mitschwingt, werden wir von ihnen beeinflußt. Deshalb werden wir ärgerlich, wenn Menschen in unserer Umgebung ärgerlich sind. Wenn sie glücklich sind, sind auch wir glücklich, und so weiter. Wenn der Himmel bedeckt ist, fühlen wir uns womöglich deprimiert. Hektische Großstadt-Schwingungen verursachen Anspannung und Nervosität bei uns. Es kann sein, daß wir in unseren Erinnerungen statt in der Gegenwart leben, und zwar in solchen Erinnerungen, die einen bestimmten, gefühlsmäßigen Zustand hervorrufen, der wiederum entsprechende Gedanken auslöst.

Allzu oft werden wir zu Sklaven unserer Gedanken anstatt zu ihrem Meister. Wenn wir uns konzentrieren müssen, haben wir keine »Muskeln« zur Verfügung. Wir können einen Gedanken, eine Vorstellung oder gar unseren Verstand nicht festhalten. Je mehr wir versuchen, Ruhe in unsere Gedanken zu bringen, um so aktiver wird unser Intellekt. Wir sind unfähig, uns zu konzentrieren, ein Gedanke jagt den anderen, bis wir schließlich von einem anderen, stärkeren Gedanken abgelenkt werden. Dies ist der übliche Geisteszustand des nicht entwickelten oder unbewußten Geistes.

Welche Alternative gibt es? Was bedeutet es, wenn wir von einem höher entwickelten Geist sprechen? Der höher entwickelte Geist ist einem stillen Gewässer vergleichbar. Gedanken kräuseln wie Wellen seine Oberfläche, aber das Wasser wird nicht gestört. Gedanken kommen und gehen, aber sie wühlen den Geist nicht auf. Der Geist bleibt in einem Zustand friedlicher Bewußtheit. Wenn der Geist dann dazu genutzt werden soll, um seine Aufmerksamkeit zielgerichtet auf etwas Bestimmtes zu lenken, kann er dies kraftvoll und konzentriert. Nichts kann seine Aufmerksamkeit ablenken, die durch unsere Willenskraft gestärkt wird. Wenn der höher entwickelte Geist sich auf etwas konzentriert, ist er sich ausschließlich dessen bewußt, worauf er sich konzentriert. Er bleibt stabil. Wenn die Konzentration nicht mehr nötig ist, kehrt der Geist in seinen ursprünglichen Zustand des harmonischen Gleichgewichts zurück. Nur wenn es uns gelingt, uns nicht ständig in unseren Urteilen und Unterscheidungen zu verlieren, können wir den kontinuierlichen Strom der Weisheit wahrnehmen, der durch uns fließt, um uns bei unserer Arbeit zu führen.

Warum brauchen wir bei der Kristallarbeit einen klaren und stabilen Geist? Wie wir wissen, hat der Kristall die Fähigkeit, Schwingungen zu beeinflussen und veränderte Bedingungen zu schaffen. Dies kann zu unserem Vorteil sein. Wir rufen eine bestimmte Gedankenschwingung hervor, mit der der Kristall harmonisch mitschwingt und diese Gedankenvibration dann wiederum aussendet, um mit anderen Schwingungen in Kontakt zu kommen und sie auf diese Weise so zu verändern, wie wir es beabsichtigen. Mit dieser Technik können wir Veränderungen auf der mentalen, astralen, ätherischen und physischen Ebene hervorrufen. Um dies zu erreichen, müssen wir sicherstellen, daß unsere Visualisation, unsere Gedanken oder unsere Absichten so lange konzentriert bleiben, wie es nötig ist, um die gewünschten Erfolge zu erzielen. Unsere Gedanken oder unsere Visionen müssen mit sehr viel Energie konzentriert werden, so daß der Kristall sehr klar damit aufgeladen wird und nicht durch andere konkurrierende Gedanken oder Visionen gestört oder in Verwirrung gebracht wird. Der Kristall übermittelt immer nur eine Art von Vibrationen. Wenn nun der Geist zerstreut und unkonzentriert ist, kann dies nicht gelingen. Wir haben dann keine Kontrolle über die anderen Gedanken, die unsere beabsichtigte Schwingung stören. Darüber hinaus müssen unsere Vorstellungen und Gedanken konstant bleiben, während unsere Willenskraft dazu benutzt wird, sie in den Kristall zu lenken, um in der gewünschten Weise ausgesandt zu werden. Je besser es uns gelingt, konzentriert zu bleiben, je mehr wir unsere Gedanken unter Kontrolle haben, um so effektiver wird unsere Arbeit sein.

Die folgende Technik dient dazu, deine Gedankenkontrolle zu entwickeln. Versuche es und achte dann darauf, welchen Unterschied du bei der Kristallarbeit feststellen kannst. Es empfiehlt sich, die Technik mindestens dreißig Tage lang zu üben, damit sie Erfolge erzielen kann. Wenn du die Technik, deine Gedankenkontrolle zu entwickeln, praktiziert hast, versuche die dritte Übung mit der Bezeichnung »Übung, um Frieden zu übermitteln«. In dieser Übung wirst du mit deinem Geist und deiner Absicht und mit Hilfe eines Kristalls Schwingungen in eine bestimmte Richtung lenken, um eine Veränderung zu bewirken.

Folge deinem Atem

Setz dich an einen Platz, an dem du nicht gestört wirst. Entspanne dich und sitze mit aufrechter Wirbelsäule. Du kannst dich auch flach auf den Rücken legen, wobei es jedoch sein kann, daß du schläfrig wirst. Schließe die Augen und lenke deine Aufmerksamkeit auf den Atem. Atme ganz natürlich in deinem eigenen Rhythmus. Spüre, wie dein Atem entweder die Nasenspitze, die Nasenlöcher oder die Oberlippe kitzelt. Statt eines Kitzelns empfindest du möglicherweise auch eine leichte Kühle. Wenn du nicht spüren kannst, wo die Luft auf ihrem Weg aus deinem Körper heraus bestimmte Körperbereiche berührt, fahre damit fort, dich auf deine Nasenspitze, Stirn oder Oberlippe zu konzentrieren, bis du die Berührung der Luft spürst. Während du weiterhin entspannt und aufrecht sitzen bleibst und in deinem Rhythmus atmest, fahre fort, die leichte Berührung des Atems während des Ein- und Ausatmens zu spüren. Wenn du merkst, daß deine Aufmerksamkeit abschweift, lenke sie auf das Kitzeln deines Atems zurück. Du wirst feststellen, daß du sehr ruhig und konzentriert werden wirst, deine Gedanken werden sich schließlich beruhigen, bis deine Bewußtheit schließlich nichts anderes mehr wahrnimmt, als das Kitzeln deines Atems. Du wirst feststellen, daß dein Atem immer schwächer wird, je tiefer du in einen Zustand äußerster Konzentration gelangst. Es kann sein, daß dein Atem ganz aufhört, sobald du dich in einer solchen Konzentration befindest. Keine Sorge: Sobald du bemerkst, daß du zu atmen aufgehört hast, wird der Atem wieder einsetzen! Versuche nicht, deinen Atem zu manipulieren. Beobachte ihn nur. Ignoriere jegliche Visionen, Emotionen oder Wahrnehmungen, die auftauchen. Sie werden dich nur von diesem Zustand tiefer Konzentration ablenken. Mache diese Übung mindestens drei Minuten lang. Steigere sie bis hin zu sieben Minuten, dann elf, fünfzehn, dreißig Minuten pro Sitzung. Wenn du magst, kannst du auch eine Stunde lang sitzen bleiben. Es kann vorkommen, daß dein Geist immer aktiver zu werden scheint, während du diese Übung zum ersten Mal machst. Diese geistige Aktivität bestand schon immer, du hast sie nur noch nie bewußt bemerkt. Und was besonders wichtig ist, beurteile dich nicht nach deinem »Fortschritt«. Das wird dich nur behindern. Lenke deine Gedanken fort von deinen Bewertungen und richte sie einfach wieder auf deinen Atem. Dies wird deine Fähigkeit entwikkeln, dich zu konzentrieren und deine Gedanken mühelos in eine bestimmte Richtung zu lenken.

Achte während dieser Übung darauf, wie dir die Gedanken durch den Kopf ziehen. Sie scheinen nicht aus deinem Geist zu stammen, aber durch ihn hindurchzufließen. Manche Gedanken scheinen etwas mit dir zu tun zu haben, andere wieder nicht. Diejenigen Gedanken, zu denen du keine Anziehung fühlst oder bei denen du nicht das Gefühl hast, daß du mit ihnen in Harmonie schwingst, verschwinden wieder. Sie lösen sich rasch und unbemerkt wieder auf. In einem klaren, konzentrierten Geist können sich Gedanken nicht halten, wenn du es nicht willst. Der klare Geist arbeitet nur mit solchen Gedanken, die er willentlich herbeiruft und lenkt. Mit einem Quarzkristall kannst du diesen Prozeß, Gedanken aufzurufen und gezielt zu lenken, üben.

Übung, um Ruhe zu übermitteln

Mache diese Übung mit einem Menschen, der damit einverstanden ist, mit dir zu arbeiten. Setzt euch ruhig und entspannt mit aufrechter Wirbelsäule gegenüber. Atmet beide in eurem natürlichen Rhythmus. Dein Gegenüber schließt nun die Augen. Dein Partner sollte ruhig sein und empfänglich für das, was du mit deinem Kristall übermitteln willst. Halte deinen Kristall mit beiden Händen vor dich, mit der Spitze vom Körper abgewandt, und schließe die Augen. Stell dir nun vor, daß du dich sehr zufrieden fühlst. Wenn du magst, stell dir vor, daß du dich am friedlichsten Ort befindest, den du kennst oder den du dir vorstellen kannst. Vielleicht liegst du an einem einsamen Strand in der Sonne und hast nichts anderes zu tun, als dir der Wärme bewußt zu sein, die in dich einströmt, und die kühle Brise wahrzunehmen, die durch die Palmen über dir weht. Wenn du magst, atme einige Male tief ein und aus und entspanne dich dabei immer mehr. Fühle eine tiefe innere Zufriedenheit. Alles ist gut so, wie es ist. Alles ist so, wie es sein sollte, und es wird immer richtig so sein. Stell dir diesen Zustand der Zufriedenheit vor und laß dabei ein Gefühl in dir entstehen.

Jetzt, wenn du dieses friedliche Bild in dir hergestellt hast und deine Gedanken konzentriert sind, öffne die Augen und blicke in den Quarzkristall. Während du dich weiterhin auf deine friedlichen Gedanken konzentrierst, atme tief und stell dir vor, wie du den Frieden und die Zufriedenheit, die du in dir spürst, in den Kristall einfließen läßt. Wiederhole dies einige Male, wenn du magst, bis du das Gefühl hast, daß es genug ist. Halte deinen Kristall nun in der rechten Hand mit der Spitze auf dein Gegenüber gerichtet. Wenn du deinen Kristall nun auf deinen Partner richtest, der immer noch in einem rezeptiven Zustand und mit geschlossenen Augen vor dir sitzt, stell dir vor, daß der Frieden und die Zufriedenheit, die du in deinen Kristall hast einfließen lassen, nun aus der Spitze ausströmt und in dein Gegenüber eindringt. Du kannst dir dabei vorstellen, daß das aussieht wie ein goldener oder rosafarbener Lichtstrahl, der aus der Spitze des Kristalls austritt und in deinen Partner einfließt. Während du deine Vorstellungen, Gedanken und Gefühle des Friedens in deinen Kristall lenkst, dringen sie in deinen Partner dir gegenüber ein. Vielleicht möchtest du den Kristall um deinen Partner kreisen lassen, um ihn wie in einen Lichtschein einzuhüllen, oder du möchtest den Frieden direkt in sein Herz strömen lassen. Laß dich von deinen Gefühlen leiten. Wenn deine Gedanken irgendwann abschweifen, lenke sie einfach zurück auf den Vorgang. Stell dir wieder vor, daß Zufriedenheit und Frieden aus dir strömen und durch den Kristall in dein Gegenüber einfließen.

Wenn du das Gefühl hast, diesen Energiefluß auf einen bestimmten Körperteil deines Partners zu richten, dann tu dies. Wenn du intuitiv das Gefühl hast, daß dein Partner dem Energiefluß irgendeinen Widerstand entgegensetzt, richte deinen Kristall auf dieses Hindernis. Stell dir vor, daß du den Widerstand auflöst, bis er in Harmonie mit der Zufriedenheit ist. Stell dir vor, daß dein Partner sich mit dem Strahl der friedlichen Energie, die ihn nun zu umgeben scheint, ausdehnt. Oder stell dir vor, was mit deinem Partner geschieht – als Zeichen seiner wachsenden Zufriedenheit. Mach dir keine Sorgen, ob du es auch richtig machst. Fahre mit dieser Übung einfach fort, bis du das Gefühl hast, du hast genug getan. Du wirst dies ganz deutlich spüren. Vertraue dir einfach selbst. Wenn du aufhörst, Energie durch deinen Kristall zu übermitteln, leg ihn einfach vor dich hin. Schließe die Augen und bleibe noch einige Minuten sitzen, um die Zufriedenheit zu genießen. Sobald du das Gefühl verspürst, es sei richtig, öffne deine Augen und teile deinem Gegenüber mit, daß die Übung nun beendet ist und daß er seine Augen öffnen kann, wenn er will. Hat er seine Augen geöffnet, bleibt noch einen Augenblick sitzen, bevor ihr aufsteht und eurer Wege geht.

Während der hier beschriebenen Übungen werden ganz bestimmte Dinge geschehen. Wenn du dir vorstellst, daß du dich friedlich und zufrieden fühlst, stellst du eine besondere Schwingung in dir her, die diesen Zustand reflektiert. Der Quarzkristall beginnt mit dieser Schwingung mitzuschwingen, wenn du ihn damit aufladst. Da der

Kristall die friedliche Energieschwingung verstärkt, verhilft er dir, dich noch friedlicher zu fühlen. Dies wiederum lädt den Kristall auf, wodurch der friedliche Zustand noch vertieft wird, was dir wiederum dazu verhilft, dich noch zufriedener zu fühlen. Wenn du dir vorstellst, daß die friedlichen Schwingungen den Kristall verlassen und in deinen Partner einfließen, benutzt du deine Willenskraft, um die Schwingungen auf dein Gegenüber zu lenken und den Kristall zu harmonisieren. Dadurch wird dein Partner von der Energie durchdrungen und beginnt, sich nun seinerseits zufrieden zu fühlen.

Während dieses Prozesses machst du vielleicht einige Erfahrungen. Dein Atem wird wahrscheinlich sehr ruhig. Vielleicht spürst du ein Prickeln zwischen den Augenbrauen, in der Mitte der Stirn oder entlang der Wirbelsäule. Vielleicht beginnst du auch zu frösteln oder zu schwitzen. Es kann sein, daß du dich sehr schwach fühlst – oder ungewöhnlich stark und energiegeladen. Möglicherweise fühlst du eine erhöhte Wahrnehmung oder Bewußtheit im Körper. Oder aber du fühlst dich schläfrig. Diese Empfindungen sind das Ergebnis bestimmter Energien feinstofflicher Natur, die in dir erwachen. Oder sie können Manifestationen von Blockaden in dir sein oder ganz einfach eine Schwäche des Nervensystems, da höhere, intensivere Energien durch deinen Körper fließen. Es gibt viele verschiedene Gründe für die vielerlei Empfindungen, die du bei dieser Übung haben kannst. Das wird in den nachfolgenden Kapiteln erklärt werden. Während du diese Übung machst, solltest du diese Empfindungen ganz einfach ignorieren. Lenke deine Aufmerksamkeit von ihnen fort und richte sie zurück auf das, was du tust. Lasse dich nicht bei deiner augenblicklichen Konzentration stören. Du kannst dich mit deinen Empfindungen später beschäftigen.

Es gibt zwei Möglichkeiten, Veränderungen zu visualisieren und herbeizuführen. Die eine Möglichkeit besteht darin, sich die Veränderung so vorzustellen, als wäre sie bereits eingetreten und sie dann aus dem Kristall ausströmen zu lassen. Die andere Möglichkeit ist die Methode, die bei der oben beschriebenen Übung verwendet wurde. Dabei stellst du dir eine Veränderung vor und erzeugst sie als ein Gefühl in dir, dann stellst du dir vor, daß sie in einem anderen Menschen stattfindet. Bei der letzten Methode ist es wichtig, daran zu denken, daß man die Veränderung nicht herbeizwingt, sondern sie vielmehr geschehen läßt.

Das ganze Universum ist Bewußtsein ...
Verändere dein Bewußtsein, und du veränderst dein Universum

Der Wille

Dein Wille ist die bestimmende Kraft, die hinter deinen Absichten steckt und sie stärkt. Willenskraft ist ein ganz wesentlicher Bestandteil wirkungsvoller Kristallarbeit. Deine Konzentrationsfähigkeit, die Macht deiner Projektion, die Klarheit deiner Visualisationen hängen sämtlich von der Stärke deiner Willenskraft ab. Deine Willenskraft in Verbindung mit bestimmten Techniken bringt die verschiedenen Vibrationen in dem Kristall hervor. Dein Wille lenkt oder überträgt auch die Energieströme, die du in dem Kristall hervorgerufen hast. Er ist das, was deinen Körper stärkt und alle Prozesse auf der astralen, mentalen und kausalen Ebene in Gang setzt. Dein Wille ist in allen Dimensionen des Universums von vorrangiger Bedeutung.

Die Willenskraft steht in direktem Zusammenhang mit deiner Vitalität. Wenn du wenig vitale Energie besitzt, wirst du auch wenig Willenskraft haben. Achte auf deine Gesundheit. Sie steht ebenfalls in Verbindung mit der Nervenkraft, daher ist es wichtig, ein starkes Nervensystem zu entwickeln. Darüber hinaus ist die Willenskraft um so stärker, je mehr das Nabelchakra stimuliert und geöffnet ist. Mache Übungen, um dein Nabelchakra zu stärken (siehe dazu die dritte Chakraübung in Kapitel zwei).

Außer deiner individuellen Willenskraft gibt es noch eine entsprechende Kraft im Universum, die bei effektiver Kristallarbeit genutzt wird. Dieser Energiestrom ist in allen Seinsebenen vorhanden. Seine

Kraft ist für eine bestimmte Ordnung verantwortlich, für die Art und Weise, wie die Dinge zusammenpassen. Sie ist eine lebensfördernde und wachstumsorientierte Kraft. Sie ist positiv und harmonisch. Wenn du bewußter wirst, wirst du diese Kraft wahrnehmen können. Sie wird als eine zielgerichtete Kraft wahrgenommen, die allem Leben innewohnt. Wir sind niemals von ihr getrennt, auch wenn wir sie nicht empfinden können. Sie umfaßt jedoch auch unsere Individualität, und gleichzeitig ist sie außerhalb von uns. Daher wird sie oft als höherer Wille bezeichnet. Wenn du dir dieser Kraft bewußt wirst, wirst du sie nicht als niederdrückend, sondern vielmehr als befreiend empfinden. Obwohl du diese Kraft körperlich empfinden und spüren kannst, hat sie keine bestimmte Form, die man beschreiben könnte, und sie entstammt auch keiner bestimmten Daseinsform. Man könnte sie als eine Ursubstanz bezeichnen, die auf allen Seinsebenen existiert.

Wenn du dich in den Dienst dieser höheren Willenskraft stellst, wie es bei deiner Kristallarbeit und allem anderen Wirken auf metaphysischen Ebenen der Fall ist, wirst du dich harmonisch und erhoben fühlen. Du wirst das Gefühl haben, als ob in deiner ganzen Arbeit, in deinem täglichen Leben eine bestimmte Ausrichtung liegt. Du fühlst dich von Macht und Kraft durchströmt.

Wenn du nicht mit diesem höheren Willen in Harmonie bist oder dich ihm nicht unterstellst, ist auf Dauer gesehen alle deine Mühe umsonst. Deine Erfolge werden nicht dauerhaft sein. Du wirst in deinem eigenen Leben oder in dem Leben eines anderen Menschen, mit dem du arbeitest, keinen dauerhaften Frieden und keine Harmonie herstellen können. Da du die Führung, welche du brauchst, nicht erhältst, wirst du dich auf deinen Intellekt verlassen, um geführt zu werden. Wenn du dies tust, wirst du auf lange Sicht keine besondere Wirkung erzielen können. Wenn du dich aktiv gegen diesen höheren Willen stellst, wirst du negative Energie anziehen und schließlich leiden.

Sich in den Dienst dieses höheren Willens zu stellen, bedeutet nicht, daß du keinen eigenen Willen hast. Im Gegenteil, das erfordert enorme Willenskraft. Es bedarf eines starken Willens, um sich kontinuierlich darüber bewußt zu sein, welche richtige Handlungsweise von dir verlangt wird, und danach zu handeln, komme, was da wolle. Wenngleich dein individueller Wille gestärkt zu werden scheint, sobald du mit dem höheren Willen in Harmonie bist, ist es dennoch dein Wille, der deine Handlungen bestimmt. Bei der Quarzkristallarbeit beispielsweise verändert dein Wille die Schwingungen und lenkt und übermittelt die Energien des Kristalls. Dein Wille hält deine Konzentration aufrecht, wenn du visualisierst. Mit deinem Willen richtest du deine Aufmerksamkeit bei all den unzähligen Dingen, die erforderlich sind, auf ein bestimmtes Ziel.

Wie kannst du feststellen, was der höhere Wille ist, und wie kannst du mit ihm in Verbindung kommen? Wenn dein Geist ruhig ist und du zentriert bist, kannst du hören oder auf andere Weise wahrnehmen, was der höhere Wille ist. Die leise Stimme des höheren Willens macht sich dann bemerkbar, wenn du auf deine Intuition hörst oder wenn du dich still auf dein Herzchakra in der Mitte deiner Brust konzentrierst. Der höhere Wille ist nicht dasselbe wie dein intuitives Wissen, aber er scheint es in Form einer inneren Führung zu begleiten. Am besten kannst du mit dieser inneren Führung in Verbindung treten, wenn du sie darum bittest. Mache es zu deiner täglichen Meditation, einige Augenblicke lang um die Führung des höheren Willens zu bitten. Bitte darum, daß du seine Stimme hören kannst und von ihm gehört wirst. Bitte darum, daß deine Handlungen nicht deinem eigenen Willen entstammen, sondern in Harmonie mit dem höheren Willen sind. Bitte darum, daß diese höhere Führung oder der kosmische Plan deine Handlungen bestimmt. Du kannst versuchen, eine Affirmation leise zu dir zu sprechen, während du deiner täglichen Arbeit nachgehst ... »Nicht mein, sondern dein Wille geschehe ...« Lasse ihn deinen Körper, deinen Geist und deine Seele durchdringen, bis er ein Teil deiner Persönlichkeit geworden ist.

Suchst du nach deiner Macht und fragst dich, wie du sie gebrauchen sollst?
Wirkliche Macht kann man nicht besitzen.

Du wirst deine wahre Kraft oder die Weisheit, sie einzusetzen, niemals finden, bevor du nicht darüber hinausgelangt bist, im Recht sein zu wollen. Wer bist du, daß du recht haben willst ... oder was verteidigst du überhaupt?

Höre auf, vor dir selbst davonzulaufen. Denn wenn du dies tust, erschaffst du dir dein eigenes Gefängnis.

Prana oder Lebenskraft

Prana ist die Lebenskraft des Universums. Sie existiert auf jeder Seinsebene und belebt jedes Wesen, uns Menschen eingeschlossen. Diese vitale Kraft sendet ihre Lebensenergien durch all unsere Körper bis hin in den physischen Körper, wo sie in dem subtilen Nervensystem kanalisiert und von den Zellen absorbiert wird. Dein Gesundheitszustand und dein Maß an Vitalität werden durch die Aufnahme und Zirkulation von Prana in dir bestimmt. Je mehr Prana du in dich aufnimmst, um so mehr Vitalität wirst du empfinden, und je mehr Vitalität du besitzt, um so gesünder bist du.

Prana ist eng verbunden mit deinem Atem. Wenn du tief einatmest, atmest du mehr Prana in deinen Körper ein. Ebenso läßt du Prana aus dir ausströmen, wenn du ausatmest. Benutze deinen Atem, um den Fluß der Pranaenergie in deinem Körper aufrechtzuerhalten. Dieser Kreislauf vollzieht sich ganz natürlich, sobald du atmest. Der Energiefluß von Prana kann jedoch auch durch Willenskraft in deinen Körper hinein oder aus deinem Körper heraus gelenkt werden. Es gibt viele Techniken, wie du deinen Atem nutzen kannst, um Prana in deinen Körper aufzunehmen oder abzugeben. Diese Techniken heißen »Pranayam«.

Du kannst deine Willenskraft in Verbindung mit dem Atem auch dazu nutzen, diese Lebensenergie auszustrahlen, um einem anderen

Menschen mehr Vitalität zu verleihen. (Das ist besonders beim Heilen wirksam.) Deinen Atem kannst du ebenfalls einsetzen, um jede Projektion, die du bei deiner Kristallarbeit anwendest, mit Energie aufzuladen, zu vitalisieren oder zu verstärken. Mit anderen Worten, du benutzt deinen pranageladenen Atem in Verbindung mit deiner Willenskraft, um den Energiefluß hervorzurufen, der dann aus deinem Kristall ausströmt. Um dies zu tun, nimmst du Prana beim Einatmen in dich auf. Beim Ausatmen läßt du Prana aus dir ausströmen, um deine Absicht mit Energie aufzuladen. (Diese Vorgehensweise wird in diesem Buch sehr häufig verwendet.)

Die folgende Übung dient dazu, Prana aus dir ausströmen zu lassen und einem anderen Menschen mehr Vitalkraft zu verleihen. Du kannst diese Übung auch dazu anwenden, um zusätzliche Lebensenergie in deine Nahrung, in deine Pflanzen oder Tiere zu senden. Diese Technik führst du am besten draußen im Sonnenlicht aus, sie kann aber auch an jedem anderen Ort praktiziert werden.

Pranaübung

Sitze oder stehe bequem mit aufrechter Wirbelsäule. Halte einen einendigen Quarzkristall oder einen Stabkristall in der rechten Hand, so daß die Spitze aus der Hand herausragt. Komme in deine Mitte, und schließe die Augen. Atme mit langen, tiefen Atemzügen durch die Nase. Dies ist eine besondere Atemtechnik, die unter anderem dazu verhilft, zusätzliche Lebensenergie in den Körper aufzunehmen. Fülle beim Einatmen deine Lungen vollständig mit Luft. Wenn du einatmest, stell dir vor, daß du mit deinem Atem große Mengen Lebensenergie in dich einströmen und durch deinen Körper fließen läßt. Beim Ausatmen stell dir vor, daß du alle negative Energie aus deinem Körper ausfließen läßt. Fühle dich so, als ob dein Körper mit jedem Einatmen mehr und mehr Vitalität ausstrahlt. Mache diese Übung mindestens drei Minuten lang. Während du nun fortfährst, Prana in dich aufzunehmen, visualisiere den Menschen, dem du diese vitale

Energie senden möchtest. Stell ihn dir vor deinem geistigen Auge klar vor. Während du dich nun auf diese Person konzentrierst, nimm deinen rechten Arm und deine rechte Hand hoch, so als ob du mit deinem Kristall auf diesen Menschen zeigen würdest. Wenn du deinen Kristall auf diesen Menschen richtest, atme durch die Nase ein. Dann atme durch den Mund in Richtung auf den Kristall aus und fülle ihn mit Prana, das du dort angesammelt hast. Mach dies zwei- oder dreimal oder so lange, bis du das Gefühl hast, der Kristall hat sich mit dieser Vitalkraft aufgeladen. Dann atme wieder ein und durch den Mund aus, und schick die Pranaenergie von dem Kristall zu der anderen Person. Fahre fort, Pranaenergie aus deinem Körper durch den Kristall zu dem betreffenden Menschen zu schicken, bis du meinst, es wäre genug. Mach diese Übung nicht länger als zehn Minuten. Lege deinen Kristall dann beiseite und laß deinen Arm entspannt hängen. Lade dich nun wieder mit Pranaenergie auf, indem du sie einatmest und jede negative Energie, die du in dich aufgenommen hast, ausatmest. Mach dies mindestens drei Minuten lang, dann entspanne dich.

Diese Übung kannst du auch mit einem Menschen machen, der dir direkt gegenübersteht, sie muß nicht über eine räumliche Entfernung hinweg gemacht werden. Wenn du sie in Gegenwart eines anderen Menschen machst, fahre so lange damit fort, bis sich der andere vitaler fühlt oder bis du erkennst, daß er mehr Lebenskraft in sich aufgenommen hat. Mach dies niemals länger als zehn Minuten. Stell immer sicher, daß du dich nach diesem Prozeß immer mit mehr Pranaenergie aufgeladen hast. Wenn du die Übung beendet hast, reinige deine Kristalle.

Wie man mit Gefühlszuständen arbeitet

Um mit Gefühlszuständen und Quarzkristallen zu arbeiten, mußt du deine Emotionen unter Kontrolle haben. Sie dürfen nicht dich beherrschen. Die Kontrolle über die eigenen Gefühle zu haben bedeutet nicht, daß du keine Gefühle hast. Im Gegenteil, du hast Emotionen nicht nur, sondern du mußt die Fähigkeit entwickeln, sie intensiv zu fühlen. Wenn du nicht fähig bist, deine eigenen Gefühle wahrzunehmen, kannst du dich nicht dafür öffnen, die Gefühle anderer Menschen wahrzunehmen. Dadurch bist du bei deiner Kristallarbeit ernsthaft eingeschränkt. Kristallarbeit erfordert dein Mitfühlen mit den Menschen, mit denen du zusammen arbeitest. Dafür brauchst du ein offenes Herzzentrum, weil aus diesem Chakra Mitgefühl und Nächstenliebe ausströmen. Wenn du dich Gefühlen verschließt, baust du eine Mauer um dein Herzzentrum und verschließt es. Ist dein Herzzentrum verschlossen, kann die Energie, die du für deine Arbeit brauchst, nicht durch deinen Körper kanalisiert werden, und du bist blockiert.

Was bedeutet es, die Kontrolle über seine Gefühle zu haben? Es bedeutet, daß du deine Gefühle kommen und gehen läßt, ohne deine Handlungen oder deine Sprache unbedingt von ihnen bestimmen zu lassen. Der objektive Teil deines Selbst, der in der Lage ist, Gefühle einfach zu beobachten, wird dann die geeignete Handlungsweise bestimmen.

Wenn du daran arbeitest, dein Nervensystem zu stärken und dein Nabelchakra zu öffnen, wirst du die Willenskraft entwickeln, die notwendig ist, um dem impulsiven Handlungsdrang zu widerstehen. Dann wirst du in der Lage sein, zurückzutreten und die Emotion einfach zu beobachten und zu erfahren, ohne sie zu unterdrücken oder irgend etwas gegen sie zu unternehmen. Je weniger Aufmerksamkeit du einer Emotion schenkst und je weniger du dich in Gefühle verwikkelst, um so schneller werden sie verschwinden. Wenn du deinen Emotionen Aufmerksamkeit schenkst, nährst du sie. Dies gilt für jede Gefühlsregung, nicht nur für negative Emotionen. Beobachte, was Emotionen auslösen. Gewöhnlich beruhen Emotionen auf einem Wunsch oder einer Wunschvorstellung, die du dir noch nicht erfüllt hast. Erfahre die Emotion und den dahinterstehenden Wunsch vollständig, ohne irgend etwas zu unternehmen. Laß den Wunsch los. Du wirst aus ihm viel über dich und andere lernen.

Wenn du wirkungsvoll mit Kristallen arbeiten willst, mußt du flexibel sein und in Einklang mit deiner inneren Führung handeln. Wenn du in einem Gefühlszustand verhaftet bist oder dich darin verlierst, wirst du nicht in der Lage sein, ihn loszulassen, um deine Aufmerksamkeit auf deine innere Führung zu lenken. Ebensowenig wirst du fähig sein, mit deiner Willenskraft irgendeine andere Visualisation, irgendeinen anderen Gedanken oder irgendeine andere Emotion zu projizieren. Daher wirst du vorwiegend deinen emotionalen Zustand projizieren, statt das zu bewirken, was du mit deiner Kristallarbeit beabsichtigst.

Sei dir bewußt und achte darauf, was du projizierst. Reinige deine Kristalle und Werkzeuge und den Raum, in dem du dich befunden hast, als du in einem negativen Gefühlszustand warst.

Wenn du in der Lage bist, deine Gefühle ganz einfach zu beobachten, ohne danach zu handeln, wirst du schließlich verstehen, damit umzugehen. Emotionen lassen sich nicht moralisch als richtig oder falsch bewerten. Aber die Handlung, die du einer Emotion folgen läßt, kann als richtig oder falsch beurteilt werden. Eine richtige Handlung ist eine, die in Harmonie mit deiner Umwelt, mit anderen Menschen und mit deiner eigenen inneren Stimme ist.

Wenn du deine objektive Beobachtungsfähigkeit entwickelst, öffnet sich dein Herzzentrum. Wenn das Herzchakra geöffnet ist und du deinen Blick nicht durch Emotionen trüben läßt, wirst du feststellen, daß du dich in einem natürlichen Zustand der Liebe befindest. Dieser Zustand muß nur wieder entdeckt werden. Diese natürliche Liebe hat nichts mit Emotionalität zu tun. Sie ist viel ruhiger, ausgedehnter und viel tiefer.

Du wirst die Erfahrung machen, daß jede Situation, jedes Objekt und jedes Lebewesen mit einem ganz bestimmten Gefühl verbunden ist, das du in deinem Körper nachempfinden kannst, wenn du klar und zentriert bist und dein Geist zur Ruhe gekommen ist. Wenn du die allen Dingen anhaftende emotionale Komponente wahrnehmen oder fühlen kannst, kann man sagen, daß du Mitgefühl besitzt.

An dieser Stelle möchte ich eine Methode vorschlagen, wie man mit seinen Emotionen arbeiten kann:

Als erstes rufst du bewußt ein bestimmtes Gefühl in dir hervor und projizierst es mit Hilfe deines Kristalles, um Veränderungen zu bewirken. Wie macht man das? Beginne damit, dich zu zentrieren und deinen Geist zu klären, während du deinen Quarzkristall in der Hand hältst. Stell dir nun eine bestimmte Veränderung vor, die du bewirken möchtest, oder visualisiere das, was du projizieren möchtest. Konzentriere dich dann auf deinen Körper, und zwar im Bereich des Herzzentrums in der Mitte deiner Brust. Welches Gefühl scheint mit dem, was du tun möchtest, verbunden zu sein? Wenn du nichts Bestimmtes in dir fühlst, stell dir ein Gefühl vor. Während du dich dann immer noch auf die Visualisation oder Veränderung in deiner Vorstellung konzentrierst, verstärkst du die Intensität des Gefühls, das du in deinem Körper verspürst. Indem du deine Willenskraft benutzt, projizierst du nun die Emotion und die Visualisation in den Kristall. Dies ruft eine bestimmte Vibration in dem Edelstein hervor, die – in einer enorm verstärkten Version – dem entspricht, was du zu übermitteln beabsichtigst. Während du dich weiterhin auf die Visualisation und die damit verbundene Emotion konzentrierst, benutze deinen Willen, um diese Vibration von dem Kristall auf die beabsichtigte Situation, das gewünschte Objekt oder Lebewesen zu übermitteln. Benutze das Ausatmen, um deine Übermittlung zu verstärken. Bei dieser Übung hast du die emotionale (astrale) und mentale Ebene benutzt, um die physische Dimension zu beeinflussen. Um Emotionen hervorzurufen und zu übermitteln, mußt du in der Lage sein, jeden emotionalen Zustand beiseite zu lassen, in den du jemals verwickelt gewesen bist, und du darfst dich nur auf die Emotionen konzentrieren, mit denen du arbeiten möchtest. Dafür mußt du die Fähigkeit entwickeln, deine Gefühle unter Kontrolle zu haben.

Die folgende Übung wird dir helfen, deine Gefühle, Gedanken und Wünsche unter Kontrolle zu haben:

Kristallübung, um Gedanken und Wünsche loszulassen

Setz dich auf einen Stuhl. Die Fußsohlen liegen flach auf dem Boden auf. Wenn es dir bequemer ist, kannst du dich auch auf die Knie oder mit gekreuzten Beinen setzen. Setz dich mit aufrechter Wirbelsäule hin. Halte deinen Quarzkristall mit beiden Händen vor dir – mit der Spitze nach oben. (Wenn man den Kristall mit beiden Händen hält, werden die männlichen und weiblichen Energien in deinem Körper ausgeglichen. Diese Balance verhilft dir dazu, Energie durch deinen Körper zu kanalisieren.) Atme ein paarmal tief durch die Nase aus und ein, um in deine Mitte zu kommen. Lenke deine Konzentration auf den Kristall, so daß du harmonisch mit ihm mitschwingst. Nun denke an den Wunsch oder den Gedanken, den du gerne auslöschen möchtest. Fühle, welche Emotionen mit diesem Wunsch verbunden sind, und konzentriere dich darauf. Wenn irgendwelche Bilder oder Visualisationen vor deinem geistigen Auge entstehen, die mit diesem ungewollten Wunsch oder Gedanken verbunden zu sein scheinen, lenke deine Konzentration auch auf sie. Wenn deine Konzentration fest auf den Gedanken oder das Bedürfnis und alles damit Verbundene gerichtet ist, atme tief durch die Nase ein. Dann atmest du kräftig durch den Mund aus, so als ob du alle unerwünschten Gefühle und Gedanken in den Kristall vor dir hineinblasen würdest. Fahre damit elf Minuten lang fort oder so lange, bis keine unerwünschten Assoziationen mehr in deiner Vorstellung auftauchen. Auf diese Weise wird in dem Kristall eine Schwingung erzeugt, die mit dem projizierten Wunsch oder Gedanken in Harmonie steht. Es kann vorkommen, daß der Kristall beginnt, trüb oder fleckig zu werden. Wenn du die Übung beendet hast, nimmst du den Kristall in deine rechte Hand und richtest seine Spitze auf die Erde.

Benutze deinen Willen, um den Wunsch oder den Gedanken aus der Spitze des Kristalls in die Erde zu senden. Wenn du dich in einem Zimmer befindest, sende ihn durch den Fußboden hinein in die Erde. Stell dir vor, daß dein Wunsch oder Gedanke nun von der Erde umge-

Stell dir dann vor, daß sich die Erde in einem Zustand der Ruhe und des Friedens befindet.

Mach dies elf Minuten lang, bis du das Gefühl hast, es sei Zeit aufzuhören, oder bis der Kristall wieder klarer aussieht. Die Schwingung des Kristalls wird sich wieder in ihre ursprüngliche gewandelt haben oder in eine neue Energievibration, die deinem augenblicklichen Zustand geistigen Friedens entspricht. Wenn du möchtest, kannst du deinen Kristall für eine Weile in der Erde vergraben. Reinige den Kristall, Werkzeuge, die du benutzt hast, dich selbst und deine Umgebung. Leg deine Hände kurz auf die Erde, und wasche sie dann.

Emotionen sind eine Schöpfung des Intellekts.
(Du kannst dich entscheiden, wie du reagieren willst.)

Der Verstand gehorcht dem Willen. Was steckt hinter dem Willen?
Wo befindet sich das, was hinter dem Willen steckt?

Emotionen, Visualisationen und Gedanken mit Kristallen projizieren

---

Wie projizierst du mit deinem Willen und dem Kristall Schwingungen, die du in ihm hervorgerufen hast und die einem emotionalen Zustand, einer Visualisation oder einem Gedanken entsprechen? Als erstes legst du drei Kristalle gleicher Stärke oder Vibration in einem Dreieck um dich herum. Nun setz dich mit aufrechter Wirbelsäule in die Mitte dieses Dreiecks, und richte deinen Blick auf die Spitze des Dreiecks. Von diesem Punkt aus wirst du deine Projektion übermitteln. Sensitiviere deine Hände. Wenn das geschehen ist, nimmst du in jede Hand einen Stabkristall oder einen einendigen Kristall. Auch diese beiden Kristalle sollten gleich groß und gleich stark sein. (Wenn du keine Stabkristalle oder nicht so viele Kristalle besitzt, kannst du sie auch visualisieren.) Schließ die Augen und beginne, dich zu konzentrieren. Atme einige Male tief durch die Nase ein und aus, um mehr in deine Mitte zu kommen. Dabei konzentrierst du dich auf dein Herzchakra in der Mitte der Brust. Wenn du einatmest, fülle dein Herzchakra mit Liebe. Wenn du ausatmest, läßt du alles aus dir ausströmen, was nicht Liebe ist. Fahre fort, bis du spürst, daß du vollkommen mit Liebe erfüllt bist. Dies wird dein Herzchakra aktivieren.

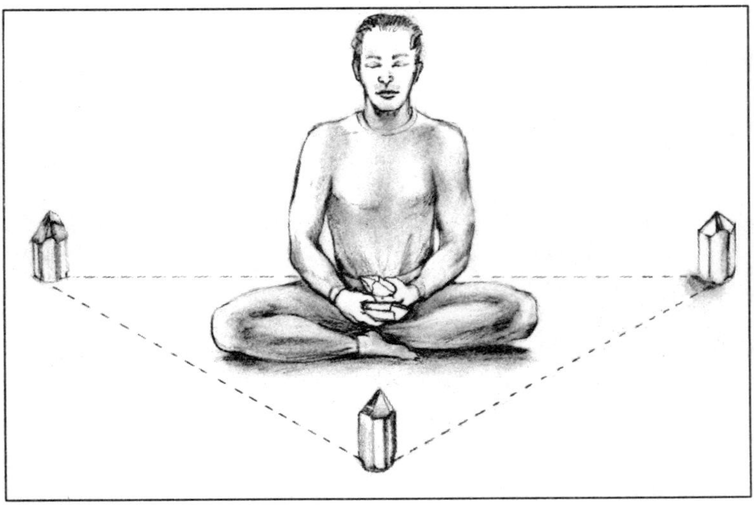

Als nächstes breitest du deine Arme nach beiden Seiten hin aus, parallel zum Boden. Deine Handflächen zeigen nach oben und halten den jeweiligen Quarz- oder Stabkristall. Die Spitzen der beiden Kristalle sind auf deinen Körper gerichtet.

Beim Einatmen durch die Nase fühlst du, daß du durch deine Fingerspitzen Energie in dich aufnimmst. Stell dir vor, daß die Energie der Kristalle dadurch noch mehr aktiviert wird. Während du diese Energie nun durch deine Arme zum Herzzentrum fließen läßt, vermische diese mächtigen Schwingungen in dir mit der Liebe, die du dort bereits gesammelt hast. Laß sie durch deinen ganzen Körper fließen. Fahre damit fort, bis dein ganzer Körper mit Energie gefüllt ist. Nimm lange, tiefe Atemzüge und atme durch die Nase ein.

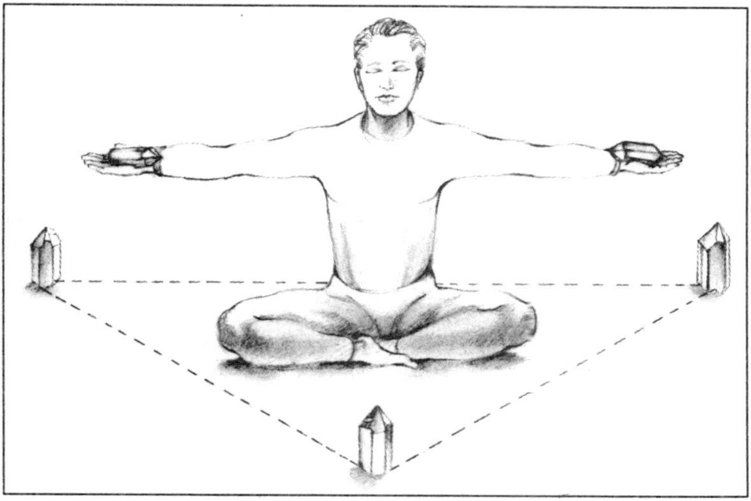

Wenn du das Gefühl hast, daß du von dieser Schwingung erfüllt bist, konzentriere dich auf die Emotion, den Gedanken oder die Visualisation, die du projizieren möchtest. Konzentriere dich sehr stark darauf. Stelle dir jedes Detail sehr klar vor und fühle es nach. Fülle deinen Körper mit dieser aufgeladenen Vibration. Fahre damit fort, bis kein Gedanke, Gefühl oder keine Körpererfahrung in dir ist, die nicht zu dieser beabsichtigten Projektion gehört. Wenn du diesen Zustand erreicht hast, leite die Energieschwingungen von deinem Herzchakra durch dein Kehlkopfcharka hinauf zum Dritten Auge, dem Energiezentrum in der Mitte der Stirn zwischen den Augenbrauen.

Konzentriere dich auf dein Drittes Auge, während du nun die Kristalle oder den Stabkristall in den Händen umdrehst, so daß die Spitze nun vom Körper weg zeigt und der Energiefluß in umgekehrte Richtung gelenkt wird. Halte die beiden Kristalle in den

Händen nun mit ausgestreckten Armen vor dir. Du kannst aber auch nur den rechten Arm benutzen.

Atme jetzt tief durch die Nase ein und kräftig durch den Mund aus. Bei jedem Ausatmen läßt du die Energie durch deine Arme, Hände, dein Drittes Auge und die Kristalle ausströmen. Mit dem Ausströmen der Energie schickst du den Gedanken oder die Visualisation in Richtung auf dein Ziel, den Menschen, das Objekt oder Lebewesen, während du dich auf dein Drittes Auge konzentrierst. Fülle dein Drittes Auge ständig mit der Energie aus deinem Herzzentrum. (Das ist nur möglich, wenn das Kehlkopfchakra nicht blockiert ist.) Fülle den anderen Menschen mit der Projektion, bis sich dein Körper leer anfühlt, du den Erfolg siehst oder intuitiv spürst, daß du aufhören kannst.

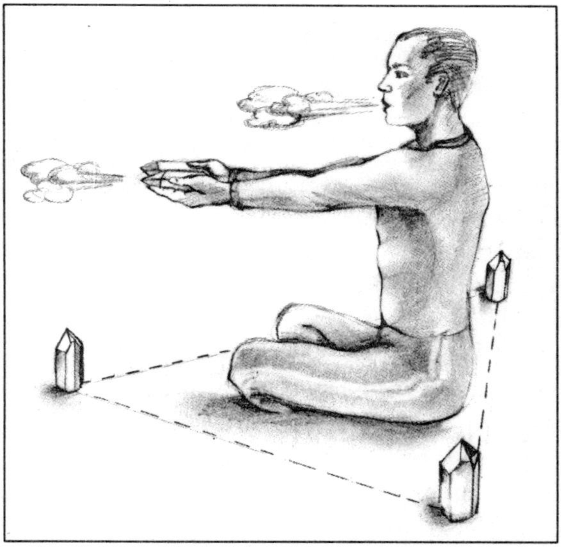

Was benutzt du nun, um Energie zu projizieren? Du benutzt deinen Willen, deine starke Absicht. Es ist so, als ob du die Vibrationen mit deiner Willenskraft verstärkst. Der stärkste Wille wird durch den Glauben oder das Vertrauen gestützt, daß du in dem Moment, in dem du etwas tust, genau das Richtige tust. Es ist möglich, deinen Glauben auf etwas zu gründen, das du gehört oder gelesen hast. Am wirkungsvollsten ist dein Glaube jedoch dann, wenn er auf deinen eigenen Erfahrungen beruht.

Wenn du diese Übung beendet hast, bleib noch eine Weile sitzen und zentriere dich, indem du dich langsam wieder mit Energie füllst. Laß den Körper und seine Körpersysteme nicht in einem energielosen Zustand. Laß die Energie der Erde durch die Füße in dich hineinströmen oder die Energie der Sonne durch den Scheitel. Reinige deinen Raum, dich selbst und deine Werkzeuge.

Benutze diese Technik nur, wenn du darum gebeten wirst, oder in manchen Fällen, in denen du von deiner inneren Führung dazu angehalten wirst, sie zu machen. Bevor du Dinge in deiner physischen Umwelt veränderst, überlege dir, welche Handlung und welche Auswirkungen mit dieser Veränderung verbunden sind. Ist es richtig, diese Veränderung herbeizuführen? Ist diese Veränderung harmonisch? Spricht etwas dafür, daß die Situation so bleiben soll, wie sie ist? Während du diese Betrachtungen anstellst, stelle dir die jeweilige Situation aus der Perspektive deines Herzchakras und deines Dritten Auges vor.

Sei dir des übergeordneten Plans bewußt, der auf allen Ebenen des Lebens besteht, nicht nur auf der physischen. Erzeuge kein Chaos. Sei nicht blind und unbewußt. Um den übergeordneten Plan der Schöpfung erkennen zu können, entwickle dein Bewußtsein durch die Techniken, die in diesem Buch vorgeschlagen werden. Richte deine Handlungsweise nach dem Standpunkt des höheren Geistes oder der höheren, feinstofflichen Dimensionen.

Je mehr deine Arbeit mit diesem übergeordneten Plan übereinstimmt, um so mehr kannst du als ein freier Kanal handeln, durch den die Energie ohne Behinderung fließen kann. Damit Energie durch dich fließen kann, mußt du deine Willenskraft stärken, dein Drittes Auge, dein Herzzentrum und andere Chakras öffnen. (Siehe dazu die Übungen über die Chakras in Kapitel zwei.)

Sei bereit, deine Kristalle nur dann zu benutzen oder mit ihnen nur dann zu arbeiten, wenn du dazu aufgerufen bist. Sei in jedem Fall vollkommen zufrieden. Wenn du damit zufrieden bist, nichts zu tun, neigst du weniger dazu, auch dann mit Kristallen zu arbeiten, wenn es nicht unbedingt notwendig ist. Mache Kristallarbeit nie, um anzugeben, weil sich dies immer schädlich auf dich und auch auf andere auswirken wird. Dies ist eine Falle, die dich aus deinem inneren Gleichgewicht bringt. Du wirst so nicht in der Lage sein, deine innere Stimme zu vernehmen. Wenn du aus deinem inneren Gleichgewicht geraten bist, kannst du die Freude und tiefe Zufriedenheit nicht empfinden, die du sonst spürst, wenn du als reines Medium agierst, so daß der natürliche Fluß der Harmonie seine Arbeit tun kann.

KAPITEL 2: DIE AUSSENKÖRPER

Der menschliche Körper wird von zehn anderen Körpern umgeben, die alle ihre eigene Energieschwingung und Substanz haben. Wie du anhand der nachfolgenden Erläuterungen erkennen wirst, hast du in der Quarzkristallarbeit hauptsächlich mit vier Energiekörpern zu tun: dem physischen, dem ätherischen, dem astralen und dem mentalen Körper. Die verschiedenen Energiekörper des Menschen kann man sich als verschiedene Schichten vorstellen, die aufeinander liegen, obwohl in Wirklichkeit jeder Körper in dem nächsthöheren Energiekörper enthalten ist. Die Energiekörper umgeben den physischen Körper vereinfacht betrachtet in Form eines Ovals. Jeder Energiekörper besitzt seine eigene Dichte und Schwingungsart. Da sich diese Körper um den Kern, den physischen Körper, herum ausbreiten, wird ihre Energievibration zunehmend feiner. Obwohl all diese Energiekörper eine verschiedene Dichte besitzen, stehen sie miteinander in Verbindung und reagieren aufeinander. Daher beeinflußt eine Veränderung in einem dieser Energiekörper auch alle anderen.

Wenn du auf einer feinstofflichen Ebene eine Veränderung bewirkst, um den physischen Körper zu beeinflussen, wie es in den Kapiteln zu Anfang des Buches beschrieben ist, arbeitest du tatsächlich direkt mit den Schwingungen des Ätherkörpers, des Astralkörpers und manchmal auch des Mentalkörpers und in seltenen Fällen auch mit denen des Kausalkörpers. Wie später gezeigt werden wird, kannst du entweder nur mit einem Körper arbeiten oder auch mit allen gleichzeitig. Die Erläuterung der verschiedenen Energiekörper und feinstofflichen Ebenen ist jedoch dazu gedacht, dir einen intellektuellen Zusammenhang aufzuzeigen, innerhalb dessen du arbeiten kannst. Aber verwende dein intellektuelles Verständis der Energiekörper und feinstofflichen Ebenen nicht dazu, die tatsächliche Erfahrung zu ersetzen. Es ist nicht einmal notwendig, etwas über die Energiekörper zu wissen, um effektive Kristallarbeit zu leisten, solange du die Schwingungen fühlen kannst und dich von diesem Gefühl leiten läßt. Arbeite, indem du dieses Wissen als einen Rahmen benutzt, der dir die Möglichkeit gibt, neue Erfahrungen mit deinen Kristallen zu eröffnen.

Der physische Körper hat die niedrigste und langsamste Energievibration von allen Energiekörpern. Diese Schwingungsfrequenz stellt eine bestimmte Masse dar, die unseren physischen Körper bildet, und die Wahrnehmungen, der wir uns am meisten bewußt sind. (Es gibt noch dichtere Körper als unseren physischen Körper, aber diese sind für unsere Arbeit im allgemeinen irrelevant und werden daher hier nicht erwähnt.) Der Ätherkörper hat eine höhere und schnellere Energieschwingung als der physische Körper, die aber noch nicht so schnell ist wie die des Astralkörpers. Da die Frequenz höher ist, wird sie als »feiner« bezeichnet. Da die Schwingungsfrequenz feiner ist, finden in einem bestimmten Zeitabschnitt in demselben Raum mehr Schwingungen statt. Die nächste Stufe bildet der Astralkörper, der wegen der Schnelligkeit seiner Schwingung sowohl im ätherischen als auch im physischen Körper enthalten ist. Der Astralkörper erstreckt sich über den physischen Körper hinaus und auch ein wenig über den ätherischen Körper. Der Mentalkörper hat nochmals eine höhere Schwingung als der astrale, der mentale und der physische Körper, also eine höhere Feinstofflichkeit und Schwingungsfrequenz. (Es gibt noch höhere und noch feinstofflichere Energiekörper, die noch schneller schwingen. Diese Körper benutzen wir bei der Kristallarbeit jedoch nicht bewußt, so daß sie nicht dargestellt werden.) Die Veränderung einer Schwingung beeinflußt alle anderen Schwingungen, da sie alle miteinander verwoben sind. Eine Veränderung in einem Energiekörper wirkt sich auf alle anderen Energiekörper aus.

Bei der Quarzkristallarbeit können wir daher an einem feinstofflichen Körper arbeiten, um den physischen Körper zu beeinflussen.

Daraus wird auch ersichtlich, daß die Begriffe »Astralreise« und »außerkörperliche Erfahrungen« irreführend sein können. Wenn du dich in einem dieser Bewußtseinszustände befindest, ist das Gefühl, das du dabei empfindest, mehr als eine Reise oder eine Bewegung im Raum. Im Gegensatz zu der Empfindung, zu »reisen«, verläßt du deinen Körper in Wirklichkeit gar nicht, da der Astralkörper in dem physischen Körper enthalten ist. Anstatt irgendwohin zu reisen, erweitert sich nur dein Bewußtsein. Du wirst dir anderer Eindrücke bewußt, und zwar auf der Astralebene. Wie auch bei den physischen Wahrnehmungen, werden sie nun zu dem Kontext, von dem aus du wirkst. Dies ist das Kernprinzip, um auf der Astralebene mit Kristallen zu arbeiten. Astralreisen und außerkörperliche Erfahrungen bedeuten also, daß man sein Bewußtsein auf seinen Astralkörper oder einen anderen Energiekörper richtet und sich auf dieser Ebene bewegt, indem man diesen Körper benutzt. Menschen, die dieses höhere Bewußtsein besitzen, können sich an einen neuen astralen Aufenthaltsort begeben und dann auch an einem entsprechenden Ort der physischen Ebene erscheinen. Aber den meisten Kristallarbeitern gelingt es sehr selten. Die meisten reisen auf der astralen Ebene nur in einem Astralkörper und kehren dann in den physischen Körper am Ausgangsort zurück. Du kannst jedoch sehen, wie dies möglich wäre, wenn man die wahre Wechselbeziehung der verschiedenen feinstofflichen und physischen Ebenen und Körper kennt.

Jetzt, wo du die verschiedenen Energiekörper kennst und weißt, wie sie sich gegenseitig durchdringen, fragst du dich sicher, was ihre charakteristischen Eigenschaften sind. Zunächst muß man sich daran erinnern, daß Körper im wesentlichen Schwingung sind. Jeder Energiekörper auf einer bestimmten Ebene ist ein Konglomerat der Schwingungen dieser Ebenen, die durch eine ganz bestimmte Bewußtseinskraft zusammengehalten werden. (Dies gilt auch für die physische Ebene.) Diese Bewußtseinskraft grenzt sich durch bestimmte Merkmale von ihrer jeweiligen Umgebung ab, einer Unterabteilung in einer größeren Abteilung vergleichbar. Somit sammelt die Bewußtseinskraft auf einer bestimmten Ebene einen Körper um sich, der all die Charakteristika dieser Ebene besitzt, weil er aus der gleichen Energie gebildet ist. Mit anderen Worten: Ein Körper ist nichts anderes als ein »kleines Bausteinchen« einer Welt. Um ein »Baustein« einer Welt zu sein, muß ein Körper in einen Zustand der Getrenntheit vom Ganzen bleiben. Daher ist sich der Körper oder das »Individuum« nicht all dessen bewußt, mit dem es verbunden ist, denn sonst wäre es nicht in der Lage, seine Getrenntheit weiterhin zu erleben. Diese Erfahrung der Getrenntheit vermindert die gemeinsamen Eigenschaften mit der korrespondierenden Ebene nicht, sondern schränkt nur den Einsatz dieser Charakteristika ein, was darauf zurückzuführen ist, daß ein Mangel an Bewußtsein besteht. Das ist meist der Grund dafür, warum du dir gewöhnlich nicht gleich aller feinstofflichen Eigenschaften bewußt bist, die in dir enthalten sind, und erst einmal einige tief verwurzelte Vorurteile dessen, was »wirklich« ist und was nicht, fallenlassen mußt.

Ich erkläre dir dies aus mehreren Gründen: Erstens wird es dein Bewußtsein erhöhen, wenn du diesen Prozeß betrachtest und einiges davon in dir selbst wiedererkennst. In dem Maße, wie sich dein Bewußtsein erweitert, wirst du dir anderer Ebenen bewußt, die jenseits der physischen liegen. Dies erweist sich nicht nur in Hinsicht auf Erleuchtung im allgemeinen als hilfreich, sondern gibt dir eine bessere Vorstellung davon, wie du Kristallarbeit oder metaphysisches Heilen bewerkstelligen kannst. Darüber hinaus gerätst du nicht mehr in Panik, wenn du bei dieser Arbeit oder bei Meditationen oder anderen Praktiken beginnst, außerkörperliche Erfahrungen zu machen. Du kennst dann die Zusammenhänge und kannst deine Erlebnisse verstehen und nutzen.

In den nächsten Kapiteln werden die charakteristischen Merkmale jeder Energieebene erläutert. Dabei wird hauptsächlich die Ebene an sich beschrieben. Wie gesagt, vergiß nicht, daß die Beschreibung der physischen Ebene sich auf ihren korrespondierenden Körper erstreckt. Alle anderen besonderen Eigenschaften des Körpers, die wichtig sind, werden ebenfalls erläutert.

Wenn du aus diesem Bewußtsein heraus mühelos und beständig

wirkst und handelst und aus dieser höheren Bewußtseinsquelle schöpfst, wirst du in der Lage sein, perfekt mit Kristallen zu arbeiten . . . und auch in allen anderen Bereichen.

Letztendlich bist du nichts anderes als Bewußtsein.
Wenn du mühelos und beständig aus diesem Bewußtsein schöpfst
und nach ihm handelst,
wirst du perfekt mit Quarzkristallen arbeiten können . . .
und auch mit allem anderen.

Der Ätherkörper

Der Ätherkörper wird leicht verwechselt mit dem Astralkörper. Er befindet sich ungefähr drei Zentimeter über der Haut. Seine Aura kann jedoch mehrere Zentimeter weit ausstrahlen, gewöhnlich jedoch nicht mehr als dreißig Zentimeter. Durch bestimmte Praktiken, gesteigerte Vitalität oder das Auflegen von Kristallen auf den physischen Körper kann sich die Aura bis zu ungefähr einem Meter ausweiten. Der Ätherkörper ist ein genaues Abbild des physischen Körpers. Dieser Körper ist bewußtseinsmäßig nicht vom physischen Körper getrennt. Dennoch ist er absolut notwendig für dein Leben: Der ätherische Körper nimmt die Vitalkräfte auf, die von der Sonne ausströmen, und verteilt sie in den physischen Körper; er ist daher ausschlaggebend für die physische Gesundheit. Die Vitalkräfte, die in Zusammenhang mit diesem Körper stehen, sind die Kundalini-Energie und die Prana oder Vitalkraft. (Kundalini und Prana gehören jedoch nicht ausschließlich zu diesem Körper, man weiß, daß sie alle anderen Energiekörper beeinflussen.) Der Ätherkörper hat mit praktisch allen bekannten physischen Kräften zu tun, das heißt mit magnetischer Energie, Licht, Wärme, Klang, chemischer Anziehung und Abstoßung und Bewegung. Prana oder Lebensenergie wird in den ätherischen Chakras oder Energiezentren angesammelt, gefiltert und durch sie über die verschiedenen Energiekanäle in den Körper geleitet, wo sie als beherrschende Energie in den Nervenzentren wirkt. Dies erhält sowohl den ätherischen als auch den physischen Körper lebendig. Der ätherische Körper fungiert als Brücke zwischen dem physischen und astralen Körper. Die ätherischen Chakras führen dem physischen Bewußtsein alles zu, was aus den entsprechenden astralen Zentren kommt. Über diese Brücke gelangen deine Träume in dein Bewußtsein, wenn du erwachst. Ebenso werden deine physischen Wahrnehmungsempfindungen über diese Brücke durch das ätherische »Gehirn« zum Astralkörper geleitet. Und genauso wird dein Bewußtsein aus deinem Astralkörper und anderen höheren Energiekörpern in dein physisches Gehirn und Nervensystem übermittelt. Da du dein Bewußtsein automatisch erweiterst, wenn du mit Kristallen arbeitest, erwachen diese subtilen, feinstofflichen Systeme in dir und treten verstärkt in dein Bewußtsein. Wie du siehst, ist es diesem Körper und seinen Systemen zu verdanken, daß du mit deinen Quarzkristallen auf so innige Weise verbunden bist und mit ihnen so wirkungsvoll arbeiten kannst. Deshalb möchte ich die Kundalini-Energie und das Chakrasystem nachfolgend ausführlich erläutern. Ich möchte einige Übungen beschreiben, mit denen du deine Fähigkeiten entwickeln kannst, diese Energiesysteme zu erfahren und bewußt mit ihnen umzugehen. Dies wird dich bei deiner Kristallarbeit enorm unterstützen und dir neue Möglichkeiten eröffnen.

Chakras, Ida und Pingala, Sushumna

Im Ätherkörper befinden sich sieben Energiezentren, die entsprechende Zentren im Astralkörper haben. Diese Energiezentren werden Chakras genannt, was »Rad« oder »sich drehende Scheibe« bedeutet. Sie sind wie kreisende Energiescheiben aus feinstofflicher Materie, die sehr schnell rotieren. Die Chakras dienen der Energieumwandlung, der Aufnahme, Filterung und Verteilung von Vitalität für den ätherischen wie auch den physischen Körper. Wenn die Chakras stimuliert und geöffnet sind, dann wandeln sie Energiefrequenzen um und bringen die ihnen eigenen Qualitäten ins physische Bewußtsein. Die Folge davon sind die verschiedenen Verhaltensweisen, Gesundheitszustände und Bewußtseinsebenen.

Chakras sind durch einen zentralen Energiekanal miteinander verbunden, der durch den feinstofflichen Körper vom ersten bis hinauf zum siebten, dem Scheitelchakra, verläuft. Dieser Kanal heißt Sushumna. Er steht in Verbindung mit der Wirbelsäule des physischen Körpers. Links des Sushumnakanals verläuft ein Kanal, durch den die feminine Mondenergie, genannt Ida, fließt. Diese Energie ist rezeptiv. Auf der rechten Seite des Sushumnakanals läuft der Kanal der maskulinen, extrovertierten Sonnenenergie, genannt Pingala. An dieser Stelle sei darauf hingewiesen, daß alle Körper maskuline und feminine Energien in sich tragen. Dies hängt mit dem natürlichen, zirkulierenden Energiekreislauf zusammen, der sowohl empfängt als auch manifestiert. Diese Energien haben nichts mit maskulin und feminin im allgemeinen Sinne zu tun, in dem wir diese Begriffe verstehen und mit sozialen Klischées und bestimmten Verhaltensweisen in Verbindung bringen.

Bei der Quarzkristallarbeit arbeiten wir direkt mit Ida, Pingala, Sushumna und den Chakras: Indem wir sie beeinflussen, beeinflussen wir sofort den gesamten physischen, den mentalen und den emotionalen Körper. Die meisten Krankheiten und andere Probleme sind die Folge irgendeiner Blockierung oder eines Ungleichgewichts der Chakras, des männlich-weiblichen Energieflusses oder des zentralen Energiekanals. Wenn du bewußter wirst, kannst du erkennen oder fühlen, wo dieses Ungleichgewicht liegt, und es korrigieren. Wenn du mit den Chakras experimentierst und mit ihren Eigenschaften vertraut wirst, wirst du fähig sein, sie mit deinen Kristallen zu stimulieren oder zu öffnen, indem du die Eigenschaften in den Körper des betreffenden Menschen, mit dem du arbeitest, einfließen läßt (einschließlich dir selbst). Bei den meisten Menschen sind die höheren Energiezentren nicht geöffnet, so daß die Eigenschaften, die mit diesen Zentren verbunden sind, ihnen unbekannt sind. Um diese Situation zu ändern, wirst du den Wunsch verspüren, die höheren Energiezentren vom

Herzchakra an nach oben hin zu öffnen. Benutze dabei das Herz als das Zentrum oder den Mittelpunkt der Balance. Gehe dabei sanft vor, indem du immer deine Intuition oder deine innere Stimme nutzt, die dich wissen läßt, wieviel für jemand anderen gut ist.

Wenn du alle Chakras mit deinen Kristallen öffnest, muß du dir auch bewußt sein, daß du sie untereinander in einem Gleichgewicht hältst. Sei bei deiner Arbeit sehr verantwortungsbewußt. Versuche nicht, einen Energiefluß in den Chakras zu lenken, wenn du ihn nicht sehen, fühlen oder anders wahrnehmen kannst. Verlasse dich nicht nur auf das intellektuelle Verständnis, wie man das macht. Du mußt genau wissen, was du tust, indem du deine eigene Erfahrung nutzt, denn sonst kannst du dich selbst oder andere aus dem Gleichgewicht bringen und schädigen, anstatt zu nutzen. Um jedes Chakra kennenzulernen, kannst du dich in Meditation begeben und dich auf das jeweilige Chakra konzentrieren. Speichere alle Eindrücke, Gefühle und andere Informationen, die du erhältst, in deinem Gedächtnis. Nachfolgend werden die sieben Chakras, ihr Sitz und die ihnen zugeordneten Eigenschaften erläutert. Im Anschluß daran findest du Übungen, um die einzelnen Chakras zu öffnen. Experimentiere mit diesen Übungen erst einmal selbst, bevor du sie bei anderen anwendest. Im Kapitel vier über Heilen findest du weitere Informationen darüber, wie man mit den verschiedenen Energiezentren arbeitet.

Beschreibung der Chakras

Es gibt viele verschiedene Beschreibungen der Chakrasysteme, sowohl in Yoga- und tantrischen Texten als auch in den moderneren Schulen. Anstatt dich nun mit einer Unmenge Informationen zu erschlagen, die über Chakras erhältlich ist, möchte ich dir hier eine vereinfachte Beschreibung des Chakrasystems geben. Das Chakrasystem muß für dich erfahrbar sein, um dir von Nutzen zu sein. Als erstes mußt du seine Grundstruktur erlernen. Dann benutzt du deine Kristalle, um über diese Struktur zu meditieren und mit ihr zu arbeiten. Dabei wird dir über deine Intuition immer mehr über das vollständige

Chakrasystem enthüllt werden. Wenn du das Grundprinzip des ätherischen Energiesystems im Kopf hast und dich intuitiv entscheidest, etwas hinzuzufügen oder abzuwandeln, kannst du dies ruhig tun. Überprüfe deine Ergebnisse. Sei im Augenblick! Bestehe nicht stur darauf, daß bestimmte Kanäle oder Wechselbeziehungen immer in einer bestimmten Weise gehandhabt werden müssen. Das kann manchmal auch nicht der Fall sein. Jeder Mensch, du selbst eingeschlossen, befindet sich in einem verschiedenen Stadium psychischer, physischer, emotionaler und mentaler Gesundheit und Evolution. Wenn du mit einem anderen Menschen arbeitest, besteht deine Aufgabe darin, zu erkennen, welche Teile seiner feinstofflichen Energiesysteme dominant scheinen oder wann du welche Teile des Energiesystems behandeln solltest. Wenn du ein ausgeklügeltes System einstudiert hast, das du durch persönliche Erfahrung erlernt hast, kannst du auf ein bloßes Dogma hereinfallen. Dann wirst du nicht fähig sein, spontan und wirkungsvoll zu arbeiten. Das hier beschriebene System wird wohl die meisten verschiedenen Quellen in sich vereinen, mit den Überlieferungen übereinstimmen und ist leicht zu handhaben.

Das erste Chakra befindet sich in der Gegend des unteren Endes der Wirbelsäule. Der überlieferte Name für dieses Chakra ist »Muladhara«. Aus diesem Chakra entspringt die Kundalini-Energie. Daher wird dieses Chakra auch oft als »Schlangenfeuer« oder »Sitz der Kundalini« bezeichnet. Dieses Chakra hat hauptsächlich mit dem Überleben zu tun. Die Farbe, die mit diesem Zentrum assoziiert wird, ist Rot. Bei der Kristallarbeit arbeitet man meistens mit diesem Zentrum, weil bestimmte physische Krankheiten dort wurzeln und geheilt werden müssen oder um die Kundalini-Kraft zu stimulieren oder weil der Betreffende geerdet werden muß. Ansonsten sind die Menschen in diesem Energiezentrum meistens sehr zentriert, und es braucht nicht stimuliert zu werden.

Das zweite Chakra wird »Manipura«- oder Sex-Chakra genannt, je nachdem, auf welche Quellen man sich bezieht. Es befindet sich in der Region der Sexualorgane. Die Farbe, die gewöhnlich mit diesem Chakra verbunden wird, ist Orange. Das zweite Chakra steht im Zusammenhang mit dem Sexualtrieb und der Zeugung auf einer weniger feinstofflichen Ebene als die anderen Energiezentren. Dieses Chakra ist, wie das erste Chakra, bei den Menschen meistens geöffnet. In folgenden Fällen muß dieses Energiezentrum jedoch stimuliert werden: Wenn in diesem Energiezentrum eine physische Krankheit wurzelt, sexuelle Blockaden oder Fehlfunktionen vorliegen und wenn die Kundalini-Energie vom ersten Chakra durch dieses Energie-Chakra in das dritte Chakra aufsteigt. Bei gewissen Formen des Tantra-Yoga wird es ebenfalls angeregt.

Das dritte Chakra wird als das »Nabelchakra« oder als »Svadhisthana« bezeichnet. Es liegt in der Nabelgegend, ungefähr fünf Zentimeter über dem Nabel. Dieses Chakra hat mit der Vitalisierung sowohl des physischen als auch des ätherischen Körpers zu tun. In diesem Chakra laufen die zweiundsiebzigtausend feinstofflichen Nerven zusammen, um die feinstoffliche Energie durch den feinstofflichen Körper zu verteilen. Das dritte Chakra ist der Sitz der Willenskraft und hilft, Eindrücke aus den höheren Energiezentren zu manifestieren. Der Einsatz deiner Willenskraft verstärkt deine Handlungen auf allen Ebenen. Wenn das Nabelchakra geöffnet, aber nicht mit den höheren Energiezentren im Gleichgewicht ist, kann es sein, daß die betreffenden Menschen übermäßig mit Macht und Beherrschen beschäftigt sind.

Das Nabelchakra ist Energiequelle und Zentrum für das physische Wohlergehen. Jedes Ungleichgewicht des Geistes oder Verhaltensstörungen spiegeln sich in einer Disharmonie in den unteren drei Chakras. Wenn das Nabelchakra geöffnet und stimuliert wird, kann es dieses Ungleichgewicht beheben. Dieses Energiezentrum gibt dir die Möglichkeit, Gewohnheiten und Verhaltensmuster zu erschaffen oder zu durchbrechen und deinen Handlungen Zielstrebigkeit zu verleihen. Wenn das Nabelchakra geschwächt oder blockiert ist, können bestimmte physische und psychologische Störungen die Folge sein. Zu den physischen Symptomen zählen frühzeitiges Altern, schwache Nerven und später Gehirnfunktions- und Organstörungen und

Krebs. Die psychologischen Symptome resultieren daher, daß die Energie, die im Nabelzentrum transformiert wird, um ins Herzzentrum aufsteigen zu können, blockiert ist. Wenn dies der Fall ist, wird der Betreffende in allen Aspekten seiner Persönlichkeit Neid zeigen: Beispielsweise ist er zu Mitleid und anderen menschlichen Regungen nur dann fähig, wenn er Anerkennung erhält und sein selbstsüchtiges Ego erhoben wird.

Die Farbe, die mit dem dritten Chakra verbunden ist, ist Gelb, manchmal dargestellt als eine leuchtende gelbe Sonne. Bei der Kristallarbeit mußt du sehr vorsichtig sein, wenn du dieses Zentrum stimulierst. Bei den meisten Menschen ist das dritte Chakra bis zu einem gewissen Grad geöffnet, aber es kann sein, daß es mit den Qualitäten des offenen Herzchakras oder der Vision des geöffneten Dritten Auges nicht im Gleichgewicht ist. Wenn du das dritte Chakra öffnest, ohne auch das Herzchakra oder das Dritte Auge anzuregen, kann es dir passieren, daß sich das Machtstreben und die Herrschsucht des Betreffenden noch mehr verfestigt. Dies verursacht viel Leid und Unzufriedenheit. Manchmal reicht es schon aus, die höheren Energiezentren zu öffnen, um die für die Kristall- und metaphysische Arbeit notwendige Willenskraft zu aktivieren, wobei gleichzeitig das psychische Machtbedürfnis, andere Menschen zu beherrschen, vermindert wird. Die Entwicklung dieses Zentrums hilft dir, dich mit der Astralebene in Einklang zu bringen. Es dient auch dazu, das, was du auf feinstofflicheren Ebenen gesehen hast, auf der physischen Ebene zu manifestieren. Der Ton, der mit dem Nabelchakra verbunden wird, ist HUH, das zugehörige Mantra ist HARA. (Siehe dazu die Übung zur Öffnung des dritten Chakras im Kapitel zwei.)

Das vierte Chakra oder Herzzentrum wird »Anahata« genannt. Es liegt ungefähr in der Mitte der Brust zwischen beiden Brustwarzen. Die Farbe des vierten Chakras ist Grün, obwohl bei der Kristallarbeit sehr oft die Farbe Rosa benutzt wird. In manchen Fällen wird Rosa dem emotionalen Aspekt des Herzchakras zugeordnet, während die Farbe Grün für das Chakra selbst steht. Wie auch sonst bei der Kristallarbeit solltest du hier nach deinem eigenen Ermessen vorgehen.

Der Klang, der mit diesem Chakra verbunden ist, ist AH. Ein Mantra, das sehr oft in Zusammenhang mit diesem Chakra verwendet wird, ist RAMA. Auf den grobstofflicheren Ebenen steht dieses Energiezentrum in Zusammenhang mit Emotionen. Wenn ein Mensch übertrieben emotionell ist, ist es angezeigt, das Herzchakra auszubalancieren. Wenn sich jemand in einer tiefen Depression befindet, kannst du beispielsweise einen rosafarbenen Edelstein benutzen, um dieses Energiezentrum zu massieren, oder du könntest einen grünen Edelstein benutzen, um das Herzchakra zu stärken. Während du dies tust, kannst du ebenfalls das Dritte Auge öffnen und es mit dem Herzzentrum in Verbindung bringen, um dem betreffenden Menschen zu helfen, seine überschüssige depressive Energie nach oben hin abfließen zu lassen. Im höheren Sinne wird das vierte Chakra mit Liebe und Mitgefühl in Verbindung gebracht. Wenn dieses Zentrum aktiviert ist, wirst du dir der Gefühle anderer Menschen bewußt, du wirst besonders mitfühlend mit anderen Lebewesen und verstehst sie instinktiv. Das Herzchakra ist das Zentrum des Gleichgewichts. Es ist der Verbindungspunkt des ätherischen Energieflusses zwischen Erde und Himmel, der beim Heilen benutzt wird.

Das fünfte Chakra ist das Kehlkopfchakra. Die alte Bezeichnung für dieses Energiezentrum ist »Visuddha«. Es befindet sich im Ätherkörper in einer Region, die dem Bereich der Mitte der Kehle entspricht. Die Farbe, die mit diesem Chakra verbunden wird, reicht von Hellblau oder Himmelblau bis hin zu Türkis. Der Klang, der mit diesem Chakra in Zusammenhang gebracht wird, ist HU. Wenn das Kehlkopfchakra geöffnet ist, bist du in der Lage, Klänge aus den Bereichen der Äther- und Astralwelt in dein physisches Bewußtsein einfließen zu lassen. Diese Fähigkeit wird als Hellhören bezeichnet. Du bist in der Lage, die Wahrheit von höheren Ebenen zu hören und sie auf der physischen Ebene mitzuteilen. Wenn dieses Chakra offen ist, kannst du vernehmen, was du mit deinen Edelsteinen tun sollst. Wenn sich dein Kehlkopfchakra öffnet und du beginnst, das, was du hörst, zu vermitteln, höre genau hin, damit du weißt, wann es richtig ist, es auszusprechen. Wenn Menschen nicht in der Lage sind, das, was du mitzuteilen hast, zu hören, solltest du lieber schweigen. Dies erfordert oft viel Geduld. Das Kehlkopfchakra ist das Energiezentrum, in dem sich das Herz mit dem Kopf (oder dem Dritten Auge) verbindet. Damit es in Harmonie ist, muß diese Verbindung hergestellt werden. Kopfschmerzen oder Spannungen im Bereich von Mund, Schultern oder Nacken sind oft ein Anzeichen dafür, daß das Kehlkopfchakra blockiert ist. Bei deiner Arbeit müssen Mitgefühl und Weisheit vereinigt und dann mitgeteilt werden.

Das sechste Chakra wird als »Ajna« bezeichnet. Oft wird es auch das Dritte Auge genannt. Das sechste Chakra befindet sich in der Mitte der Stirn zwischen den Augenbrauen. Die Fähigkeit des Hellsehens resultiert aus der Öffnung dieses Zentrums. Wenn das Dritte Auge geöffnet wird, können sich deine intuitiven Kräfte voll entfalten. Zu Beginn kannst du Visionen in phantastischen Farben sowie Visionen von Menschen und Orten haben. Das Dritte Auge ist das Zentrum des astralen Sehens. Du siehst die Wechselwirkung zwischen Ursache und Wirkung von Ereignissen und Personen ganz klar. Du entwickelst ein Gefühl für die Vollkommenheit des Lebens, selbst wenn du ebenso die Notwendigkeit erkennst, auch Veränderungen in Bereichen herbeizuführen, die auf anderen Ebenen unwillkommen erscheinen. Du entwickelst Weisheit.

Das geöffnete Dritte Auge versetzt dich in einen Bewußtseinszustand der mystischen Allwissenheit. Diese erhebende Erfahrung entzieht sich jeder Beschreibung und jedem rationalen Verständnis. In diesem Bewußtseinszustand weißt du ganz von selbst, was du mit deinen Kristallen tun sollst. Konzentriere dich darauf, was du mit deinen Edelsteinen bewirken möchtest, und alles weitere wird dir enthüllt werden. Wenn du das Dritte Auge öffnest, gehe sehr vorsichtig vor. Wenn du in diesem Energiezentrum zuviel Energie freisetzt, ohne es mit den anderen Chakras in Harmonie zu bringen, kannst du sehr schmerzliche Energieblockaden hervorrufen. Darüber hinaus kannst du Erfahrungen machen, die du nicht integrieren kannst, indem du die »Weisheit« der anderen Chakras benutzt. Es kann auch sehr schwer für dich werden, mit dem Alltagsleben zurechtzukommen.

Manchmal kann es sein, daß du dieses Chakra wieder etwas schließen mußt und es notwendiger ist, das Herzzentrum und das Kehlkopfzentrum mehr zu öffnen. In der ganzen Kristallarbeit ist der Schlüssel das Gleichgewicht der Energien!

Das siebente oder Scheitelchakra befindet sich bei Frauen am höchsten Punkt des Kopfes. Bei Männern liegt dieses Energiezentrum etwas weiter vorne. Manchmal scheint es, als ob dieses Energiezentrum etwas über der Oberfläche des Kopfes schwebt. Sein alter Name ist »Sahasrara« und es wird manchmal als der »tausendblättrige Lotus« bezeichnet. Seine Farbe ist Violett, auch wenn es dir oft scheint, als wärst du in goldenem Licht eingehüllt, wenn du dich auf das Scheitelchakra konzentrierst. Am besten visualisiert du dieses Chakra als einen plötzlichen Durchbruch der Sonne über deinem Kopf. Während du dich auf dieses Chakra konzentrierst, scheint sich dieses Leuchten unendlich auszudehnen. Der Klang, der mit diesem Chakra verbunden ist, ist »MMM«, und während du diesen Klang erzeugst, scheint er über deinem Kopf zu schweben. Ein anderes Mantra, das du benutzen kannst, ist »AUM« oder »OM«. Wenn sich dieses Chakra öffnet, scheinst du mit dem Universum eins zu werden. Es fühlt sich nicht so an, als wenn du deinen Körper verlassen würdest: Du hast nur das Gefühl des Eins-Seins, daß du von nichts getrennt bist. Es gibt nichts Getrenntes. Es ist eine sehr sanfte Ekstase. Dieser Bewußtseinszustand läßt sich nicht mit Worten beschreiben.

Das Scheitelchakra muß während der Kristallarbeit und während jeder anderen Form der Heilung geöffnet sein. Es ist das Energiezentrum, durch welches du deine höchste Weisheit und dein höchstes Wissen erhältst. Dieses Wissen wird durch die anderen Energiezentren gefiltert, während es sich in einer bestimmten Form zu manifestieren beginnt. Das Scheitelchakra sollte auch deshalb geöffnet sein, weil so die Energie, mit der du arbeitest, durch deinen Scheitel durch die oberen Energiezentren kanalisiert werden und in dein Herzzentrum einfließen kann: Dann kann diese Energie in alle Richtungen strömen, in der sie sich manifestieren soll, wobei sie die verschiedenen Energiezentren benutzt. Dazu wird es auch notwendig sein, daß die

Energiezentren in deinen Füßen und das Basischakra geöffnet ist, das dich mit der Erde verbindet. Verbinde diese Energie mit der Energie des Herzchakras. (Dieser Energiefluß wird im vierten Kapitel über »Heilen« erläutert.) Dadurch hast du einen kontinuierlichen Kreislauf des Energieflusses von der Erde zur höchsten Stelle deines Kopfes und vom Scheitel hinunter zur Erde hergestellt. Dieser Fluß in beide Richtungen wird von dem doppelten Dreieck symbolisiert: dem Siegel des Salomon und dem jüdischen Stern. Ein Dreieck zeigt nach oben, das andere nach unten. Bei einem zweiendigen Kristall verhält es sich genauso: Die Energie fließt in die obere Spitze ein und durch die untere aus, und umgekehrt. Ein ähnliches Kristallwerkzeug, das diesen doppelten Energiefluß erzeugt, wird als »Dorje« bezeichnet.

Dieser zweifache Energiefluß kommt dann in Gang, wenn das Scheitelchakra geöffnet wird. Bei Neugeborenen ist das Scheitelchakra noch offen. (Die Öffnung in der Schädeldecke von Säuglingen ist genau an der Stelle, wo sich das Scheitelchakra befindet.)

Mit der nachfolgenden Meditation sollst du lernen, diesen zweifachen Energiefluß zu erfahren. Sie wird dir dazu verhelfen, jede Information zu kanalisieren, die du für deine Kristallarbeit brauchst. Du kannst bei dieser Übung entweder einen zweiendigen Kristall oder einen »Kristall-Dorje« benutzen. Ein »Kristall-Dorje« ist ein Stab, an dessen beiden Enden ein Kristall befestigt ist, der jeweils in die entgegengesetzte Richtung weist. Ein Dorje ist ein Abbild des doppelten Energieflusses im feinstofflichen Körper. Noch besser benutzt du einen Kristall-Dorje mit einem klaren und einem rauchfarbenen Kristall. Der klare, durchsichtige Kristall entspricht dem Scheitelchakra, der rauchfarbene Kristall dem Basischakra. Halte dieses Kristallwerkzeug auf der Ebene deines Herzchakras. Wenn du keinen Kristall-Dorje zur Hand hast, benutze einen klaren Kristall über deinem Kopf, dessen Spitze von deinem Scheitelchakra weg zeigt, und einen rauchfarbenen Kristall in der Gegend des Beckens, dessen Spitze in Richtung auf die Erde weist, wobei du mit deinem Körper ein Dorje bildest. (Dies gelingt am besten, wenn du dich auf den Rücken legst.) Ein Dorje ist ein Kristallwerkzeug, das diesen Energiefluß widerspiegelt.

Übung, um den zweifachen Energiefluß herzustellen

Du sitzt, stehst oder liegst auf dem Rücken mit aufrechter Wirbelsäule. Komme in deine Mitte und erde dich. Nun atmest du tief ein und aus und konzentrierst dich. Atme durch die Nase.

Beim nächsten Einatmen stellst du dir vor, daß du die Energie der Erde durch die Basis deiner Wirbelsäule einatmest und in dein Herzzentrum einfließen läßt. Laß sie in deinem Herzchakra im Uhrzeigersinn kreisen. Laß sie ein paarmal zirkulieren, leite sie dann hinaus in dein Scheitelchakra und atme aus. Fahre mit dieser Übung mindestens eine Minute lang fort.

Schließlich atmest du von der Erde her ein, vermischst die Energie in deinem Herzchakra, atmest sie aus deinem Scheitelchakra aus und fühlst, wie der Energiestrom sich ohne abzureißen über deinen Kopf hinaus fortsetzt.

In gleicher Weise beginnst du nun, durch dein Scheitelchakra einzuatmen, und die Energie hinunter in dein Herzzentrum strömen zu lassen. Laß nun diese Energie ein paarmal im Uhrzeigersinn in deinem Herzchakra kreisen.

Dann atmest du aus, indem du die Energie durch dein Becken in die Erde einfließen läßt. Atme mindestens eine Minute lang auf diese Weise oder so lange, wie du es im ersten Teil der Übung gemacht hast. Jetzt atme einmal kräftig durch die Nase ein. Atme durch deinen Scheitel ein. Laß die Energie in dein Herzchakra strömen, laß sie dort kreisen und schicke sie ohne Unterbrechung über dein Becken hinab in die Erde. Stell dir vor, wie die Energie, ohne abzureißen, in die Erde einfließt.

Atme nun durch die Basis deiner Wirbelsäule ein, lasse die Energie durch deinen Körper strömen, in deinem Herzchakra zirkulieren, und atme dann aus, wobei du die Energie durch deinen Scheitel austreten läßt. Dann wiederholst du diesen ganzen Vorgang umgekehrt. Atme Energie durch dein Scheitelchakra ein, lasse sie im Herzchakra kreisen und atme sie durch das Basischakra aus. Fahre mit dieser Übung fort, indem du in umgekehrter Richtung weitermachst. Der

Kristall, den du vor dein Herzchakra hältst, verhilft dir zu Harmonie. Wenn du einen Dorje oder einen zweiendigen Kristall verwendest, drehe ihn nun einmal um, indem du den rauchfarbenen Kristall auf dein Scheitelchakra und den klaren Kristall auf dein Basischakra richtest. Oder halte den rauchfarbenen Kristall über deinen Kopf und den klaren Kristall unter deine Füße in Richtung Erde. Atme weiterhin einmal in die eine und dann in die andere Richtung. Dies ist so, als würdest du einen Kopfstand oder eine Kerze machen, um den Energiefluß umzukehren.

Diese Übung wirkt sehr harmonisierend, heilend und energiespendend.

Es gibt noch einige andere Chakras oder Energiemeridianpunkte, die bist jetzt noch nicht erwähnt wurden. Einige davon sind wichtig, andere weniger wichtig für uns. Am meisten haben wir mit den Reflexpunkten an den Fußsohlen zu tun. Wenn wir von Erdung über die Füße sprechen, oder davon, mit der Erde verbunden zu sein, oder Energie durch die Erde aufzunehmen, geschieht dies durch diesen Meridian. Stelle dir eine Öffnung in der Mitte deiner Fußsohle vor. Dort befindet sich der Meridian.

Andere Chakras befinden sich in der Mitte der Handflächen. In alten Überlieferungen wurden diese Chakras oft als ein Auge in der Mitte der Handfläche dargestellt. Du kannst Energie von jedem anderen Chakra durch die Handflächen kanalisieren. Auch der Fluß der Heilenergien kann durch diese Meridiane strömen.

Es gibt noch mehr Chakras als die, die ich erwähnt habe, und es ist gut, davon zu wissen. Aber du brauchst bei der Kristallarbeit nicht bewußt mit ihnen zu arbeiten. Es gibt einen Energiestrudel, der sich ungefähr fünfzehn Zentimeter unter uns in der Erde befindet. Andere Energiezentren liegen über unserem Scheitel. Dies sind das achte, neunte und zehnte Chakra. Wenn du dich mit diesen oberen Chakras vertraut machen willst, öffne zuerst das Scheitelchakra und konzentriere dich dann ungefähr auf die Region zehn bis fünfzehn Zentimeter oberhalb des Kopfes. Dann konzentriere dich auf einen Bereich, der noch weiter über deinem Kopf liegt. Auf intuitivem Wege wirst du Informationen über diese Chakras erhalten.

Bei der Kristallarbeit ist es nicht unbedingt notwendig, mit diesen oberen Energiezentren zu arbeiten. Du kannst alles, was du mit Kristallen bewirken willst, mit dem einfachen System der sieben Hauptchakras bewirken.

Es gibt einen wichtigen Punkt, den man beachten muß, wenn man mit den unteren Chakras arbeitet. Wie bereits erwähnt, sind diese Chakras bei den meisten Menschen bis zu einem gewissen Grad geöffnet. Es gibt jedoch auch Menschen, bei denen diese Energiezentren vollkommen blockiert sind. Dies ist oft dann der Fall, wenn jemand die drei unteren Chakras als nicht spirituell oder sogar als negativ betrachtet. Diese Menschen versuchen dann, die unteren Energiezentren zu ignorieren oder sie bewußt zu blockieren und sich nur mit Energien der oberen Chakras zu beschäftigen. Oft sind diese Menschen nicht geerdet oder »abgehoben«, und sie begehen große Irrtümer in ihren Bewertungen, was »höhere« oder »niedere« Bewußtseinsebenen betrifft. Höher bedeutet nicht besser und niedriger bedeutet nicht schlimmer oder schlechter. Diese Begriffe beziehen sich nur auf die Lage der einzelnen Energiezentren. Deine unteren Chakras verhelfen dir dazu, mit deinem Alltag umzugehen. Du kannst nicht manifestieren, was du auf höheren Bewußtseinsebenen erkennst oder lernst, ohne mit deinem täglichen Leben verbunden zu sein.

Wenn du mit anderen Menschen arbeitest, muß du dir ihrer Absichten bewußt sein. Wenn ein Mensch spiritueller werden möchte oder lernen will, mit metaphysischen Dingen umzugehen, muß er im allgemeinen seine Aufmerksamkeit von den unteren Chakras auf die Öffnung der höheren Energiezentren lenken. Es gibt auch einen wahrhaft spirituellen Weg, bei dem die sexuelle Energie aufwärts zu den höheren Chakras gelenkt wird, um die Kundalini-Energie zu erheben. Dies führt oft dazu, die niederen Energiezentren zu schließen. Wenn dies zu dem individuellen Bewußtseinsweg des Menschen gehört, mit dem du arbeitest, solltest du diesen Prozeß nicht stören, indem du die unteren Energiezentren öffnest. An einem bestimmten Punkt müssen die unteren Chakras jedoch offen sein, so daß alle Energiezentren in Harmonie miteinander stehen. Auch hier solltest du sehr bewußt und urteilsfähig sein, wenn du mit dir selbst und mit anderen Menschen arbeitest. Jeder Mensch, jede Situation ist einzigartig.

Übung, um die männlichen und weiblichen Energien im Körper auszugleichen und das Herzchakra zu öffnen

Die rezeptive, weibliche Mondenergie fließt durch den Ida-Kanal nach unten. Dieser Kanal befindet sich auf der linken Seite des Sushumna-Kanals. Die manifestierte männliche Sonnenenergie fließt durch den Pingala-Kanal auf der rechten Seite des Sushumna nach oben. Diese Energien sind nicht physisch, sie bestehen in deinem feinstofflichen Körper. Der Ida- und Pingala-Energiefluß müssen miteinander in Harmonie stehen, damit du bei deiner Kristallarbeit Energie empfangen und durch deinen Körper ausströmen lassen kannst. Die folgende Übung balanciert die männlich/weiblichen Energien aus und ermöglicht einen freien Energiefluß. Sie öffnet darüber hinaus das Herzchakra.

Der Klang RA, ausgesprochen »RAH«, steht in Zusammenhang mit der männlichen, solaren Energie. Der Klang MA, ausgesprochen als »MAH« (wie in dem Wort »Mama«) bezieht sich auf die weibliche, lunare Energie. Der gemeinsame Laut AH, der in beiden Lauten enthalten ist, stimuliert das Herzchakra.

Setz dich aufrecht in einen Sessel, die Fußsohlen liegen flach auf dem Boden auf. Oder setz dich mit gekreuzten Beinen oder auf die Knie auf den Boden. Halte deine Wirbelsäule aufrecht. Nun legst du deine Handflächen mit ausgestreckten Fingern flach aufeinander, so als ob du beten wolltest. Presse sie fest gegen dein Herzchakra und lasse sie in dieser Stellung. Diese Stellung deiner Hände beginnt, die

Sonnen- und Mondenergien auszubalancieren. Schließe die Augen und konzentriere dich auf dein Herzchakra.

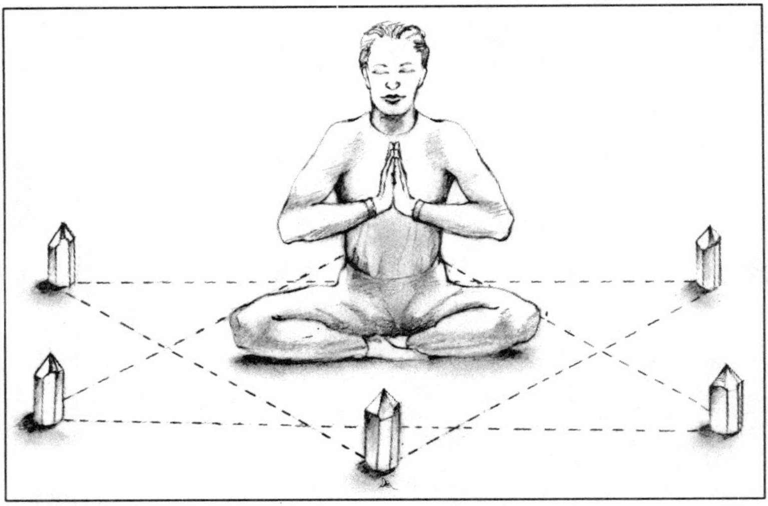

Atme durch die Nase lange, tiefe Atemzüge ein und aus, und fülle und leere deine Lungen vollkommen. Während du das tust, fühlst du, wie dein Geist ruhig wird und sich deine Konzentration mühelos steigert. Wenn du dich zentriert fühlst, atme ein, und hältst deinen Atem an. In dieser Phase singst du vier Sekunden lang den Laut »RA«, dann vier Sekunden lang den Laut »MA«. Dann atme aus. Fahre damit fort, während du in einen ständigen, kontinuierlichen Rhythmus verfällst. Wähle einen Ton, der ein prickelndes Gefühl in deinem Herzchakra auszulösen scheint. Singe dann »RA« und »MA«, so als ob der Klang in dein Herzchakra ein und aus deinem Herzzentrum ausströmen würde. Atme so, als ob du aus deinem Herzen ausatmen und in dein Herz hinein atmen würdest. Achte darauf, deine Hände fest aneinandergepreßt in der beschriebenen Position zu lassen.

Mache diese Übung mindestens drei Minuten lang. Wenn du dich daran gewöhnt hast, sie drei Minuten lang zu machen, gehe über zu sieben Minuten, dann zu elf Minuten. Wenn du magst, kannst du die

Übung auf eine halbe, dann auf eine Stunde ausdehnen. Wenn du mit der Übung fertig bist, bleibe noch einige Augenblicke ruhig sitzen, und atme in deinem natürlichen Rhythmus. Um die volle Wirkung dieser Übung zu verspüren, mache sie dreißig Tage lang.

Wenn du die Wirkungen dieser Übungen noch verstärken möchtest, umgib dich mit Kristallen, die sternförmig um dich herum aufgebaut sind. Nimm sechs gleich große Kristalle, die du an jede Spitze des sechszackigen Sterns legst. Setz dich in die Mitte dieses Sterns. Trage eine Halskette mit einem Kristall, der während der Übung auf deinem Herzchakra liegt. Wenn du dies einige Tage lang gemacht hast, trage die Halskette regelmäßig Tag und Nacht, und reinige sie, wenn nötig.

Übungen, um die Chakras zu öffnen – für dich selbst und für andere

Es gibt drei wichtige Schritte, die Chakras zu öffnen. Der erste Schritt besteht darin, bei dem ersten Chakra an der Basis der Wirbelsäule zu beginnen und sich systematisch nach oben zum Scheitelchakra vorzuarbeiten. Der zweite Schritt besteht darin, zunächst im Herzchakra zu beginnen. Dies wird den Menschen, mit dem du arbeitest, zentrieren und ihn bei deiner weiteren Arbeit in seiner Balance halten. Nach dem Herzchakra öffnest du das Nabelchakra. Dieses dient dazu, die Verbindung zu der physischen Ebene aufrechtzuerhalten und die Verbindung mit den Astralebenen herzustellen. Dann öffnest du das Dritte Auge, um eine Harmonie mit dem Herzchakra herzustellen. Als nächstes stimulierst du das Kehlkopf-, dann das Scheitelchakra. Wenn diese oberen Chakras geöffnet sind, regst du das zweite und das erste Chakra an. Diese Reihenfolge hilft der betreffenden Person, gleichmäßig zwischen der Erde- und Himmel-Polarität balanciert zu bleiben, während du mit ihr arbeitest. Du vermeidest damit auch, daß die unteren Chakras übermäßig angeregt werden, bevor sie nicht mit den oberen Chakras ausgeglichen worden sind. Die dritte Vorgehensweise besteht darin, die oberen vier Chakras, vom Herzchakra bis zum Scheitelchakra, zu öffnen. Danach öffnest du, wenn nötig, die unteren drei Chakras. Die letzteren zwei Methoden eignen sich dann, wenn die unteren Energiezentren bereits geöffnet oder angeregt worden sind. Wenn eines der unteren Energiezentren des Menschen, mit dem du arbeitest, blockiert ist, benutze die erste Methode. Die folgenden Übungen sollen dir helfen, alle Chakras zu öffnen:

Übung für das Nabelchakra

Setz dich mit aufrechter Wirbelsäule entweder mit gekreuzten Beinen auf den Fußboden oder in einen Sessel, wobei deine Fußsohlen flach auf dem Fußboden aufliegen. Lege die Hände mit den Handflächen nach oben auf die Oberschenkel nahe deiner Knie, wobei der Daumen jeder Hand den jeweiligen Zeigefinger berührt. Du kannst deinen Blick in zweierlei Weise konzentrieren: Laß deine Augen geschlossen und konzentriere dich auf dein Drittes Auge. Oder deine Augen sind zu zwei Dritteln geschlossen, und du starrst auf deine Nasenspitze. Wenn du in deine Mitte gekommen bist, sprich folgenden Laut fortlaufend mindestens drei Minuten lang laut aus (du kannst dies später auf sieben, elf oder einunddreißig Minuten steigern). Du benutzt den Laut »HA RA«. Während du diesen Laut aussprichst, sollten deine Lippen sich leicht öffnen. Bewege deine Lippen jedoch nicht, sondern benutze zum Aussprechen des Lauts nur deine Zunge. Deine Zunge wird sich dabei ganz von selbst an deinen Gaumen anlegen, wenn du den Klang des R aussprichst. (Der HA-RA-Klang wird sich währenddessen leicht verändern und mehr wie HA RUH anhören, wobei das R mehr gerollt wird, so als würdest du Spanisch sprechen.) Während du »HA« aussprichst, ziehe dein Nabelchakra zurück in Richtung deiner Wirbelsäule, so als würdest du den Klang ausstoßen. Beim Laut RA laß es wieder los.

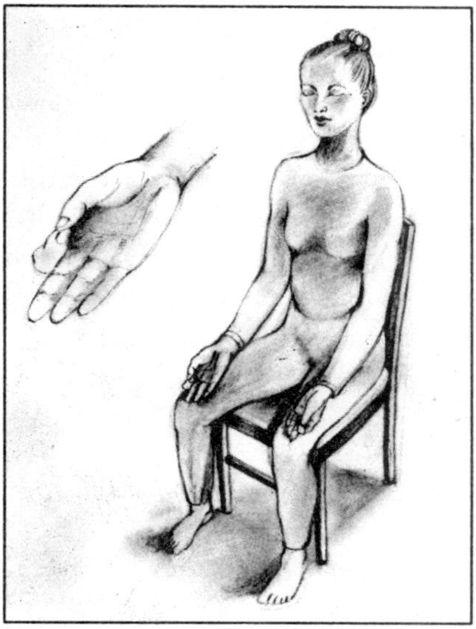

Dies sollte rhythmisch und kontinuierlich geübt werden. Laß deine Stimme lauter und leiser werden, während du dich von dem Klang tragen läßt. Wenn du die Übung beendet hast, atme ein, halte den Atem kurz an und atme dann aus. Entspanne dich einige Minuten lang. Wenn du möchtest, kannst du diese Übung dadurch verstärken, daß du einen gelben Zitrin oder einen klaren Quarzkristall, an einer Kordel oder einem Gürtel befestigt, auf deinen Nabel legst. Die Spitze des Kristalls sollte immer nach oben weisen, wenn es sich um einen einendigen Kristall handelt. Du kannst auch einen klaren Kristall von gleicher Größe und gleicher Stärke in jede Handfläche legen, während du Daumen und Zeigefinger zusammenlegst.

Lege die Handflächen flach aufeinander, so daß deine Hände sich ganz berühren, bis hin zu den Fingerspitzen, so als wolltest du ein Gebet sprechen. Lege deine Hände nun in dieser Haltung auf das Herzchakra und presse sie fest dagegen. Diese Haltung wird ganz automatisch werden. Nach einer Weile wirst du nicht mehr daran denken müssen. Wenn du aufrecht und entspannt, ruhig und zentriert dasitzt,

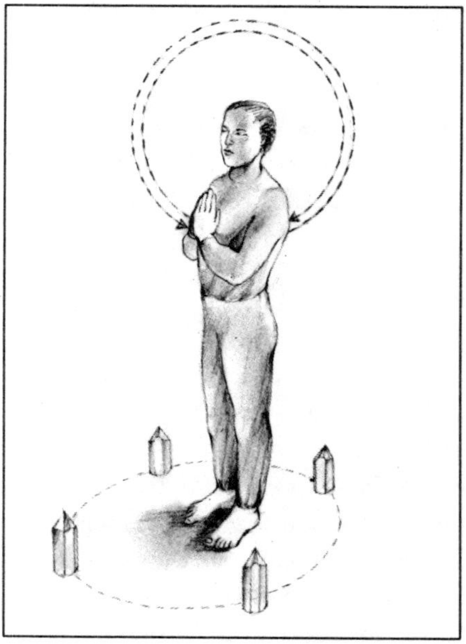

fühle den Druck deiner Hände auf deiner Brust und konzentriere dich auf dein Herz. Diese Übung bringt die männlich/weiblichen oder Sonne-Mond-Energien in deinem Körper in Einklang, was dich in deine Mitte bringt. Atme mit tiefen Atemzügen aus deinem Herzen heraus ein und aus.

Dann singe folgende Worte leise oder laut: »RAH MAH«. Singe

diese Töne aus der Mitte deiner Brust heraus, wo deine Hände aufliegen. Du kannst den Klang »RAH MAH« aus der Brust heraus über den Kopf und zurück in deine Brust kreisen lassen. Dann drehe die Kreisbewegung um, indem du den Laut aus deiner Brust nach hinten austreten läßt und ihn über den Kopf nach vorne in dein Herzzentrum einströmen läßt. Denke daran, das Herzchakra befindet sich auf beiden Seiten des Körpers, vorne und hinten. Laß dein Herzchakra mit dem Klang vibrieren. Du kannst dabei jeden Ton verwenden, den du magst. RA bezieht sich auf die Sonne, MA auf den Mond. Der Klang AH entspricht dem Herzchakra. Mache diese Übung drei Minuten, sieben Minuten, elf Minuten oder einunddreißig Minuten lang. Dann atme ein und aus und entspanne dich. Wenn du die Übung mit deinen Kristallen unterstützen möchtest, umgib dich mit einem Kreis oder Sechs-Stern aus klaren Kristallen oder smaragdenen Kristallen. Du kannst einen Kristall zwischen deine Handflächen legen, während du deine Hände aneinander gelegt hältst. Oder du trägst eine Halskette mit einem Kristall, der auf deinem Herzchakra aufliegt. Nimm entweder Rosenquarz oder grünen oder klaren Kristall, der genau auf deinem Herzzentrum aufliegt, wo du auch deine Hände dagegenpreßt.

Übung für das Kehlkopfchakra

Nachfolgend werden zwei Übungen beschrieben, die das Kehlkopfzentrum öffnen. Als erstes setz dich entspannt und mit aufrechter Wirbelsäule hin. Komme in deine Mitte. Schließe die Augen und konzentriere dich auf das Kehlkopfchakra. Als nächstes beginnst du, in langen und tiefen Atemzügen zu atmen. Verfahre dabei so, als ob der Atem in dein Kehlkopfchakra hinein- und aus ihm herausfließen würde. Mache dies elf Minuten lang. Wenn du fertig bist, bleibe noch einige Augenblicke sitzen und erde dich.

Diese zweite Übung kannst du mit der ersten kombinieren, oder sie separat durchführen. Setz dich mit aufrechter Wirbelsäule hin. Zentriere dich und schließe deine Augen. Konzentriere dich auf dein Kehlkopfchakra. Singe den Laut »HU« (ausgesprochen als »HUH«). Laß dein Kehlkopfchakra mit dem Klang schwingen. Laß den Laut so laut aus dir ausströmen, wie es dir angenehm ist. Dann atme aus, bevor du den Laut wiederholst. Du solltest ihn in einem gleichbleibenden Rhythmus aussprechen.

Übung für das Dritte Auge

Um das Dritte Auge zu öffnen, trägst du ein Kristallstirnband mit einem Herkimer-Diamantkristall, einen auf einem nach oben zeigenden Dreieck befestigten Amethyst oder einen Isismond auf dem Schlangenkopf der Kundalini-Schlange. Setze dich hin und atme durch das Dritte Auge ein und aus, wie du es bei der Herzchakraübung gemacht hast, indem das Chakra mit deinem Atem vibriert. Oder du singst den Klang »EEE« durch das Dritte Auge, während du dich darauf konzentrierst.

Die folgende Atemmeditation öffnet den Kanal zwischen dem Dritten Auge und dem Herzchakra. Setz dich mit aufrechter Wirbelsäule hin und schließe die Augen. Zentriere dich. Atme durch dein Herz ein und atme die Luft durch dein Drittes Auge aus. Mache dies mindestens drei Minuten lang. Dann atmest du durch das Dritte Auge ein und durch das Herzchakra wieder aus. Mache dies genauso lange. In jeder Hand hältst du einen ein- oder einen zweiendigen Kristall. Seine Farbe kann klar, golden oder amethystfarben sein. Laß die Kristalle auf deinen Knien aufliegen. Du kannst deine Hände geöffnet halten, wie in der alten Handposition, genannt »GYAN MUDRA«, wobei der Daumen den Zeigefinger berührt und die Handflächen nach oben weisen. Laß die Kristalle in deinen Handflächen liegen.

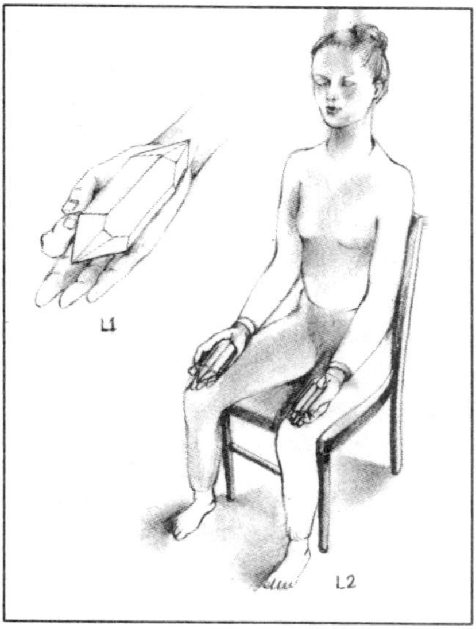

Die zwei Kristalle sollten von der Größe und Energie her ausgewogen sein. Wenn du magst, kannst du einen Kreis von Kristallen um dich herum legen, oder du legst Kristalle in die vier Himmelsrichtungen um dich herum.

Übung für das Scheitelchakra

Sitze gerade und entspannt mit aufrechter Wirbelsäule wie bei den vorhergehenden Übungen. Wenn du auf einem Stuhl sitzt, lege die Fußsohlen flach auf den Boden auf. Lege deine Handflächen auf die Oberschenkel in die Nähe der Knie. Berühre mit den Zeigefingern die Daumen, wobei deine Handflächen nach oben zeigen. In jede Handfläche legst du einen Herkimer-Diamantkristall oder einen klaren oder amethystfarbenen Kristall. Komme in deine Mitte, schließe die

Augen, und beginne, in langen, tiefen Atemzügen durch die Nase zu atmen. Mit geschlossenen Augen konzentrierst du dich nun auf dein Scheitelchakra. Laß dieses Chakra nun mit deinem Atem schwingen. Während du das Scheitelchakra nun mit deinem Atem anregst, visualisiere leuchtendes, goldenes Licht. Hülle dich mit diesem Licht innerlich und äußerlich ein. Stell dir vor, daß dich dieses Licht einhüllt und sich über deinem Scheitelchakra ins Unendliche ausdehnt. Fahre mit dieser Atem-Visualisation mindestens drei Minuten lang fort. Während du nun weiterhin das goldene Licht visualisierst, beginnst du den Laut »OM« zu singen. Stell dir vor, daß der Ton an deiner Schädeldecke vibriert. Fahre damit fort, den Laut »OM« in einem gleichmäßigen Rhythmus zu wiederholen. Lasse dich von dem Klang führen, so daß du ihn in der Geschwindigkeit aussprichst, in welcher du ihn wiederholen möchtest. Mache dies genauso lange wie bei den anderen Atemübungn, drei, sieben, elf oder einunddreißig Minuten lang, mindestens aber drei Minuten.

Kundalini-Energie

Was ist Kundalini-Energie, und wie erfährt man sie? Es gibt viele Beschreibungen für die Kundalini-Energie: Sie wird als Lebensenergie des Universums, als Christusbewußtsein, als das höchste Potential des Menschen, als Shakti- oder die feminine Schöpfungskraft des Universums und als der Nerv der Seele bezeichnet. Menschen, die die Erfahrung der erwachten Kundalini-Energie gemacht haben, haben dieses Erlebnis im allgemeinen so überwältigend empfunden, daß es ihnen unmöglich ist, es in Worte zu fassen. Die Kundalini-Energie beginnt bei der Kristallarbeit aufzusteigen, wenn man jedes einzelne Chakra aktiviert. Wenn sich die einzelnen Chakras öffnen, können ihre Eigenschaften bei der Kristallarbeit genutzt werden. Die Kundalini-Energie kann mit Quarzkristallen aktiviert werden, was dir die Möglichkeit gibt, die damit verbundene Bewußtseinserweiterung zu erfahren.

Die Kundalini-Energie ist ursprünglich dreieinhalbmal um die Basis der Wirbelsäule gewickelt. Wenn sie erwacht, steigt sie spiralförmig nach oben, indem sie jedes Chakra durchdringt und aktiviert, und durch das Scheitelchakra oben am Kopf wieder austritt. Wenn dies geschieht, hast du das Gefühl, als ob du auf wunderbare Weise in einen Ozean reinen, goldenen Bewußtseins getaucht wärst, was sich unmöglich mit Worten ausdrücken läßt. Dieser Prozeß der aufsteigenden Kundalini-Energie wird in vielfältiger Weise erlebt. In der Tat ist die Erfahrung bei jedem Menschen einzigartig, obwohl es bestimmte gemeinsame Merkmale gibt. Die Dauer dieses Erlebnisses variiert ebenso bei jedem Menschen. Die aufsteigende Kundalini-Energie kann als Hitze, als flüssiges Feuer, das besonders entlang der Wirbelsäule oder über den Kopf gespürt wird, empfunden werden. Sie kann als Druck oder Spannung besonders in der Nähe der verschiedenen Chakras verspürt werden. Es kann sein, daß man dabei schwindelig wird oder zu zittern beginnt. Mitunter kann dieser Prozeß den Körper auch ermüden. (Es ist also unbedingt notwendig, daß man bei diesem Prozeß bei guter Gesundheit ist.) Die Intuition wird enorm verstärkt. Man erlebt verschiedene höhere Bewußtseinszustände, die sich mit dem »normalen Bewußtsein« verbinden. Wenn dies geschieht, hat man manchmal das Gefühl, als würde man »verrückt« werden, besonders wenn man bei diesem Ablauf keine äußere Führung hat. Mit der Zeit lernt man jedoch, dies in sein tägliches Leben zu integrieren.

Wenn die Kundalini-Energie aufsteigt, entfalten sich gewöhnlich verschiedene Kräfte. Dies kann dir bei deiner Kristallarbeit helfen, obwohl diese Kräfte gewöhnlich nicht eingesetzt werden, wenn man nicht von seiner inneren Stimme geführt wird. Nutze diese Kräfte sehr weise. Diese Kräfte sind im allgemeinen Kräfte der Hellsichtigkeit, des Hellhörens, des Geistheilens, der Astralprojektion, der Befreiung von Krankheit, die Fähigkeit, die Wahrheit mitzuteilen, die Fähigkeit, Kundalini-Energie in andere Menschen einfließen zu lassen, und andere, scheinbar wundersame Kräfte. Menschen, bei denen die Kundalini-Energie geweckt ist, erfahren nicht unbedingt all diese Kräfte, manchmal nur eine oder zwei. Dies geschieht aus dem Grund, weil die

Kundalini-Energie bestimmte Energiezentren stärker als andere anregt, um dir die Möglichkeit zu geben, anderen in der Weise zu helfen, die dir am meisten entspricht. In der Tat ist der beste Beweis dafür, daß die Kundalini-Energie in dir erwacht, daß du einen unüberwindlichen Drang in dir verspürst, anderen Menschen zu helfen. Allein die Tatsache, daß du an der Kristallarbeit interessiert bist, ist ein Zeichen dafür, daß die Kundalini-Energie in dir zu erwachen beginnt.

Beim Erwachen der Kundalini-Energie geht es jedoch nicht darum, Kräfte zu entwickeln, so nützlich sie auch sein mögen. Der Zweck des Erwachens der Kundalini besteht darin, sich in einen Zustand höchster Bewußtheit zu begeben. Die Entfaltung der verschiedenen Kräfte dient als Zeichen des erweiterten Bewußtseins und der erwachten Kundalini-Energie. Ohne sich auf die Entwicklung des höheren Bewußtseins zu konzentrieren, ist es ein Fehler, diese Kräfte zu benutzen. Es wird dich nur in die Irre führen. Paranormale Kräfte oder metaphysische Fähigkeiten sind nicht der Weg – sie sind nur Wegweiser. Behandle sie mit Wachheit, Weisheit und Freude.

Wie bereitest du dich auf das Erwachen der Kundalini-Kraft vor? Dein physischer Körper muß gesund sein, besonders ein starkes Nerven- und Drüsensystem besitzen. Darüber hinaus mußt du dein Bewußtsein ausreichend entwickelt haben, um dich fest auf dein höheres Selbst und dein natürliches Bedürfnis, anderen zu helfen, zu konzentrieren. Du mußt deine Willenskraft entfaltet haben, damit sie diese Energie lenken und auf deine höheren Chakras konzentrieren kann. Auch hier zeigt allein die Tatsache, daß du an der Kristallarbeit interessiert bist, gewöhnlich den Grad deines Interesses an deinem höheren Selbst an. Wenn du dazu bereit bist, wird deine Kundalini-Energie automatisch aufsteigen. Habe Geduld!

Was kann passieren, wenn die Kundalini-Energie ohne die geeignete Führung und Vorbereitung erwacht? Dies kann einige rein physische Auswirkungen haben. Die unkontrollierte Bewegung der Kundalini-Energie kann starke Schmerzen und sogar körperliche Verletzungen hervorrufen, wenn sie die physischen, emotionalen oder mentalen Blockaden durchbricht. Die Kundalini-Energie intensiviert alles, was in deiner Persönlichkeit vorhanden ist. Daher kann sie auch niedere Eigenschaften intensivieren, wie Stolz und Neid, anstatt der höheren Qualitäten, welche du entfalten möchtest. Diese Warnungen sollen dich in keinster Weise erschrecken oder dir vor dem Erwachen der Kundalini-Energie angst machen. Wenn die Kundalini-Energie zum richtigen und geeigneten Zeitpunkt aufsteigt, sind die Auswirkungen so wundervoll, daß man sie nicht in Worte fassen kann. Diese Warnungen dienen in der Hauptsache dazu, dich zu informieren, daß es am besten ist, dich rechtzeitig auf das Erwachen der Kundalini-Energie vorzubereiten und sie dann ihren natürlichen Lauf in bezug auf deine eigene Entwicklung und Zielrichtung nehmen zu lassen.

Deine Kristallarbeit wird dich auf das Erwachen der Kundalini-Energie vorbereiten und dich ermutigen. Da dein Schwerpunkt jedoch nicht auf dem Erwachen der Kundalini und dem Aufsteigen dieser Energie liegt, sondern vielmehr auf deiner Arbeit, wird das Aufsteigen der Kundalini ganz natürlich und sanft vor sich gehen. Die Kristallarbeit verhilft dir automatisch, dein höheres Selbst zu entwikkeln, weil von dem, was du mit deinen Edelsteinen bewirkst, alles, was falsch oder in schlechter Absicht geschieht, automatisch auf dich zurückkommen wird. Darüber hinaus kommst du automatisch in Einklang mit deiner eigenen inneren Stimme. Deine Handlungen wurzeln stark in dieser inneren und vertrauensvollen Einstimmung, da du dich um so vieles zufriedener fühlst, wenn du deine Aufgabe verwirklichst, die zu deinem täglichen Lebensinhalt wird. Diese natürliche Verbundenheit hilft dir, das Erwachen und Aufsteigen der Kundalini-Energie zu leiten, so daß dieser Prozeß zu einer Quelle des Wachstums und der Expansion wird, anstatt zu einer Quelle des Schmerzes oder der Angst.

Übung, um alle Chakras zu stimulieren und dich auf das Aufsteigen der Kundalini-Energie vorzubereiten

1. Setz dich mit gekreuzten Beinen in den Lotus- oder halben Lotussitz. Deine Wirbelsäule ist aufrecht, dein Blick nach vorne gerichtet. Greif mit beiden Händen um deine Fesseln, atme tief ein, während du deine Wirbelsäule nach vorne drückst und die Brust nach oben schiebst (1A). Beim Ausatmen (1B) drückst du nun deine Wirbelsäule nach hinten. (Halte deinen Kopf aufrecht, so daß er nicht wackelt. Rolle nicht mit deinen Hüften vor und zurück.) Wiederhole dies 26mal, wobei du ungefähr einmal pro Sekunde vollständig ein- und ausatmest. Fühle deine Umgebung um dich herum und spüre in deinen Körper hinein. Entspanne dich.

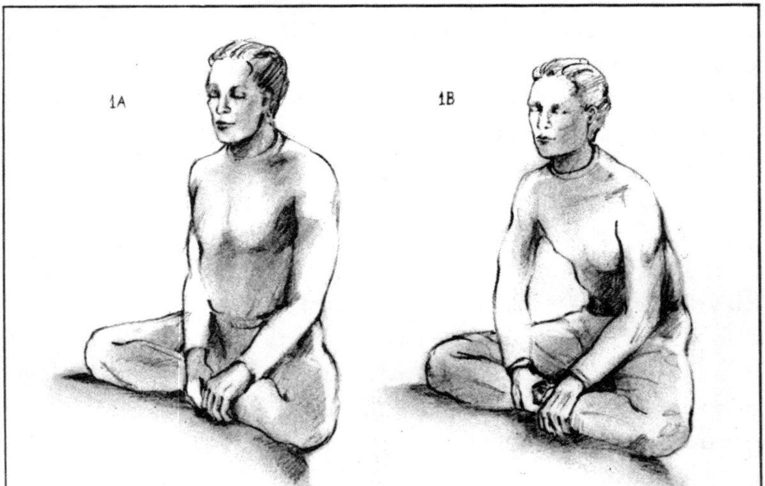

2. Als nächstes setz dich auf deine Unterschenkel. Leg deine Hände flach auf die Oberschenkel. Strecke deine Wirbelsäule nach vorne, während du einatmest (2A), und nacht hinten, wenn du ausatmest (2B). Denke das Wort »SAT« beim Einatmen, den Laut »NAM« beim Ausatmen, oder »RA« beim Einatmen und »MA« beim Ausatmen.

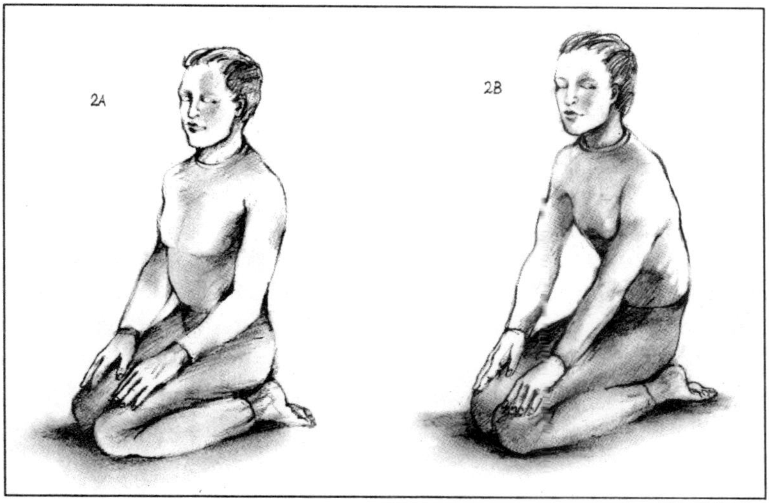

Wiederhole dies 26mal. Mache dies im selben Rhythmus, wie bei der vorherigen Übung. Entspanne dich ungefähr dreißig Sekunden lang.

3. Sitze mit gekreuzten Beinen, erfasse deine Schultern mit den Fingern nach vorne und mit dem Daumen nach hinten. Atme ein und drehe dich nach links, atme aus, und drehe dich nach rechts. Du atmest lang und tief und im selben Rhythmus, wie bei den vorherigen Übungen. Fahre damit 13mal fort, und amte aus, indem dein Gesicht nach vorne gerichtet ist. Dann sitze fünfzehn bis dreißig Sekunden lang still da.

4. Als nächstes hältst du deine Hände in folgendem Griff (siehe Abbildung). Die linke Handfläche weist vom Herzchakra weg, mit dem Daumen nach unten. Die Handfläche der rechten Hand weist in die Richtung deiner Brust. Deine Finger liegen aufeinander. Dann kralle die Finger beider Hände ein, so daß deine Hände eine Faust bilden. Du hältst deine Hände vor dein Herzchakra, wie in der Abbildung. Nun tust du so, als wolltest du deine Hände auseinanderziehen. Du

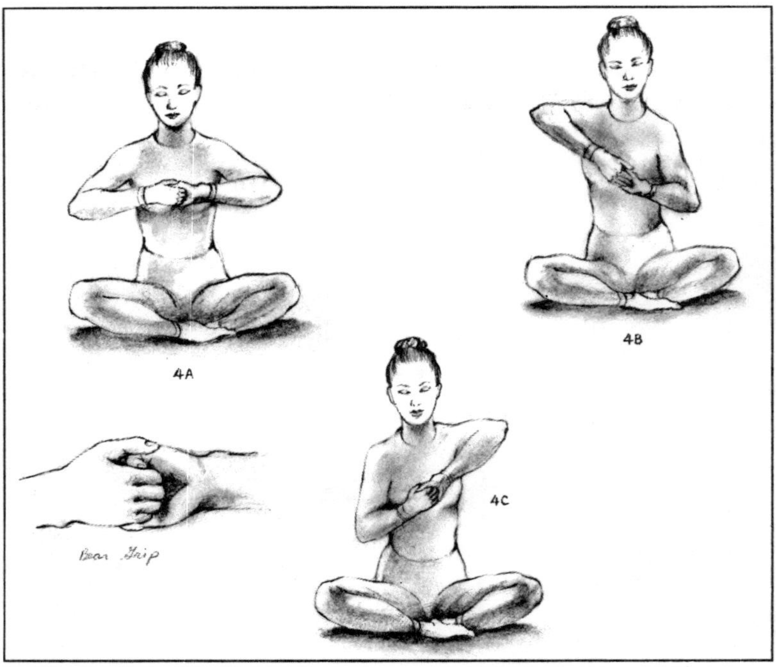

wirst einen Zug über deine Brust spüren. Hebe den linken Ellbogen nun in Richtung des linken Ohres, wenn du durch die Nase einatmest. Atme aus, während du diesen Ellbogen wieder nach unten bewegst und gleichzeitig den rechten Ellbogen zum rechten Ohr führst. Während dieser Bewegung bleiben deine Hände auf dein Herz gerichtet. Dies gleicht einer Schaukelbewegung. Mache dies im selben Rhythmus wie die vorherigen Übungen. Fahre 13mal damit fort, und atme dann ein. Jetzt atme aus, und hebe kurz dein Gesäß, deine Geschlechtsorgange und dein Nabelchakra. Entspanne danach fünfzehn bis dreißig Sekunden lang.

5. Sitze mit gekreuzten Beinen, umfasse fest deine Knie mit den Händen, drücke die Ellbogen durch und spanne den oberen Teil deiner Wirbelsäule. Atme nach vorne gehend ein und beim Zurückgehen

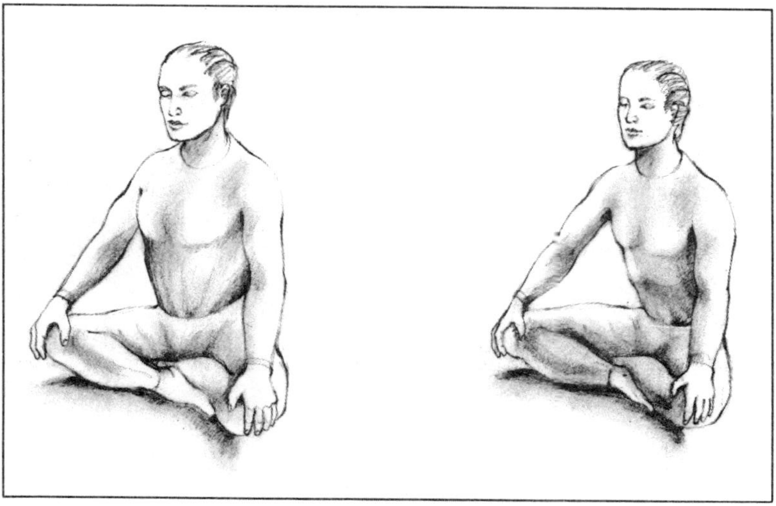

aus, wie du es bei den vorherigen Übungen getan hast. Achte darauf, die Ellbogen nicht zu verändern. Halte deinen Blick gerade nach vorne gerichtet. Wiederhole diese Bewegung 26mal, dann entspanne dich dreißig Sekunden lang.

6. Ziehe beide Schultern beim Einatmen nach oben, beim Ausatmen

läßt du sie wieder fallen. Mache diese Übung wenigstens zwei Minuten lang. Atme ein und halte den Atem fünfzehn Sekunden lang mit angezogenen Schultern an. Entspanne deine Schultern. Dann wiederhole die Bewegung im selben Rhythmus wie die vorherigen Übungen.

7. Rolle deinen Nacken langsam fünfmal nach rechts, dann fünfmal nach links. Atme ein und richte deinen Nacken auf.

8. Verschränke die Finger in derselben Weise wie bei der vierten Übung. Halte sie in Höhe deiner Kehle. Ziehe die Hände nun sanft auseinander, wie in Übung vier. Atme ein, und während du den Atem anhältst, hebst du leicht dein Gesäß, deine Geschlechtsorgane und dein Nabelchakra. Bleibe in dieser Position, so lange sie dir bequem ist. Dies dient dazu, die Energie, welche du erzeugst, zu verschließen, so daß sie nicht auf der Basis deiner Wirbelsäule austreten kann, sondern nach oben gelenkt wird. Dies wird als der »Verschluß der Wirbelsäulenwurzel« bezeichnet. Atme aus und verschließe dein Basiszentrum wiederum so lange, wie es dir angenehm ist, den Atem anzuhalten. Dann hebe die Hände, die immer noch miteinander verschränkt sind, über den Kopf. Mache nun dieselbe Atemübung: Atme ein und halte den Atem so lange an, wie es dir angenehm ist, während du deine Hände leicht auseinanderziehst. Dann atme aus und mache die »Verschlußübung«: Ziehe die Hände auseinander, während du den Atem anhältst. Wiederhole diesen Zyklus noch zweimal.

9. Setz dich auf deine Unterschenkel und strecke die Arme nach oben über den Kopf aus. Verschränke die Finger miteinander, außer den beiden Zeigefingern, die nach oben zeigen (siehe Abbildung). Sprich den Laut »SAT« oder »RA«, und ziehe das Nabelchakra ein.

Sprich den Laut »NAM« oder »MA«, und entspanne dein Nabelchakra. Fahre mit dieser Übung mindestens drei Minuten lang fort. Dann atme aus und presse die Energie aus deinem Basiszentrum hinauf zur höchsten Stelle des Kopfes, während du die Verschlußübung machst.

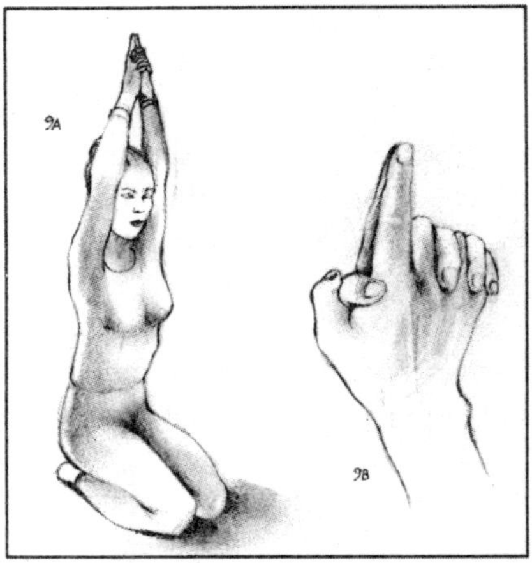

10. Lege dich auf den Rücken und entspanne dich fünfzehn Minuten lang vollkommen.

Diese aufeinanderfolgenden Übungen arbeiten sich systematisch von der Basis der Wirbelsäule hinauf zum Scheitel vor. Alle 26 Wirbel werden stimuliert, und in allen Chakras wird Energie freigesetzt.

Jede Übung, für die 26 Wiederholungen vorgesehen sind, können auch 52- oder 104mal gemacht werden, wenn du stärker wirst. Die restlichen Abschnitte können dann von einer auf zwei Minuten ausgedehnt werden.

1. Bei jeder Übung kannst du die Worte »SAT« und »NAM« beim Ausatmen leise vor dich hinsprechen. Oder du wiederholst

leise die Worte »RA« (Sonnenenergie) beim Einatmen und »MA« (Mondenergie) beim Ausatmen.

2. Zwischen den Übungen bleibe in dem Bewußtseinszustand, in dem du dich gerade befindest. Lenke deine Aufmerksamkeit nicht ab. Diese Übungen sind in einer ganz bestimmten Reihenfolge, damit ein bestimmter Prozeß stattfinden kann. In diesem Prozeß baut jede Übung und der damit verbundene Bewußtseinszustand auf der anderen auf, um einen bestimmten Bewußtseinszustand höchster Bewußtheit herbeizuführen. Diese Bewußtheit hilft dir nicht nur bei deiner Kristallarbeit, sondern erzeugt auch einen Zustand von Glück. Wie wird diese Bewußtheit bei den beschriebenen Übungen erzeugt? Die Verbindung der Körperhaltung, des Atems und des (inneren) Klanges schaffen die Bedingungen, durch welche du in der Lage bist, Blockaden zu durchbrechen. Dies geschieht in dem Maße, in dem du bereit und offen bist und dich diesem Prozeß überläßt. Ebenso können Veränderungen in dem Maße eintreten, in dem du deine Konzentration aufrechterhältst.

3. Diese Übungen verhelfen dir dazu, Blockaden zu durchbrechen, indem du deinen Körper in einer bestimmten Stellung hältst, um bestimmte Energieströme freizusetzen und deinen Geist in einen bestimmten Zustand zu versetzen. Du wirst deine Blockaden durchbrechen, die dich daran hindern, dein höchstes Potential zu entfalten und in einem Zustand der inneren Erfüllung und Zufriedenheit zu leben.

Der Astralkörper und Astralreisen

Der Astralkörper ist gewissermaßen im Ätherkörper enthalten und erstreckt sich trotzdem über ihn hinaus. Je mehr entwickelt der Astralkörper ist, um so größer ist seine Ausdehnung über den physischen Körper hinaus. Dieser Körper hat eine Schwingung, die höher ist als die des physischen und des ätherischen Körpers, aber niemals höher als die des mentalen und kausalen Körpers. Der Astralkörper ist der Übermittler und Träger von Gefühlen. Immer wenn du ein Gefühl ausdrückst, benutzt du deinen Astralkörper, ob du dir dessen bewußt bist oder nicht. Jedes Gefühl beeinflußt diesen Körper sofort und wird in ihm reflektiert. Jeder Gedanke, der dich persönlich beeindruckt, wird ebenfalls von diesem Körper widergespiegelt. Dein Astralkörper reagiert nicht nur auf das, was aus deinem physischen Körper in dich eindringt, sondern auch auf das, was aus dem mentalen Körper bewußt oder unbewußt in ihn einfließt.

Anders als beim Ätherkörper kannst du deinen Astralkörper losgelöst von deinem physischen Körper benutzen und dich bewußt in ihn hinein begeben. Dies geschieht ganz von selbst, wenn du schläfst. Dennoch hängt deine Fähigkeit, deinen Astralkörper getrennt von deinem physischen Körper sowohl im Schlaf als auch im Wachzustand zu benutzen, von deiner Fähigkeit ab, wie bewußt du in deinem Astralkörper bist. Um in deinem Astralkörper bewußt zu sein, mußt du eine Brücke oder eine Verbindung zwischen ihm und deinem physischen Körper herstellen können. Diese ätherische Brücke gibt dir die Möglichkeit, in deinem Astralkörper zu wirken und dabei bewußt zu bleiben, wenn du wieder in deinen physischen Körper zurückkehrst. Auf diese Weise erinnerst du dich an alle Erlebnisse und Informationen und kannst sie in der physischen Ebene mitteilen und Gebrauch von ihnen machen. Wenn die ätherische Brücke hergestellt ist und du in der Lage bist, in deinem Astralkörper bewußt zu sein, gibt es keinen Unterschied zwischen Schlaf und Wachzustand oder Leben und Tod. Du befindest dich in einem kontinuierlichen Bewußtseinsstrom, in dem du immer lebendig bist.

Die Astralebene, zu der der Astralkörper gehört, ist ein ganzes eigenständiges Universum, das denselben Raum einnimmt wie das physische Universum. Da seine Schwingung jedoch viel höher ist als die des physischen Universums, können wir diese Ebene mit unseren normalen physischen Sinnesorganen nicht wahrnehmen. Obwohl die Objekte und Ereignisse auf dieser Ebene durch die Phantasie und Vorstellungen von diesen Dingen geformt werden, existiert die Astralebene unabhängig vom Intellekt. In der Astralwelt herrschen eigenständige astrale Gesetze, so wie im physischen Universum physische Gesetze gelten. In der Astralwelt gibt es Licht, Klänge und Farben, die in der physischen Welt nicht vorkommen. Auch die Wahrnehmung auf dieser Ebene kann sich von der physischen Wahrnehmungsfähigkeit unterscheiden, was sehr verwirrend sein kann, solange du nicht gelernt hast, deine astralen Sinnesorgane zu benutzen. Wenn sich die Schwingung deines Körpers erhöht und deine Intuition und innere Bewußtheit besser entwickelt ist, bist du fähig, diese Ebene wahrzunehmen. Um dich jedoch tatsächlich auf diese Ebene zu begeben, mußt du dir deines Astralkörpers bewußt sein und ihn von deinem physischen Körper befreien. Mit deinem Astralkörper kannst du auf der Astralebene reisen.

Durch die Kristallarbeit kannst du für die Emotionen und später für die Astralebene selbst sensibel werden. Um dann mit dieser Ebene arbeiten zu können, ist es nötig, daß du ausschließlich deine astrale Sensitivität benutzt statt deinen astralen Körper. Dies geschieht, indem du deiner Arbeit eine emotionale Komponente hinzufügst. Du wählst die geeigneten Emotionen aus, die den Emotional- oder Astralkörper direkt stimulieren. Dies beeinflußt wiederum indirekt den physischen Körper. Wie bereits erklärt wurde, bewirken Veränderungen im Astralkörper Veränderungen im physischen Körper, weil auf der Schwingungsebene beider eine dynamische Wechselbeziehung besteht. Am leichtesten können Emotionen eingesetzt werden, wenn man mit Gedankenprojektion arbeitet. Wenn man eine Visualisation oder einen Gedanken projiziert, überträgt man gleichzeitig den Gefühlszustand, mit dem diese Projektion am ehesten harmoniert. Wenn du zum Beispiel heilst, achte auf den Gefühlszustand, der mit der Krankheit am engsten verbunden ist. Benutze dann deinen Willen, um diesen Zustand zu verändern. Wenn du den der Krankheit zugrunde liegenden Gefühlszustand veränderst, kannst du die Krankheit vollständig heilen oder zumindest zu ihrer Heilung beitragen.

Um dies zu bewirken, kannst du viele verschiedene Techniken benutzen. Bei allen mußt du jedoch deiner Intuition und deiner inneren Führung folgen, um die Emotion wahrnehmen zu können. Spüre diesem Gefühl dann in deinem Körper nach und verändere es in eine Emotion, die dir geeigneter erscheint. Dann projiziere die veränderte Emotion in bezug auf die betreffende Person. Im wesentlichen ist dieser Prozeß nichts anderes als eine Veränderung der Schwingung. (Siehe dazu den Abschnitt über Emotionen.)

Obwohl es sehr wirkungsvoll sein kann, mit Emotionen zu arbeiten, kannst du noch viel mehr bewirken, wenn du direkt auf der Astralebene mit deinem Astralkörper arbeitest. Du kannst dann direkt auf den Astralkörper eines anderen Menschen einwirken, indem du deinen eigenen Astralkörper benutzt. Indem du Kristall-Traumarbeit und andere Techniken der Kristallschau anwendest, kannst du dich darin üben, dich auf der Astralebene bewußt und aktiv zu bewegen.

Die folgende Übung will dich dazu anleiten, durch die Technik der Kristallschau dein Bewußtsein von der physischen auf die astrale Ebene zu lenken. Dies nennt man auch »den Körper verlassen«. Du wirst Schritt für Schritt lernen, mit dieser Ebene umzugehen. Schließlich wirst du dahin gebracht, einen Führer zu treffen, der dich in die Astralebene begleitet und dich über die Gegebenheiten der Astralwelt unterrichtet. Jeder Schritt in diesem Prozeß wird dir größere Erfahrung und mehr Information darüber geben, wie du in diesem Bereich agieren sollst, und diese Erfahrungen werden es dir ermöglichen, deine astralen Aufgaben zu vollbringen, die dir aufgetragen werden.

Technik der Kristallschau für astrales Bewußtsein

(Es ist ratsam, zuerst den Abschnitt über das Wahrsagen mit Kristallen [ab S. 149] zu lesen und dann die Techniken anzuwenden.)

TEIL A

1. Setz dich mit aufrechter Wirbelsäule in eine Position, in der du von nichts abgelenkt wirst und in der es dir nicht unbequem wird. Schaue nun unverwandt in einen klaren Kristall, der vor dir liegt. Der Kristall sollte nach Möglichkeit etwa fünf bis zehn Zentimeter lang und fünf Zentimeter breit sein, lieber noch größer. Du kannst auch eine Kristallkugel benutzen. Richte möglichst viel Beleuchtung auf den Kristall. Wenn du willst, verdunkle das Zimmer. Wenn du

diese Kristallschautechnik verstärken willst, trage einen Kristall auf deinem Dritten Auge, halte einen Kristall in jeder Hand oder umgebe dich mit einem Kreis aus Kristallen.

2. Schließe die Augen und zentriere dich.

3. Schaue mit entspannter Konzentration in den Kristall. Suche ein Tor oder eine Stelle in ihm, die dich optisch interessiert. Schaue unverwandt auf diesen Fleck, in dem du jedes Detail wahrnimmst. Fahre damit fort und laß dich mehr und mehr in den Kristall hineinziehen. Nach einer gewissen Zeit wirst du ganz von selbst den Wunsch verspüren, die Augen zu schließen. Laß deine Augen zufallen und fühle dich gleichzeitig so, als ob du *in* dem Kristall wärst.

4. Fahre damit fort, dich zu konzentrieren, während du dich in dem Kristall befindest. Während du dich auf dein Scheitelchakra konzentrierst, visualisiere, daß du von Licht eingehüllt bist. Hülle dich mehr und mehr mit Licht ein. Wenn du dir dieses Leuchtens bewußt bist, stell dir vor, daß du immer leichter und leichter wirst, so leicht, daß du beginnst, in dem Kristall zu schweben.

5. Visualisiere, wie du in dem Kristall nach oben schwebst und aus der Spitze des Kristalls austrittst.

6. Stell dir in deinem geistigen Auge vor, daß du zur Zimmerdecke schwebst. Schau unter dich in den Raum und sieh deinen Körper unter dir. Sieh die Lichtschnur, die dich mit deinem Körper verbindet.

7. Blicke um dich herum auf die Gegenstände in dem Zimmer.

8. Indem du nun deine Willenskraft benutzt, kehre wieder zurück in den Kristall. Wenn du über seiner Spitze schwebst, begebe dich durch seine Spitze wieder hinein in sein Inneres.

9. Laß dich am Boden des Kristalls nieder. Wende dich nun in den Raum, der dich umgibt. Nun finde den Eingang, durch den du dich in den Kristall hinein begeben hast, oder einen anderen Ausgang und verlasse ihn.

10. Sieh, wie du dorthin zurückkehrst, wo du zuvor in dem Raum gesessen bist. Erinnere dich an deine Umgebung. Als nächstes spüre die Oberfläche, auf der du sitzt. Werde dir deines Atems und dann deines ganzen Körpers bewußt.

11. Erde dich. Reinige dich selbst, das Zimmer und die Kristalle.

TEIL B

Wenn du den oben beschriebenen Prozeß mühelos bewerkstelligen kannst, füge dieser Übung anschließend an Punkt sieben folgendes hinzu:

1. Wenn du deinen Körper unter dir sehen kannst, die ätherische Lichtschnur, die die beiden Körper verbindet, und die Objekte im Zimmer, versuche, ob du aus deinem Körper austreten und durch den Raum »fliegen« kannst. Benutze deinen Willen, um dies zu bewerkstelligen.

2. Versuche deinen Körper nach oben und nach unten und von einer Seite auf die andere zu bewegen.

Rolle mit deinem Körper nach hinten und wieder nach vorne.

4. Beobachte, wie deine Verbindungsschnur dünner und länger wird, wenn zwischen deinen beiden Körpern mehr Abstand ist. Beobachte, wie sie dicker und kürzer wird, wenn du die Distanz wieder verringerst.

5. Kehre in deinen physischen Körper auf dieselbe Weise, wie oben beschrieben, zurück.

TEIL C

Wenn du dich mit deinem Körper mühelos durch den Raum bewegen kannst, bist du bereit, den nächsten Prozeß zu durchlaufen. Du solltest jedoch nicht zu diesem nächsten Schritt übergehen, bevor du, ohne Einschränkung, deinen Willen dazu benutzen kannst, dich selbst zu stärken. Wenn du noch irgendeinen Zweifel oder irgendeine Angst in dir aufspürst, fahre fort, Teil A und B zu üben. Es ist keine Eile geboten. Es ist besser, du schaffst dir eine solide Grundlage, bevor du in dem Prozeß fortschreitest. Es ist so, als ob du schwimmen lernen würdest. Als erstes gewöhnst du dich an das Wasser, und lernst, deinen Körper in seichtem Wasser zu bewegen. Erst wenn du dies gemeistert hast, lernst du die bestimmten Schwimmbewegungen in tieferem Wasser. Was geschähe, wenn du dich selbst plötzlich in tiefes Wasser werfen würdest und überhaupt nichts über Schwimmen wüßtest, nur weil du zu den »Fortgeschrittenen« gehören willst? Dasselbe Prinzip gilt für die Bewegung in der Astralwelt. Die Astralwelt ist ein riesiges Universum mit seinen eigenen Gesetzen und Realitäten, die verstanden sein wollen. Wenn du bereit bist, kannst du den nächsten Schritt tun:

1. Mache die Schritte wie in Teil A, bis du deinen Körper verlassen hast. Bewege deinen Körper durch den Raum (Teil B). Dann verlasse den Raum. Wenn du versuchst, den Raum zu verlassen, wirst du bemerken, daß du ihn entweder durch die Tür oder ganz einfach durch die Wand verlassen kannst. Auch hier benutze deinen Willen, um dies zu tun. Du wirst lernen, daß die Grenzen des physischen Universums in der Astralwelt nicht gelten. Auf der Astralebene kannst du über Berge springen und durch jeden Gegenstand hindurchgehen. Deine Willenskraft und deine Konzentration bestimmen, was dir möglich ist.

2. Jetzt, wo du den Raum verlassen hast, verlasse auch das Gebäude, in dem du dich befindest, und reise in deiner nahen Umgebung herum. Experimentiere auch damit, deinen Körper mit Energie zu stärken. Wie erscheinen dir Gegenstände und Menschen? Du kannst durch einen Menschen hindurchgehen, ohne von ihm bemerkt zu werden, außer der Betreffende ist besonders sensitiv veranlagt. Tatsächlich nehmen Tiere deine Gegenwart oft eher wahr als Menschen! (Denke daran, wie alle Ebenen ineinander verwoben sind.)

3. Achte darauf, was um dich herum vorgeht: Geräusche, Objekte, Menschen und Ereignisse. Achte auf jedes Detail und präge es in deinem Gedächtnis ein. Nehme dir fest vor, daß du dich an alles erinnern wirst, wenn du in dein physisches Bewußtsein zurückkehrst.

4. Achte jetzt auf die dünne Lichtschnur aus ätherischer Substanz, die diesen Astralleib mit deinem physischen Körper verbindet. Achte darauf, wie diese Schnur dünner wird, als sie war in der Nähe deines Körpers. Mit dieser Energieschnur bist du immer mit deinem physischen Körper verbunden.

TEIL D

1. Wenn du mit deinem Einsatz von Gedankenkraft und Willen bei deinen außerkörperlichen Erlebnissen in der näheren Umgebung schon sehr vertraut bist, wähle einen Ort irgendwo auf diesem Plane-

ten und begib dich dorthin. Du wirst feststellen, daß du dich fast augenblicklich an einen Ort versetzen kannst, selbst wenn du eine sehr große Distanz zurückgelegt hast.

2. Übe dich darin, deinen Astralkörper auf den Boden zu bringen und an diesem Ort umherzugehen.

3. Öffne dich, um die Gedanken zu hören und die Gefühle anderer Lebewesen an diesem Ort wahrzunehmen. Beobachte, lausche und forsche. In deinem Astralkörper mit seinen astralen Sinnesorganen wirst du besonders sensitiv sein für das, was dich auf feinstofflichen umgibt, aber auch für Dinge der grobstofflicheren Ebenen. Benutze diese Erfahrung, um zu lernen.

4. Benutze dann wiederum deinen Willen, um wieder in deinen physischen Körper zurückzukehren, der in der Mitte des Kristalls zurückgelieben ist. Trete durch die Spitze des Kristalls wieder in deinen Körper ein. Verfahre nun zum Schluß so, wie in Teil A beschrieben.

TEIL E

Wenn dir Teil D keine Mühe mehr macht und du genügend Erfahrungen gesammelt hast, bist du bereit, dich in der Astralwelt zu bewegen. Wenn du dich in die Astralwelt begibst, ist es sehr ratsam, dies zunächst mit einem Führer zu tun, der dich mit allen Aspekten dieser Ebene gründlich bekannt macht. Auf der Astralebene sowie auch anderen Bewußtseinsebenen existieren sehr hoch entwickelte Wesen, die vor allem dazu da sind, den Menschen zu helfen, die auf diese Ebene kommen, nachdem sie nach ihrem Tod ihren physischen Körper verlassen haben. Sie helfen jedem Menschen, der bereit ist. Wenn du um Führung bittest und du keines dieser Wesen triffst, bist du noch nicht bereit, in deinem Astralkörper bewußt in der Astralwelt leben und wirken zu können. Falls das so ist, arbeite weiter mit Teil A bis Teil D. Erkenne, daß dein Mangel an Bereitschaft kein persönliches Versagen ist. Tatsächlich verlangsamst du deinen Fortschritt nur, wenn du dies als persönliche Kritik nimmst. Dein physischer Körper und deine mentale beziehungsweise emotionale Struktur muß sehr gut vorbereitet sein, bevor du den nächsten Schritt unternimmst. Vielleicht solltest du deine Motive überprüfen und klären, warum du auf der Astralebene wirken möchtest. Ist dein Wunsch, auf der Astralebene zu arbeiten, einfach eine Reaktion auf ein egoistisches Bedürfnis? Oder ist es eine Antwort auf einen höheren Willen, der dich lenkt? Hast du dich vollkommen in den Dienst des höheren Bewußtseins gestellt und dich ganz und gar der Liebe verschrieben statt deinen eigenen persönlichen Bedürfnissen? Sei ehrlich zu dir selbst. Diese Aufrichtigkeit ist das reinigende Feuer, das deine eigene Entwicklung unterstützt. Sei geduldig. Wenn die Zeit gekommen ist, wird dein Führer sich zeigen.

Es gibt noch einige andere Dinge, die du wissen solltest, bevor du dich auf eine Astralreise begibst. Wenn du auf die Erscheinung eines höheren Wesens wartest, das dich führen soll, können viele weniger hoch entwickelte Astralwesen auftauchen, und dir ihre Führung oder andere Informationen anbieten. Verfalle nicht dem Irrtum, daß ein Wesen, das keinen physischen Körper besitzt oder auf einer anderen Bewußtseinsebene lebt, unbedingt ein »höher entwickeltes Wesen« sein muß, bewußter als du oder in irgendeiner Weise etwas Besonderes. Es ist nicht unbedingt eine Sache des höheren Bewußtseins, keinen physischen Körper zu besitzen. Denke daran, alle Menschen verlassen ihren Körper dann, wenn sie sterben! Sie können sich zu dir hingezogen fühlen durch die Kraft deines Wunsches, und auch wenn sie dir anbieten, dir in verschiedener Weise zu helfen, kann es sein, daß sie dir tatsächlich gar nichts zu geben haben. Es kann sogar sein, daß sie dir Schaden bringen.

Denke auch daran, daß diese Wesen die alten menschlichen Eigenschaften besitzen können zu lügen, dir einen Streich zu spielen oder dich beeindrucken zu wollen, so wie es Menschen auf der physischen Ebene auch manchmal tun. Auf der Astralebene gibt es auch noch eine andere Form von Lebewesen, die nur noch ein reiner Astralkörper sind, selbst wenn die Seele ihn bereits verlassen hat. Dieser Körper ist auf der Astralebene »gestorben«, so wie auf der physischen Ebene ein Körper »stirbt«. Wird er verlassen, löst sich dieser Körper auf. Manchmal werden diese Körper jedoch am Leben erhalten, indem ihre früheren Besitzer gedanklich an ihnen festhalten oder indem

Menschen auf der physischen Ebene glauben, mit ihnen in Kontakt zu sein, und sie dadurch binden. Diese Gedanken halten den Körper in Bewegung und lassen seine Form bestehen, was ihm den Anschein von »Lebendigkeit« verleiht. Alles, was dieser Körper auf der Astralebene spricht, ist nichts anderes, als die Reflektion des Bewußtseins oder des Unterbewußtseins derjenigen, die es bewußt oder unbewußt durch ihre Gedanken stärken. Unbewußt ziehst du möglicherweise eine dieser »leeren Hüllen« an, durch die Intensität deiner Gedanken oder Wünsche. Je mehr du mit deinem scheinbaren Sein in Beziehung trittst, um so mehr scheint dieses Wesen zu sprechen.

Es gibt viele andere Wesen auf der Astralebene, aber solche wie die hier beschriebenen sind diejenigen, die du bei deiner astralen Kristallarbeit anziehen kannst. Wie unterscheidest du nun zwischen einem vertrauenswürdigen Meister, dem du dich als Führer auf diesen höheren Ebenen anvertrauen kannst, und einem weniger entwickelten Wesen? Du unterscheidest zwischen den beiden, wie du auch auf der physischen Ebene zwischen Lehrern und Führern unterscheidest. Höre auf deine innere, intuitive Stimme. Dies ist dieselbe Stimme, auf welche du bei deiner Kristallarbeit hörst. Sie erscheint dir in Form einer Empfindung, besonders im Bereich deines Herzens. Wie fühlst du in deinem Herzen? Wenn du einem Meister begegnest, wird das Gefühl in deinem Herzen unmißverständlich sein. Es wird ein so erhebendes Gefühl sein, daß es dich zu Tränen rührt. Du wirst dich erhoben fühlen und das Gefühl haben, mehr du selbst zu sein anstatt weniger. Du wirst dich in deinem tiefsten Inneren vollkommen angenommen fühlen. Dies gilt für Lehrer, Meister und Führer auf der physischen Ebene ebenso wie auf der astralen. Viele mögen behaupten, dein Führer zu sein. Höre auf deine innere Stimme und deine innere Wahrnehmung. Laß dich nicht von deinen Gefühlen, Gedanken und Wünschen oder von deiner Ungeduld in die Irre führen. (Dies gilt auch für die Astralarbeit, wenn du Informationen von nicht inkarnierten Wesen durch »Channeling« übermittelst.) Du kannst viele Mißverständnisse und Probleme vermeiden, indem du Informationen genau so »kanalisierst«, wie du sie in dir wahrnimmst. Wie viele alte Überlieferungen zu diesem Thema sagen, »bist du die Quelle aller Weisheit«.

Du bist nicht von der Gnade eines Wesens oder eines Ereignisses auf der Astralebene abhängig, die dir begegnen. Du kannst deinen Willen dazu benutzen, jede Situation zu verlassen und jedes Wesen zu verbannen. Bleibe in einem Zustand der inneren Ruhe, bleibe in deiner Mitte und in deiner Selbstsicherheit, so daß deine Vision klar ist und du deinen Willen jederzeit vollkommen zur Verfügung hast. Verliere dich nicht in Angst oder in Zweifel. Das schwächt dich. Was ist zu tun, wenn du Opfer deiner eigenen Ängste oder Zweifel wirst? Verfahre genauso, wie du auf der physischen Ebene vorgehen würdest. Atme in langen, tiefen Atemzügen, wobei du dich auf dein Herzchakra konzentrierst. Sprich im Geiste den Laut »RA« beim Einatmen und den Laut »MA« beim Ausatmen. (Wenn du dies tust, bringst du alle Ereignisse und Wesen in eine Warteposition.) Dies wird dich in deine Mitte und in dein inneres Gleichgewicht bringen. Dann wirst du den Überblick wiedergewinnen und in der Lage sein, entsprechend zu handeln. Die folgende Übung ist dazu gedacht, dir zu zeigen, wie du einen Meister oder Führer für deine Kristallarbeit auf der Astralebene treffen kannst. Mach diese Übung erst, wenn es dir mühelos gelingt, in deinem Astralkörper auf diesem Planeten zu reisen, und bevor du dich tatsächlich in die Astralwelt begibst. Mach diese Übung im Anschluß an die Schritte 1–3 in Teil A (Seite 106), wo du dich im inneren des Kristalls befindest:

Variante der Astralübung

Halte deine Konzentration weiterhin auf das Innere des Kristalls gerichtet. Fühle, wie du immer strahlender wirst, während du beginnst, deine eigene Schwingung immer mehr an die Schwingung des Kristalls anzugleichen. Stell dir vor, daß sich der Kristall mehr und mehr mit goldenem Licht füllt, während er immer höher vibriert. Fühle, wie deine Haut durch die Empfindung der Vibration in dir und um dich herum zu prickeln beginnt. Wenn sich deine Schwingung erhöht und du mehr und mehr mit dem goldenen Licht erfüllt bist, stell dir vor, wie sich alle deine Chakras vollständig öffnen und dich mit Energie füllen. Wenn du dich offen und schwerelos fühlst, versuche dennoch, weiterhin auf dem Boden des Kristalls sitzen oder stehen zu bleiben, auch wenn du eine Empfindung hast, als würdest du nach oben schweben. Konzentriere dich auf dein Herzchakra und bitte gleichzeitig eindringlich um die Gegenwart eines Meisters, der dich auf der Astralebene führen wird. Teile deine Absicht mit, warum du auf dieser Ebene wirken möchtest. Wenn du inständig um die Anwesenheit deines Führers bittest, laß dein Herzchakra mit all deiner Liebe überstömen und sende einen Strahl rosafarbenen oder grünen Lichts aus deinem Herzen aus, so als würdest du einen roten Teppich als Willkommensgruß ausrollen. Stelle dir vor, wie sich dieser Lichtstrahl durch die Wände des Kristalls weiter und weiter fortsetzt, bis du sein Ende nicht mehr sehen kannst. Warte nun in diesem offenen, rezeptiven Zustand, bis du in der Ferne eine Person auf dich zukommen siehst, die auf deinem Willkommenspfad schreitet. Stell dir vor, wie diese Person immer näher kommt, bis sie die Wände deines Kristalls durchdringt und bei dir in deinem Inneren ist. Fühl dich so, als ob ihr beide von dem rosa-grünen Licht deines offenen Herzens umgeben wäret. Mach dich nun mit diesem Wesen bekannt.

Stell dich diesem Wesen vor, obwohl du ihm ja bereits bekannt bist, da es deinen Frotschritt bereits seit einiger Zeit verfolgt und dich dabei geführt hat. Frage dieses Wesen, wer es ist und was du sonst noch für Fragen hast. Teile noch einmal deine Absicht mit, warum du dich auf die Astralebene begeben möchtest. Vertraue deiner Intuition und lausche deinem Herzen. Dann sei still und laß dieses Wesen zu dir sprechen oder laß dich von ihm führen. Bei eurer ersten Begegnung wird dich dieses Wesen mit aus dem Kristall hinaus auf die Astralebene nehmen, vielleicht auch erst später. Mach dir keine Sorgen, dieses Wesen wird ab jetzt jeden Schritt auf deinem Weg leiten, bis du bereit bist, dich alleine auf der Astralebene zu bewegen. (Später, wenn du alleine auf der Astralebene reist, wird dir dieses Wesen für Fragen zur Verfügung stehen und dir Führung gewähren, solltest du sie brauchen.) Du wirst herausfinden, daß es astrale Kristalle gibt, wenn du dich dazu entschließen solltest, sie zu benutzen. Vielleicht werden sie dir angeboten, oder sie erscheinen dir ganz einfach. Benutze sie so, wie du sie auf der physischen Ebene gebrauchen würdest. Scheue dich nicht, deinen Führer zu fragen, wie man sie gebraucht. Wenn du diese Kristalle einmal auf der Astralebene benutzt hast, kannst du sie auch dann benutzen, wenn du zurück in der physischen Welt bist, indem du ganz einfach deine Verbindung mit ihnen wieder erlebst und sie dementsprechend einsetzt. Diese Kristalle werden als ätherische Kristalle bezeichnet. Visualisiere und lenke sie mit deiner Willenskraft. Nach einer gewissen Zeit wird dich dein Führer zurück in deinen Quarzkristall bringen. Nachdem du mit deinem astralen Führer besprochen hast, wie du in Zukunft am besten in Verbindung mit ihm kommen kannst, verfahre wie in den Schritten neun, zehn und elf von Teil A.

Die ganze Schöpfung ist in dir enthalten.

Träume, Astralprojektion und Kristalle

Eine andere Methode, wie du deine Fähigkeit, auf der Astralebene zu reisen und zu arbeiten, entwickeln kannst, ist die Traumarbeit. Auch dabei kannst du deine Kristalle verwenden. Die Fähigkeit, deine Träume bewußt zu steuern, bringt dich schließlich in den Zustand der Astralprojektion. Wie geht das vor sich?

Während des Schlafzustandes wird nicht nur der physische Körper wieder mit Kräften aufgetankt, sondern auch der Astralkörper ruht. Auf seiner eigenen Ebene wird dein Astralkörper so gut wie überhaupt nicht müde. Auf der physischen Ebene wird er jedoch durch die Interaktion mit deinem physischen Körper ermüdet. Damit beide Körper Ruhe haben, trennen sie sich deshalb während des Schlafzustandes. Wenn du deinen Astralkörper nicht bewußt benutzt, schläft er dabei gewöhnlich über deinem physischen Körper. Du selbst schläfst nicht, nur dein physischer Körper. Du benutzt dann deinen Astralkörper, ob du dir dessen bewußt bist oder nicht. Wenn du dir deines Astralkörpers etwas mehr bewußt bist, kann er sich noch mehr von deinem physischen Körper trennen und sich in Astralebenen bewegen, wo er anderen Astralkörpern begegnen und angenehme oder unangenehme Erlebnisse haben kann. Da du nicht in der Lage bist, eine Bewußtseinsbrücke zwischen deinem Astral- und deinem physischen Körper herzustellen, ohne eine Unterbrechnung dieses Prozesses herbeizuführen, wirst du dich in diesem Fall nur vage und flüchtig an das erinnern, was auf der Astralebene geschehen ist. Darüber hinaus kann es sein, daß du in deinem Astralkörper weiterhin deinen Gedanken nachhängst, weil du so in ihnen gefangen bist, daß nichts anderes an dich heran kann.

Die Eindrücke, die du dann mit in den Wachzustand mitnimmst, sind überwiegend oder ausschließlich Eindrücke, die deine eigenen Gedanken hervorgebracht haben. Wenn du in deinem Astralkörper mehr Bewußtsein erlangst, kannst du dich frei auf der Astralebene bewegen, anderen Wesen begegnen, die sich ihres Astralkörpers auch bewußt sind, und Gedanken mit ihnen austauschen. Dies können Freunde, Lehrer oder Führer sein. Du kannst Dinge lernen und erfahren, die du in deinem physischen Körper unmöglich erleben kannst. An diese Erfahrungen kannst du dich in deiner Intuition nur sehr vage erinnern, außer du bist in der Lage, den Übergang von der astralen in die physische Ebene beim Erwachen bewußt zu vollziehen.

Wenn dein Bewußtsein von der astralen Ebene in deinen physischen Körper überwechselt, gibt es gewöhnlich einen kurzen Abschnitt der Dunkelheit oder der Leere. Während dieser unbewußten Zeit gehen dir die Erinnerungen an deine Erlebnisse verloren und bleiben nur noch als vage oder konfuse Eindrücke erhalten, da sie nicht bewußt in dein physisches Gehirn eingespeichert werden. Um diese Erinnerungen in dein physisches Gehirn einfließen zu lassen, mußt du, während dein Bewußtsein von deinem Astralkörper in deinen physischen Körper übergeht, vollkommen bewußt bleiben können. Dafür muß dein Astralkörper ausreichend entwickelt sein. Darüber hinaus müssen deine Chakras geöffnet sein, so daß sie die astralen Kräfte in deinen physischen Körper einfließen lassen können. Die Vibration deines Körpers muß bereits sehr hoch sein. Zusätzlich muß dein Drittes Auge aktiv sein, damit es sich auf die astralen Vibrationen konzentrieren kann.

All diese Vorraussetzungen sind automatisch dann erfüllt, wenn du bei der Kristallarbeit deine Sensitivität entwickelst. Die Vorbereitungen für effektive Kristallarbeit sind die gleichen wie die für die Entwicklung der Verbindung zwischen dem astralen und physischen Bewußtsein sowie auch für die anderen bewußten Erfahrungen mit der Astralebene.

Welche Vorbereitungen sind das? Du solltest ein starkes und reines Nervensystem haben, um mit den zunehmenden Mengen an Energie umgehen zu können, die durch deinen physischen Körper strömen werden. Auch sollten deine Chakras geöffnet sein, und ihre Energie sollte dir zur Verfügung stehen. Dein Verstand muß in der Lage sein, ruhig und konzentriert zu sein, um Materie bewußt beeinflussen zu können. Du mußt die Kontrolle über deine Emotion haben, so daß du in der Lage bist, dich auf der Astralebene zu kontrollieren. (Dies ist nämlich die emotionale Ebene.) Du wirst feststellen, daß du auf der Astralebene wirken kannst, wenn du dich dazu angeleitet fühlst, wenn du die Übungen in diesem Buch gemacht hast, deine Sensitivität geübt und gelernt hast, perfekte Kristallarbeit zu leisten.

Der nächste notwendige Schritt besteht darin, eine geeignete ätherische Brücke zwischen dem astralen und dem physischen Körper herzustellen. Diese Brücke ist eine feinmaschige, netzartige Struktur aus feinstofflicher Substanz, die den Schwingungen des Astral- und des physischen Bewußtseins ermöglicht, sich gegenseitig zu durchdringen. Wenn du diese Verbindung hergestellt hast, wird die Fortdauer deines Bewußtseins zwischen deinem Astral- und physischen Leben erreicht sein. Der Tod, so wie du ihn dir vorgestellt hast, existiert nicht mehr.

Die folgende Methode dient dazu, bei deiner Kristallarbeit als erstes die ätherische Brücke herzustellen, die dir die Möglichkeit gibt, dich an deine Träume zu erinnern. Wenn diese Brücke einmal hergestellt ist, ermöglicht dir diese Methode, deine Träume bewußt zu steuern, wobei du sie und dich selbst in die Astralwelt versetzt.

Traumarbeit-Methode

Diese Methode ist sehr wirkungsvoll, aber sie erfordert viel Geduld, da sie sich über mehrere Monate bis zu einem Jahr erstrecken kann. Mach keine Abkürzungen, da der Prozeß bei dir sonst nicht funktionieren wird. Jeder Schritt muß perfekt beherrscht werden und ist notwendig, um die ätherische Brücke herzustellen, die dein Astralbewußtsein mit deinem physischen Bewußtsein verbindet. Für die Traumarbeit mit den Astralebenen eignen sich am besten Herkimer-Diamantkristalle. Diese besondere Form von Kristallen kommt in der Gegend um Herkimer, New York, vor, woher sie ihren Namen haben. Sie sind besonders hell und rein, mit Spitzen an beiden Enden. Wenn du keinen Herkimer-Diamantkristall bekommen kannst, wähle einen klaren, zweiendigen Kristall, der extrem hell strahlt. Kristalle wie diese spiegeln die Regenbogenfarben und eignen sich besonders gut, da die Regenbogenfarben die Farben der Astralwelt suggerieren. Am wirkungsvollsten sind zwischen drei und fünf Zentimeter lange Kristalle. Natürlich kannst du auch jeden anderen Kristall verwenden, wenn seine Größe dir intuitiv richtig erscheint. Wenn du für diesen Prozeß einen Kristall auswählst, kläre deinen Geist, komme in deine Mitte und konzentriere dich darauf, daß du ihn bei deiner Traumarbeit verwenden willst. Halte deine Klarheit und Konzentration aufrecht und wähle den passenden Kristall aus. Bevor du ihn benutzt, solltest du ihn auf jeden Fall reinigen. Während der verschiedenen Verwendungen hülle ihn in weiße, goldene, violette oder hellblaue Seide. Wenn du keine Seide zur Hand hast, nimm Baumwollstoff. Bewahre den Kristall auf einem Altar oder einem besonderen Platz auf. Zeige diesen Kristall keinem anderen Menschen und laß ihn von niemand anderem berühren. Du solltest sicherstellen, daß er nur mit dir in Harmonie schwingt.

Schritt 1: Programmiere deinen Kristall jede Nacht vor dem Einschlafen darauf, daß du dich am Morgen an deine Träume erinnern wirst. Lege ihn unter dein Kopfkissen, so daß er sich unter deinem Kopf befindet. Bleibe konzentriert, während du einschläfst. Tu dies bis zu deinem letzten Gedanken vor dem Einschlafen. Bewahre neben deinem Bett ein Traumtagebuch auf, in dem du jeden Traum notierst, an den du dich am nächsten Morgen erinnerst. Mach dies so lange, bis du eine fortlaufende Sammlung von Träumen darin aufgezeichnet hast. (Eine Sammlung, die sich mindestens über einen Zeitraum von drei Monaten erstreckt.) Du kannst damit aufhören, wenn du dich von alleine an alle Träume erinnern kannst. Reinige deinen Kristall in dieser Zeit nicht. Auf diese Weise werden die Vibrationen deiner Programmierung kontinuierlich aufrechterhalten.

Schritt 2: Wenn du dich immer an deine Träume erinnern kannst, wähle einen Traum aus, der sich öfter wiederholt hat oder der ein einheitliches inhaltliches Muster aufweist. Bevor du einschläfst, programmiere deinen Kristall darauf (wie in Schritt 1), daß du diesen Traum wieder träumen wirst. Lege den Kristall unter dein Kopfkissen. Bleibe in einem Zustand der Konzentration, während du dich langsam zu Bett legst. Visualisiere, daß du mehr und mehr mit goldenem Licht gefüllt wirst. Sieh dich so mit diesem Licht erfüllt, daß es deine Haut durchdringt und sich um deinen Körper herum ausbreitet. Vor deinem geistigen Auge stell dir vor, wie dich dieses Licht in ungefähr fünfzehn Zentimetern Abstand um deinen Körper herum einhüllt. Konzentriere dich auf diese Form des Lichts. Sieh sie als etwas von deinem Körper Getrenntes. Laß deine Konzentration nicht von dieser Form abschweifen, wenn du in Schlaf fällst. Dies ist der Beginn, wie du lernst, deine Träume zu konzentrieren. Übe dies weiter, bis du ständig denselben Traum träumen kannst. Notiere mindestens vierzig Tage lang als erstes am Morgen diesen Traum. Das hilft dir, die ätherische Brücke zu bauen. (Jedesmal, wenn du diesen bestimmten Traum nicht geträumt hast, reinige deinen Kristall.)

Schritt 3: Wenn du Schritt 2 perfekt beherrschst, reinige deinen Kristall und programmiere ihn darauf, an einen Ort zu reisen, an dem du nicht unbedingt in deinen Träumen gewesen sein mußt, aber in deinem Wachzustand. Auch hierbei legst du deinen Kristall wieder unter das Kopfkissen und konzentrierst dich auf die leuchtende Lichthülle, die deinen Körper umgibt. Während du diese leuchtende Hülle betrachtest, halte deine Konzentration auf den Ort gerichtet, den du in deinen Träumen besuchen möchtest. Laß dies deinen letzten Gedanken sein, bevor du einschläfst. Auch hier notierst du als erstes, wenn du morgens aufwachst, deine Träume. Reinige deinen Kristall, wenn du irgendeinen anderen Traum hattest. Programmiere ihn jedesmal wieder neu, auch wenn du ihn nicht gereinigt hast. Wenn du den gewünschten Ort jedesmal besuchen kannst, und zwar vierzig Tage lang jede Nacht, kannst du zu dem nächsten Schritt übergehen. Nun wirst du die Fähigkeit erlangen, auf der Astralebene reisen zu können.

Schritt 4: Als nächstes programmierst du deinen Kristall darauf, einen Ort in deinen Träumen zu besuchen, an dem du im physischen Leben noch nicht gewesen bist. Gehe in der gleichen Weise vor, deinen Kristall zu programmieren, und schlafe wie in Schritt 2 beschrieben ein. Wenn du aufwachst, notierst du deine Träume. Mache dies so lange, bis du vierzig Tage lang hintereinander an diesen Ort reisen kannst. Wenn du diesen Schritt gemeistert hast, besitzt du nun die Fähigkeit, dich an jeden Ort auf der Astralebene zu versetzen oder dort jedes Wesen zu besuchen, das du treffen willst. Du wirst die ätherische Brücke hergestellt haben, so daß du dich zwischen der astralen und der physischen Ebene frei hin und her bewegen kannst, ohne deine bewußte Erinnerung daran zu verlieren.

Wie bereits erwähnt, muß du die Erinnerungen deines Astrallebens nciht in dein physisches Gehirn übermitteln können, um auf der Astralebene aktiv zu sein. Bei deiner Kristallarbeit kannst du dies aber, wenn du das Bedürfnis hast, auf der Astralebene zu wirken, ungeachtet der Tatsache, daß du dir deiner Handlungen nicht bewußt bist. Dazu eignet sich folgende Technik:

1. Bevor du abends einschläfst, programmiere deinen Kristall darauf, daß du auf der Astralebene irgendwie hilfreich sein willst, während dein physischer Körper schläft. Visualisiere eine bestimmte Aufgabe oder Möglichkeit zu helfen, konzentriere dich darauf, oder biete deine Dienste auf irgendeine Weise an, die gebraucht wird. Benutze denselben Kristall wie bei der vorherigen Übung.

2. Nachdem du den Kristall programmiert hast, legst du ihn unter dein Kopfkissen.

2. Konzentriere dich weiterhin auf deine Absicht zu helfen, während du einschläfst. Wenn deine Konzentration stark war, wirst du auf der Astralebene das bewirken, was du dir vorgenommen hattest, auch wenn du dich nicht daran erinnern kannst, nachdem du aufgewacht bist. Durch diesen Prozeß wird schließlich die ätherische Brükke aufgebaut, so daß du dir deines Astrallebens bewußt bist.

4. Reinige den Kristall nicht, nachdem du aufgewacht bist. Laß die mit deinem Bedürfnis verbundenen Schwingungen mit jedem Mal, wenn du den Kristall benutzt, stärker werden. Du kannst ihn jedoch immer dann reinigen, wenn du das starke Bedürfnis hast, es zu tun. Hülle den Kristall in Seide oder Baumwollstoff ein und bewahre ihn wie beschrieben auf.

Wie bei der übrigen Kristallarbeit darfst du deine astralen Fähigkeiten nicht zu egoistischen oder negativen Zwecken einsetzen. Greife nie ungebeten in das Leben anderer Menschen ein. Dies wird immer negativ auf dich zurückfallen. Benutze deine Astralvision und deine intuitiven Kräfte, um zwischen sinnvoller Hilfe und unnützer Einmischung zu unterscheiden. Bevor du in der Astral- oder physischen Welt Dinge veränderst, überdenke alle Auswirkungen und alles, was dein Handeln nach sich ziehen kann. Kläre, ob es einen höheren Sinn hat, daß die Dinge so sind oder daß ein bestimmtes Leiden vorhanden ist. Ist es richtig, sich einzumischen? Diese sorgfältige, überlegte Handlungsweise verhilft zu großer Weisheit.

Jetzt, da wir die Astralebene besprochen haben und du Techniken erlernen konntest, die dich in die Lage setzen, auf dieser Ebene bewußt zu wirken, ist es sehr nützlich und auch wichtig, folgende Frage zu erörtern: Wie lange solltest du dich damit beschäftigen, bei deiner Kristallarbeit auf der Astralebene zu wirken? Wenn du erst einmal über die reine Neugier hinaus gelangt bist und mehr und mehr mit den Kristallen arbeitest, erwächst in dir immer mehr der Wunsch, anderen Menschen zu helfen. Dies geschieht ganz automatisch, da du dich selbst höher entwickelst, wenn du mit Edelsteinen arbeitest. Wenn du dich weiter entwickelst, öffnen sich deine höheren Chakras mehr, einschließlich deines Herzchakras. Wenn sich die Chakras öffnen, entwickeln sich in dir Eigenschaften wie Mitgefühl, Liebe und Verständnis. Darüber hinaus erlangst du eine Vision, die es dir ermöglicht, für dich und andere eine Lebensweise zu sehen, die nicht die unzähligen Leiden beinhaltet, die es gibt. Du erkennst, wie du deine Kristalle benutzen kannst, um dir selbst und anderen zu helfen, sei es um Streß aufzulösen, zu heilen, Energie zu spenden oder zu anderen Zwecken. Wenn du auf der Astralebene arbeiten kannst, kannst du eine große Hilfe sowohl für die Wesen auf dieser Ebene als auch für die Lebewesen auf der physischen Ebene sein.

Oft kannst du auf der Astralebene viel wirkungsvoller arbeiten als auf der physischen Ebene. Auf der Astralebene verstehst du viel besser, was getan werden muß, um zu helfen. Es stehen dir mehr Informationen zur Verfügung. Du kannst reisen, wohin du willst, jeden Lehrer treffen und jede Anleitung erhalten, die du später auf der physischen Ebene gebrauchen kannst. Auf dieser Ebene bedarf es sehr viel der Hilfe, und es gibt genügend Wesenheiten, die dir nur zu gerne bei deiner astralen Entwicklung helfen, wenn du den Wunsch verspürst, selbst Hilfe zu leisten.

Ein weiterer Vorteil deiner Fähigkeit, dich in der Astralwelt zu bewegen, besteht darin, daß du dort sehr viel lernen kannst. Deine Wahrnehmung der Realität erweitert sich über all die Grenzen hinaus, die du dir jemals auferlegt hattest. Ebenso erlangst du eine erweiterte Wahrnehmung darüber, wer du in Wirklichkeit bist und wozu du fähig bist, bis du buchstäblich »grenzenlos« wirst. Der Tod hat nichts Erschreckendes mehr für dich, weil du die Erfahrung gemacht hast, daß du auch über deinen physischen Körper, deinen Verstand und deine Emotionen hinaus existierst. Du gelangst in einen Zustand tiefer innerer Zufriedenheit und Erfüllung.

Der Tod ist eine Illusion ...
Du bist immer hier und jetzt.

Der Mentalkörper, Visualisation und Gedankenprojektion mit Kristallen

Der Mentalkörper reicht über den Astralkörper hinaus und ist in dem astralen, ätherischen und physischen Körper enthalten. Dieser Körper ist unaufhörlich in Bewegung und Veränderung, obwohl er meist eine Form einhält, die einem Oval ähnelt. Der Mentalkörper hat mit der Manifestation des Selbst in Form von Verstand oder Intellekt zu tun. Immer wenn du deinen Intellekt, dein Gedächtnis oder die Visualisation benutzt, gebrauchst du gleichzeitig deinen mentalen Körper. Wie auch beim Astralkörper kannst du in deinem Mentalkörper bewußt werden und ihn getrennt von deinem physischen Körper benutzen. Darüber hinaus gibt es auch eine losgelöste Seinsebene, die Mentalebene, die wiederum ein eigenständiges Universum mit seinen eigenen Gesetzen und Erscheinungsformen ist. Auf der Mentalebene wird dein Verstand zu deinem Vehikel, aber nicht so, wie er durch dein physisches Gehirn arbeitet, sondern als dein Geist, der unabhängig von der physischen Materie funktioniert und wirkt.

Die Mentalebene besteht aus mentalen Schwingungen, die ihre eigenen Bilder hervorbringen. Diese Bilder sehen, wenn du dich auf dieser Ebene bewegst, wie echte Gegenstände und Wesen aus. Die Sensitivität und der Entwicklungsgrad deines physischen Gehirns bestimmen, auf welche dieser mentalen Vibrationen du ansprichst. Es sind die Reaktionen auf diese Mentalschwingungen im Gehirn, die als Gedanken wahrgenommen werden. Daher entspringen Gedanken nicht deinem Gehirn, sondern sie kommen in dein Bewußtsein, je nachdem, wie rezeptiv dein Gehirn ist. Du kannst diesen Mechanismus an dir selbst erfahren, wenn du dich zentrierst, deinen Verstand ruhigstellst und dich auf deine Gedanken konzentrierst.

Jedesmal, wenn du denkst, dir etwas vorstellst oder etwas visualisierst, stellst du in deinem Mentalkörper eine Schwingung her. Dies bewirkt zweierlei: Erstens produzierst du dadurch Schwingungen, die als Gedankenkräfte bezeichnet werden, und zweitens bringst du

Gedankenformen hervor. Bei der Kristallarbeit benutzt du sowohl die Gedankenkräfte als auch die Gedankenformen, wenn du dir Gedankenprojektion oder Visualisationen zunutze machst.

Visualisation

Eine Visualisation ist ein Bild, das du vor deinem geistigen Auge entstehen läßt, indem du eine Reihe miteinander verbundener Gedanken verwendest. Jeder einzelne Gedanke ruft einen Aspekt dieses Bildes hervor. Je umfassender oder komplexer das Bild ist, um so mehr Gedanken sind nötig. Deine Konzentration und geistige Klarheit sind notwendig, um die verschiedenen Aspekte des Bildes zusammenzuhalten und schließlich eine vollständige Vision zu erschaffen. Der Einsatz deines Willens unterliegt der Erschaffung der Gedanken sowie der Fähigkeit, deine Konzentration zu erhalten. Die Visualisation, auf die du dich konzentrierst, erschafft eine mögliche Gedankenform, die dem entspricht, was du vor deinem geistigen Auge siehst. Darüber hinaus erzeugt sie Gedankenkräfte. Die Vitalität und Intensität deiner Vision und Gedanken bestimmen die Genauigkeit deiner Gedankenkräfte und deiner Gedankenformen.

Um zu Visualisieren, mußt du zwei Fähigkeiten einsetzen: Erstens mußt du fähig sein, die Klarheit und Konzentration deines Geistes aufrechtzuerhalten. Die Entwicklung dieser Fähigkeit wird in Kapitel 1 erläutert im Abschnitt »Wie man seinen Geist trainiert«. Zweitens mußt du fähig sein, deine Gedanken so zu benutzen, daß du die Bilder hervorbringen kannst, die du in dir siehst. Diese Fähigkeit entsteht bei manchen Menschen ganz natürlich, andere haben mehr Schwierigkeiten damit. Die folgende Kristallübung dient dazu, deine Fähigkeit des Visualisierens zu entwickeln, falls dir dies noch nicht mühelos gelingt.

Visualisierungsübung mit Quarzkristallen

Setze dich bequem mit aufrechter Wirbelsäule einem großen Quarzkristall oder einer Kristallkugel gegenüber. Wenn du willst, verdunkle den Raum und beleuchte den Kristall von hinten. Schließ die Augen, kläre deinen Geist, erde und zentriere dich. Dann öffnest du deine Augen und schaust ungefähr eine Minute lang in den Kristall oder in die Kristallkugel hinein. Nach einer Minute schaust du weg von dem Kristall und schließt wieder deine Augen. Versuche das Bild des Kristalls in deinem Gedächtnis zu behalten. Nun erinnere dich daran, was du gesehen hast. Sprich es laut vor dich hin oder diktiere es auf einen Kassettenrecorder. Dieser Prozeß wird dir dabei helfen, das Bild in deinem Gedächtnis zu behalten. Mache dies drei Minuten lang. Als nächstes schaust du wieder zwei Minuten lang in den Kristall oder die Kristallkugel und versuchst wiederum, dich daran zu erinnern, wie sie ausgesehen hat, während du aussprichst, was du gesehen hast. Jetzt schaust du drei Minuten lang in den Kristall und achtest auf jedes Detail, das du dem Bild des Kristalls in deinem Gedächtnis hinzufügst. Versuche, dich an alles zu erinnern. Schließlich kannst du diese Übung bis zu zehn Minuten steigern, um auszuprobieren, ob du dir jedes Detail, das du in dieser Zeitspanne wahrgenommen hast, wieder in Erinnerung rufen kannst. Dieser Prozeß hilft dir, immer umfassendere Bilder in deiner Vorstellung zu behalten. Versuch dich so an den Kristall zu erinnern, als würdest du in deinem Geist eine Liste von Gedanken erstellen. Es kann hilfreich sein, wenn du während dieser Übung einen Kristall auf deinem Stirnchakra trägst. Du kannst ihn entweder mit deiner Hand auf diese Stelle drücken oder ein Kristallstirnband tragen. Die Spitze des Kristalls sollte dabei nach oben zeigen.

Die Methoden der Gedankenprojektion oder Visualisation sind dieselben wie bei der Projektion von Gefühlen. Benutze deinen Willen, deinen Atem und deine Kristalle. Im ganzen Buch werden immer wieder verschiedene Methoden beschrieben, wie man Visualisationen anwendet. Visualisation hat nichts mit reinem Wunschdenken oder reiner Phantasie zu tun. Vielmehr ist sie ein potentiell ausgesprochen wirksames Werkzeug.

Wie bei der Arbeit auf der emotionalen Ebene gibt es viele Möglichkeiten, der Anwendung von Quarzkristallen, um die Wirksamkeit der Gedankenübermittlung oder Projektion von Visualisationen zu erhöhen. Als erstes kannst du deinen Willen einsetzen, um den Gedanken oder die Vorstellung durch einen Quarzkristall zu projizieren. Dies wird die ursprüngliche Schwingung erhöhen. Die Projektion erlangt dadurch die Möglichkeit, sich weiter auszudehnen. Darüber hinaus ist die erweiterte Gedankenprojektion oder Visualisation stärker, so daß sie ihren Empfänger intensiver beeinflussen kann. Der Kristall kann dazu verwendet werden, die Projektion in eine bestimmte Richtung zu lenken, so daß sie ihr Ziel genauer erreicht. Der Quarzkristall kann auch eingesetzt werden, um dir zu helfen, dich besser zu konzentrieren, so daß der Gedanke klarer und die Gedankenform exakter ist. Dies ermöglicht dir eine effektivere Übermittlung und erzielt damit bessere Erfolge. Wenn man den genauen Mechanismus kennt, der hinter der effektiven Gedankenübermittlung und Projektion von Visualisationen steckt, eröffnen sich einem eine Vielzahl anderer Verwendungsmöglichkeiten von Kristallen.

Bei deiner Kristallarbeit gibt es einen sehr wichtigen Punkt, an den du denken mußt, wenn du mit Emotionen und Gedanken umgehst. Auch wenn sich deine Konzentration darauf richtet, eine Emotion, eine Visualisation oder einen Gedanken zu projizieren, und zwar auf etwas, das außerhalb deiner selbst liegt, bist du davon selbst in gewissem Maße beeinflußt. Dein Körper schwingt in Harmonie mit dem, was du denkst oder fühlst, und natürlich mußt du daran denken oder dein Gefühl selbst erleben, bevor du es nach außen projizierst.

Die Wirkung hält natürlich nur so lange an, wie du sie läßt und bis du die Schwingung deines Körpers durch einen neuen Gedanken, eine andere Visualisation oder Technik veränderst. Doch allein um das in dir zu verändern, was du nicht in dir behalten möchtest, mußt du es an dir selbst erfahren können. Wenn du dich weigerst, diese Erfahrung zu machen, wirst du keine Veränderung herbeiführen können. Daher ist es klug, nichts zu projizieren, was du nicht in dir selbst erfahren möchtest.

Nachfolgend werden zwei Möglichkeiten erläutert, wie man Quarzkristalle bei der Visualisation verwenden kann. Diese Übungen werden deine Fähigkeiten steigern, auf der Mentalebene zu wirken. Die erste Methode hilft dir, Gedanken zu empfangen und zwischen zwei oder mehr Menschen zu übermitteln. Dieser Prozeß wird manchmal als »außersinnliche Wahrnehmung« bezeichnet. Die zweite Übung ist ein gelenkter Visualisationsprozeß, der dich für Quarzkristalle noch mehr sensitivieren, dein Herz öffnen und dir die Möglichkeit geben wird, mit Wesen auf feinstofflichen Ebenen zu kommunizieren und deinen feinstofflichen Körper zu entwickeln. Durch diesen zweiten Visualisationsprozeß wirst du die Wirksamkeit dieser Übung als ein Mittel erfahren, um an deiner eigenen Persönlichkeitsentwicklung zu arbeiten.

Übung 1: Gedankenübermittlung mit Quarzkristallen (Außersinnliche Wahrnehmung)

Eine Übung für zwei Personen

Bevor du diese Übung machst, solltest du den Abschnitt über die Kristallkugelschau später in diesem Kapitel gelesen und durchgearbeitet haben. Du mußt auch in der Lage sein, deinen Geist zu klären und eine starke Konzentration aufrechtzuerhalten. Wenn du diese Übung noch verstärken möchtest, trage einen starken Quarzkristall oder einen Amethyst auf deinem Dritten Auge. Du kannst auch in beiden Händen einen Kristall halten.

1. Setze dich deinem Partner gegenüber. In eurer Mitte befindet

sich ein Kristall oder eine Kristallkugel mindestens auf Taillenhöhe. Wenn du willst, kannst du den Raum verdunkeln und die Kristallkugel beleuchten, um deine Konzentration zu verbessern. Bevor du beginnst, zentrierst du dich einige Augenblicke lang. Nun entscheidet ihr, wer der Empfänger und wer der Sender sein soll.

2. Der Empfänger verweilt in einem offenen, rezeptiven, klaren Bewußtseinszustand, während er in den Kristall oder die Kristallkugel schaut. Der Sender konzentriert sich auf ein klares Bild oder einen klaren Gedanken in seiner Vorstellung, die er dann dem Empfänger durch den Kristall übermittelt. Der Sender sollte dies erst dann tun, wenn er dem Empfänger mitgeteilt hat, daß er bereit ist, den Gedanken oder das Bild zu senden.

3. Der Empfänger wartet aufnahmebereit, bis in seiner Vorstellung ein Bild oder ein Gedanke auftaucht, während er weiterhin in den Kristall blickt. Denke nicht intellektuell an etwas Bestimmtes und male dir auch nichts Bestimmtes aus. Achte auf den ersten Gedanken, das erste Bild oder den ersten Eindruck, der in deinem Geist auftaucht. Es kann ein sehr feines Gefühl oder ein klarer Eindruck sein. Ohne irgendeine Bewertung abzugeben, was er gesehen oder wahrgenommen hat, teilt der Empfänger nun dem Sender mit, was er erfahren hat.

4. Der Sender sagt nun dem Empfänger, was er übermittelt hat. Nun untersucht euer Ergebnis. Versucht nicht, zu urteilen, wer recht hatte oder falsch lag. Darum geht es bei dieser Übung nicht, und es wird eure Entwicklung, Gedanken zu senden und zu empfangen, nur behindern. Eine Beurteilung setzt voraus, daß du deinen Intellekt benutzt, was den Teil deines Geistes stört, den du bei deiner Arbeit mit Gedankenübermittlung benutzt.

5. Wiederholt den oben beschriebenen Prozeß dreimal. Dann wechselt ihr: Der Empfänger versucht sich nun seinerseits als Sender – und umgekehrt.

6. Macht diese Übung so lange, bis einer von euch beiden das Gefühl hat, daß er aufhören möchte. Wenn ihr euch müde fühlt, macht eine Pause. Wenn ihr euch überanstrengt, werdet ihr euch nur erschöpfen und den Prozeß verzögern. Wenn man sich bei diesem Prozeß zu sehr drängt, beurteilt man sich selbst. Auch dann wirkt

die Beurteilung der Entwicklung entgegen. Achtet nur auf eure Ergebnisse.

Übung 2:
Individuelle Visualisationserfahrung

1. Benutze bei dieser Übung einen weißen ein- oder zweiendigen Quarzkristall oder eine Kristallkugel. Setz dich bequem und aufrecht hin. Achte darauf, daß deine Wirbelsäule aufrecht ist, so daß die Energie ungehindert durch deinen Körper strömen kann. Schließe deine Augen und konzentriere dich auf deinen Atem, atme in langen, tiefen Atemzügen ein und aus, und leere deine Lungen vollständig. Bei jedem Ausatmen entspannst du deinen Körper und kommst so in deine Mitte. Laß die Augen während der ganzen Zeit, die du den folgenden Prozeß visualisierst, geschlossen.

2. Wenn du dich entspannst und zentriert fühlst, nimmst du den Kristall in deine linke Hand. Drücke den Kristall in deiner Hand, und spüre, wie er sich anfühlt. Ist er warm oder kühl? Achte auf jeden Aspekt, der dir an dem Kristall auffällt.

3. Während du diesen Kristall nun in der Hand hältst, stell dir vor, wie er größer wird und aus deiner Hand hinausschwebt, bis er in Augenhöhe vor dir steht. Vor deinem geistigen Auge stellst du dir nun vor, wie der Kristall größer und größer wird und sich von dir entfernt. Laß den Quarzkristall in deiner Vorstellung immer größer werden, bis er das einzige Objekt in deinem Bewußtsein ist.

4. Visualisiere nun, wie du dich dem Kristall näherst. Je näher du ihm kommst, um so weniger fühlst du eine Grenze zwischen euch. Es gibt nur noch den Kristall.

5. Reibe deine Hände an dem Kristall. Wie fühlt sich das für dich an?

6. Nun reibst du deinen Körper an dem Kristall. Wie fühlt sich das an? Während du dich an seiner Oberfläche erfreust, scheinst du

nun in dieser Freude mit dem Kristall zu verschmelzen, bis du in seinen schimmernden, goldenen Glanz hineinfließt. Achte darauf, ob du eine leichte Kühle in dir spürst. Während du dich ungehindert im Kristall bewegst, fühlst du dich friedlich und zufrieden. Überlaß dich deiner Vorstellung und erfahre so das Innere des Edelsteins.

7. Laß dein geistiges Auge darauf achten, daß du überall von Licht umgeben bist. Dieses Licht ist rein, hell und golden. Dadurch beginnt dein Körper, eine höhere Schwingung zu erlangen. Sieh, wie du immer intensiver wirst. Fühle ein helles, vibrierendes, prickelndes Licht. Erhebe dich diesem Licht entgegen. Erhebe dich immer höher, bis nichts anderes mehr um dich ist als dieses intensive, kristallklare, weiße Licht.

8. Deine Schwingung ist nun extrem hoch. Wenn du diese Schwingung bemerkst, entspanne dich in sie hinein. Werde eins mit ihr und entspanne dich. Während du dies tust, fühlst du, wie deine Mitte immer sanfter und weicher wird. Visualisiere deinen Mittelpunkt. Nun öffnet sich dein Herzchakra. Stelle dir dein Herz in grünes Licht eingehüllt vor, das von einem rosafarbenen Schimmer umschlossen wird. Das Grün ist weich und klar.

9. Als nächstes visualisierst du, daß von deiner Mitte ein grüner, schimmernder Lichtpfad ausgeht, der in das Rosa einmündet. Dieser Weg erstreckt sich von deinem Herzen aus immer weiter, über den Kristall hinaus, so weit du sehen kannst.

10. Stell dir vor, daß du dich nun vollkommen öffnest und völlig entspannt bist. In dieser Offenheit lade nun jemanden ein, mit dem du dich unterhalten möchtest. Dann lade ihn in das grüne Licht in dir ein. Heiße ihn willkommen. Du kannst jedes Wesen einladen, sei es ein Führer, ein Mensch, den du liebst oder mit dem du nicht mehr kommunizieren kannst, es aber gerne möchtest. Dies ist deine Chance, all das auszusprechen, was bisher unausgesprochen geblieben ist. In dieser Liebe und Offenheit heiße das Wesen in dem grün-rosa Lichtschimmer deines Herzens willkommen.

11. Stelle dir nun vor, wie der Betreffende nun auf diesem grün-rosa Pfad auf dich zukommt. Während er auf dich zugeht, wird auch er

in diesen grünen Lichtschimmer eingehüllt. Auch er fühlt sich offen, sanft und vertrauensvoll.

12. Nun begrüßt ihr euch und werdet vollständig zu dieser rosa-grünen leuchtenden Offenheit. Beginne nun, aus deinem Herzchakra heraus ein- und auszuatmen.

13. Nun beginne, dich mit dem anderen zu unterhalten. Höre zu, erzähle ihm etwas, oder stelle ihm Fragen. Kommuniziere ganz unausgesprochen und verberge nichts vor dem anderen.

14. Während du mit anderen sprichst, sei dir bewußt, daß das Grün um dich herum so stark vibriert, daß es den Anschein hat, als würdest du inmitten einer Vielzahl vibrierender Partikelchen tanzen. Entspanne dich, laß los und genieße dieses Gefühl.

15. Während du in diesem Grün tanzt, sage dem Wesen, mit dem du dich unterhältst, »Lebewohl«.

16. Stell dir vor, wie auch der andere dir »Lebewohl« sagt und sich nun wieder von dir entfernt. Während er sich von dir und dem Kristall immer weiter entfernt, wirst du gewahr, daß zwischen euch immer mehr grünes und rosa Licht entsteht. Sieh, wie sich das Grün und Rosa ausdehnt, während der andere so weit von dir entfernt ist, daß du ihn nicht mehr sehen kannst.

17. Lenke dein Bewußtsein darauf, wie du den anderen in deinem Herzen fühlen kannst, auch wenn seine Form immer mehr entschwindet. Du kannst ihn nicht mehr sehen, aber in deinem Herzen fühlen.

18. Danke dem anderen dafür, daß er dir begegnet ist. Wisse, daß er dich liebt und du ihn, ungeachtet all dessen, was zwischen euch gesagt wurde.

19. Fühle dein Herz nun als einen sanften, offenen und vibrierenden Raum.

20. Als nächstes fühle die Schwingung überall um dich herum. Während du in deiner Vorstellung um dich schaust, erblickst du schimmerndes, goldenes, weißes Licht. Spür die Kühle auf deiner Haut. Es ist wie ein angenehmer, sanfter, prickelnder Windhauch. Wenn du mit ihm in Harmonie schwingst, achte darauf, daß du in dieser Vibration frei zu schweben scheinst.

21. Fühle, wie du schwebst. Als nächstes schwebst du ganz sanft

nach unten, mit den Füßen voraus. Während du nach unten schwebst, wird es immer wärmer, bis du von einer virbrierenden, sanften Wärme umgeben bist.

22. Visualisiere nun, wie deine Füße eine Oberfläche berühren. Während du dir dessen bewußt wirst, nimm wahr, daß du wieder von deinem Quarzkristall umgeben bist.

23. Während du deinen Blick immer stärker auf diesen Kristall um dich herum konzentrierst, erkennst du plötzlich, daß er sich vor dir befindet.

24. Sieh nun die glänzende Vorderseite des Kristalls vor dir. Berühre diese schimmernde Oberfläche mit deiner Hand. Reibe deinen Körper daran und achte darauf, wie sich das anfühlt. Fühle die Oberfläche des Kristalls.

25. Und jetzt ist es an der Zeit, den Kristall zu verlassen. Daher tritt zurück. Während du von dem Kristall weggehst, wird er immer kleiner. Entferne dich nun immer weiter von dem Kristall, bis du ihn sehr klein in der Ferne liegen siehst.

26. Während du ihn aus der Ferne betrachtest, erhebt sich der Kristall und schwebt auf dich zu.

27. Während der Kristall nun auf dich zukommt, visualisiere, daß du deine linke Hand ausstreckst, um ihn zu empfangen.

28. Nun werde dir deines Kristalles in deiner linken Hand bewußt und fühle ihn. Achte auf seine Temperatur, seine Härte und seine Kanten.

29. Wie fühlst du dich jetzt? Achte auf deinen Bewußtseinszustand.

30. Entspanne dich. Während du dich entspannst, werde dir deiner Umgebung bewußt. Wie fühlst du dich?

31. Als nächstes werde dir der Oberfläche bewußt, auf der du sitzt. Wie fühlt sich das an?

32. Werde dir deines Atems bewußt und öffne dann langsam deine Augen.

33. Bevor du dich nach diesem Prozeß erhebst, zentriere dich wieder und erde dich. Achte auf deine Gefühle und deinen Bewußtseinszustand.

Die Visualisation ist ausgesprochen wirkungsvoll, weil sie deine Gefühle mit einschließt. Daher benutzt du nicht nur die Mentalebene, sondern auch die Astralebene. Während du bestimmte Gedankenkräfte und Gedankenformen geschaffen hast, hast du einen ganz bestimmten emotionalen Bewußtseinszustand hervorgerufen. Diese Gedanken und Emotionen können dich entweder nur zeitweise beeinflussen, oder sie wirken sehr dauerhaft nach. Die Dauer ihrer Wirkungen hängt von der Intensität deiner Konzentration ab. Wenn deine Konzentration stark genug war, hast du tatsächlich mit dem astralen oder mentalen Körper des Wesens kommuniziert, mit dem du bei diesem Prozeß zusammen warst. Du hast deinen mentalen oder astralen Körper dazu benutzt. Auch wenn du mit diesem Wesen nicht direkt von feinstofflichem Körper zu feinstofflichem Körper kommuniziert hast, hast du die Gedankenkräfte oder die Gedankenformen, die dieser Kommunikation entsprechen, auf dieses Wesen projiziert. Diese Gedanken werden den feinstofflichen Körper dieser Wesenheit in dem Maße beeinflussen, wie es offen dafür ist. Wenn dieses Wesen offen ist und deine Konzentration sehr stark war, kann die Kommunikation sogar sein Bewußtsein erreichen. Obwohl dir dein rationaler Verstand vielleicht sagt, daß dies alles nur Phantasiegespinste waren, hast du dich selbst und den anderen in gewisser Hinsicht tatsächlich beeinflußt. Um eine weitere Bestätigung dafür zu erhalten, achte einmal auf den Unterschied, wie du dich vor und nach diesem Prozeß gefühlt hast.

Empfänglichkeit und Schutzschilder durch Quarzkristalle

Wie wichtig ist die Empfänglichkeit beim Prozeß der Gedankenprojektion und dem Empfangen von Gedanken? Kannst du Gedanken auch dann wirkungsvoll übermitteln, wenn der Empfänger nicht offen ist? Ist es notwendig, daß du dich gegen Gedankenkräfte schützt, von denen du nicht willst, daß sie dich beeinflussen? Können sie dir tatsächlich schaden? Und schließlich: Kann jeder auf dich jederzeit alles projizieren, was er will? Ist das kein Eingriff in dein Privatleben?

Diese Fragen tauchen normalerweise auf, wenn du dir über die Natur von Gedanken und absichtlicher und unbeabsichtigter Gedankenprojektion klarwirst. Der wichtigste Punkt, den man erkennen muß, wenn man eine der obengenannten Fragen hat, ist, daß weder Gedankenformen oder Gedankenkräfte dich beeinflussen können, wenn es in keinem deiner Energiekörper eine Schwingung gibt, die diesem Gedanken entspricht. Dies gilt immer, ob du nun offen bist oder nicht. Daran kannst du die Wichtigkeit deiner eigenen Persönlichkeitsentwicklung erkennen. Wenn du dich von niedrigen Bedürfnissen befreist und dich auf höhere Qualitäten konzentrierst, schwingt dein Körper automatisch auf einem höheren Bewußtseinsniveau. Jede Projektion niederer Natur mit ihren entsprechenden niedrigen Schwingungsraten kann diese höhere Vibration nicht mehr durchdringen. Sie kann nicht nur nicht mehr die höhere Schwingung deines Körpers durchdringen, sondern fällt auf denjenigen zurück, der diesen niederen Gedanken projiziert hat. Daher ist es der beste Schutz gegen jeden unerwünschten Gedanken, in sich selbst die höheren Qualitäten von Frieden, Liebe und innerer Zufriedenheit zu entwickeln. (Dies geschieht ganz natürlich während deiner Kristallarbeit, oder du kannst bestimmte Übungen machen, um dich zu entwickeln, wie zum Beispiel verschiedene Übungen in diesem Buch.) Dieser natürliche Schutz besteht, ob der niedrige Gedanke nun absichtlich auf dich gerichtet wird oder einfach frei im Raum schwebt.

Wenn du das Gefühl hast, daß dein Bewußtsein noch nicht genügend entwickelt ist oder du immer noch in gewisser Weise verletzlich gegenüber unerwünschten Gedankenprojektionen bist, gibt es auch noch andere Möglichkeiten, wie du dich schützen kannst. Die einleuchtendste Methode, sich zu schützen, ist als erstes jede Umgebung zu meiden, die möglicherweise voller Gedanken sind, mit denen du nichts zu tun haben möchtest. Wenn du beispielsweise nicht von Gedanken der Gewalt beeinflußt werden möchtest, schaue dir keinen Film an, in dem Gewalt vorkommt, und vermeide jede Aktivität, die derartige Gedanken in die unmittelbare Umgebung einfließen läßt oder Beteiligte zu Gedanken an Gewalt ermutigt. Erschaffe aktiv eine der höheren Bewußtseinsebene entsprechende Umgebung um dich herum. Achte sehr sorgfältig darauf, welche Farben, Klänge, Kristalle, Bilder, Pflanzen und so weiter du verwendest, um das zu erreichen. Wenn du dich in einer bestimmten Situation, in der du offen sein möchtest, besonders empfänglich fühlst, kannst du einen feinstofflichen Schutzschild um dich herum aufbauen. (Viele Menschen tun dies bevorzugt dann, wenn sie in Meditation oder Kontemplation sind.) Dieser Schutzschild wird auf den feinstofflichen Ebenen aufgebaut und hält jeden unerwünschten Gedanken oder jedes unerwünschtes Gefühl von dir ab. Schließlich kannst du deinen Willen aktiv einsetzen, um einem unerwünschten Gedanken zu widerstehen, der auf dich projiziert wird. Dasselbe gilt für Emotionen. Je stärker deine Konzentration und Willenskraft, desto stärker wird dein Widerstand sein.

Dies führt uns zum letzten Punkt: Auch wenn du einen Gedanken höherer Bewußseinsstruktur projizierst, muß der Empfänger dafür offen sein und darf deiner Projektion keinen aktiven Widerstand entgegensetzen. Daher ist es bei deiner Kristallarbeit mit Gedankenprojektion sowie auch Gefühlsprojektion wichtig, den Menschen, der die Projektion empfangen soll, vorzubereiten. Wenn du deine Projektion aus großer Entfernung übermittelst, laß den Betreffenden wissen, wann du deine Projektion beginnen und beenden möchtest. Wenn der Betreffende anwesend ist, sorge dafür, daß er sich entspannt. Erkläre ihm dann, was du zu tun beabsichtigst, und welche Wirkungen dies haben kann. Führe den anderen in einen rezeptiven Bewußtseinszustand. Wenn du alleine arbeitest, wie bei der Visualisation, verursacht der Prozeß, Gedanken zu erschaffen, in erster Linie natürlich, daß du in Harmonie mit diesen Gedanken schwingst. Es ist möglich, jemanden mit deiner Gedankenprojektion zu beeinflussen, wenn er gerade einer Träumerei nachhängt oder seinen Intellekt nicht aktiv benutzt. Gewöhnlich findet jede Gedankenprojektion, die du bei der Kristallarbeit benutzt, einen gewissen Grad an harmonischer Resonanz bei deinem Empfänger. Jedoch ist ein neutraler Bewußtseinszustand des Empfängers einer erfolgreichen Gedankenprojektion nicht so zuträglich wie ein offener, rezeptiver Bewußtseinszustand.

Die folgende Technik dient dazu, einen Schutzschild gegen unerwünschte Gedanken- und Emotionsprojektionen aufzubauen. Dieser Schutzschild existiert auf der feinstofflichen Ebene tatsächlich und wird deinen feinstofflichen Körper ebenso schützen wie deinen physischen Körper.

Wie man einen feinstofflichen Schutzschild aufbaut

1. Setze oder stell dich mit aufrechter Wirbelsäule hin. Halte in jeder Hand einen Quarzkristall. Wenn du willst, kannst du auch auf deinem Dritten Auge einen Kristall tragen. Dies wird dich in die Lage versetzen, den Schutzschild effektiver zu visualisieren. Schließe die Augen und konzentriere dich auf dein Drittes Auge.

2. Visualisiere helles, goldenes Licht, das deinen Körper einhüllt und in allen Richtungen ungefähr dreißig Zentimeter ausstrahlt. Stelle sicher, daß du dich auch unter den Füßen und über dem Kopf in dieses Licht einhüllst. Dieser goldene Lichtkreis, der dich umgibt, ähnelt der Form eines Eis, in dessen Mitte du dich befindest.

3. Visualisiere nun, daß jeder unerwünschte Einfluß an die Grenzen deines goldenen Lichtkreises stößt und von den feurigen Flammen davon abgehalten wird, den Kreis zu durchdringen.

4. Stell dir vor, daß du ruhig und unbeeinflußt in deiner Mitte bleibst. Wenn du aus diesem Kreis heraustrittst, wirst du immer noch von diesem Licht eingehüllt, auch wenn du deine Kristalle beiseite legst.

5. Wenn du willst, trage einen oder alle Kristalle bei dir, um dich an den Schutzschild und seine Kraft zu erinnern und diese zu verstärken.

6. Wenn du das Gefühl hast, daß du den Schutzschild nicht mehr brauchst, laß den Lichtkreis um dich herum verschwinden, und zwar in derselben Weise, wie du ihn aufgebaut hast.

7. Reinige dich und deine Kristallwerkzeuge.

Wie man eine Gedankenform mit Kristallen aufrechterhält

Eine Gedankenform bleibt erhalten und beeinflußt ihren Empfänger so lange, wie hinter dieser Form Aufmerksamkeit steckt. Bei deiner Kristallarbeit hast du vielleicht von Zeit zu Zeit den Wunsch, einen bestimmten Prozeß über eine bestimmte Zeitspanne hinweg fortzusetzen, zum Beispiel beim Heilen. Möglicherweise ist es schwierig wenn nicht gar unmöglich, sich für die Dauer dieser Zeit persönlich ständig auf diesen Prozeß zu konzentrieren. Auch der andere, der in diesen Prozeß mit einbezogen ist, kann sich nicht dauernd auf diesen Prozeß konzentrieren. Die folgende Technik dient dazu, eine Gedankenform oder Visualisation mit Hilfe deiner Kristalle über einen längeren Zeitraum oder eine große Entfernung hinweg aufrechtzuerhalten:

1. Besorge dir eine Fotografie von der Person, mit der du zu arbeiten beabsichtigst. Wenn du kein Bild von ihr bekommen kannst, zeichne diese Person, so gut du kannst. (Es spielt keine Rolle, wie gut oder genau das Bild gemalt wird.) Stell dieses Bild auf einen Altar oder irgendeinen besonderen Platz, der ungestört bleibt. Benutze einen Quarzkristall, wenn du das Gefühl hast, daß er sich zu diesem Zweck eignet. Reinige deinen Kristall, bevor du mit dem Prozeß beginnst.

2. Setze oder stell dich bequem hin, reinige und zentriere dich. Konzentriere dich nun auf die andere Person, während du die Gedanken visualisierst, die du auf sie projizieren möchtest. Stelle dir jedes Detail genau vor und konzentriere dich sehr klar darauf. Während du dies tust, hältst du den Kristall in beiden Händen und blickst in ihn hinein, so als würdest du die Projektion durch deine Augen übermitteln.

3. Als nächstes benutze deinen Atem, um die Visualisation oder den Gedanken in den Krisall hineinzuprojizieren. Atme ein und projiziere ihn beim Ausatmen.

4. Nachdem du dies getan hast, lege den Kristall auf das Bild der

betreffenden Person. Benutze deine Willenskraft, um dir vorzustellen, daß die Vibrationen des Kristalls, die nun deinen Gedanken oder deine Visualisation widerspiegeln, kontinuierlich auf die Person projiziert werden, und zwar über das Medium des Bildes. Dies wird nun fortwährend geschehen, ob du nun anwesend bist oder nicht.

5. Du kannst dich jetzt reinigen und deinen alltäglichen Arbeiten nachgehen. Konzentriere dich gelegentlich auf den Kristall, wann immer du das Gefühl hast, daß die Übermittlung schwächer wird. (Benutze dabei deine Intuition.)

6. Du kannst einen anderen kleineren Kristall in deiner Tasche oder bei dir tragen, um dich hin und wieder daran zu erinnern, dich mit dem größeren Kristall in Einklang zu bringen.

7. Dreißig Tage sind eine geeignete Zeitspanne für diesen Prozeß. Du kannst ihn jedoch auf jede Zeitdauer ausdehnen, die du als richtig empfindest.

8. Wenn du diesen Prozeß beendet hast, nimm den Kristall von dem Bild und reinige ihn. Reinige auch dich wieder, und mache mit dem Bild, was du für richtig hältst.

Channeling

Der Zweck des Channeling besteht darin, Informationen für einen selbst oder für andere von feinstofflichen Ebenen in die physische Ebene zu bringen. Du dienst dabei als das Medium, der Kanal (engl. channeling = kanalisieren; Anm. des Übersetzers), durch den diese Information übermittelt wird. Denke daran, daß auch für diese Aufgabe wie für jede andere Arbeit mit Kristallen der Schlüssel der Dienst am Höheren ist. Führe diesen Prozeß sehr bewußt und in der besten Absicht durch.

Der Prozeß, wie du selbst zu einem »Kanal« wirst, verläuft folgendermaßen: Als erstes zentrierst, erdest und reinigst du dich mit irgendeiner der bisher vorgeschlagenen Methoden.

Dann bittest du von deinem Herzchakra aus darum, daß es dir gestattet wird, als Medium zu dienen, durch das die »höhere« Weisheit fließen kann. Sitze still und sei dir einer Vibration in deinem Körper bewußt und ebenso deiner Umgebung. Während du dich dann konzentrierst, warte auf eine Verstärkung dieser Vibration in dir und um dich herum. Du kannst diese Verstärkung vielleicht als ein inneres Gefühl, ein Frösteln oder Wärme in deinem Körper oder ähnliches wahrnehmen. Wenn du keine physische Veränderung wahrnehmen kannst und in den ersten fünf Minuten auch kein Gefühl oder andere Veränderungen empfindest, mach mit dem Channeling-Prozeß nicht weiter. Es kann sein, daß in deinem physischen, mentalen oder emotionalen Körper eine Blockade vorhanden ist, die den freien Fluß der Informationen verhindert. Versuche, deinen Geist zu klären und dich zu zentrieren. Dann rege deine Chakras an, um sie zu öffnen. (Versuche dabei, die Reihenfolge in der Chakraübung auf Seite 85 ff. einzuhalten.) Wenn du dich nun immer noch als Medium zur Verfügung stellen möchtest, so tu es. Warte dann wieder auf eine Reaktion. Wenn du keine Reaktion verspürst, kannst du dieses Mal nichts kanalisieren.

Wenn du schließlich die zuvor beschriebenen inneren Empfindungen verspürst oder körperliche Veränderungen, bist du bereit zu beginnen. Vier grundlegende Dinge sollte man beim Channeling beachten: Erstens konzentriere dich auf das Thema oder die Frage, über die du irgendeine Information erhalten möchtest. Dieses Thema kann breit angelegt oder auch ganz speziell sein. Als nächstes erde dich, so daß du dir die ganze Zeit deines Körpers bewußt bleibst. Manche Menschen glauben, daß ein anderes Wesen in ihren Körper eindringen und ihn benutzen müsse. Dies ist eine Technik, aber sie ist unnötig und nicht empfehlenswert. Da du und jedes ätherische Wesen letztlich ein und dasselbe sind, schafft ein anderes Wesen in deinem Körper eine Dualität, wo keine besteht. Wenn du aber das Gefühl hast, daß ein anderes Wesen von deinem Körper Besitz ergriffen hat, und du möchtest es loswerden, wirf es einfach hinaus! Benutze deine Willenskraft, um dieses Wesen dazu zu zwingen, deinen Körper zu verlassen, und sende ihm gleichzeitig deine Liebe. Deine Liebe hilft dir, stark zu sein. Als drittes darfst du keine persönlichen Motive haben, diese Informationen durch dich zu kanalisieren. (Sieh dazu den ersten Abschnitt im 5. Kapitel.) Denn wer bist du schon? Erlaube nicht, daß Zweifel, Ängste oder Stolz und Selbstherrlichkeit den Prozeß stören. Wie bei jeder Kristall- und metaphysischen Arbeit verderben persönliche Motive die Reinheit der Botschaft oder verhindern sie gänzlich. Du bist als Kanal in dem Maße offen, wie du deine persönlichen Motive und egoistischen Absichten aufgegeben hast.

Eine gute Möglichkeit, zu erkennen, wie sehr man sich beim Channeling von persönlichen Motiven und egoistischen Zielen beeinflussen läßt, ist, zu beobachten, ob die Aufmerksamkeit anderer sich auf dich richtet oder auf die Botschaft, die du überbringst. Fühlst du dich wichtig, geliebt, anerkannt und so weiter? Wenn du dich vollkommen auf dein höheres Selbst oder deine innere Führung konzentrierst, wirst du dich nicht ungeliebt, mißachtet, einsam oder unwichtig fühlen. Du wirst dich jedoch auch nicht wichtig fühlen. Du bist ganz einfach du selbst. Viertens sollst du die Informationen, die du empfängst, nicht bewerten. Teile sie nur mit. Du kannst die Gültigkeit deiner Informationen später überprüfen.

Welche Gefühle hat man beim Channeling? Worauf soll man hören? Beim Channeling hörst du auf deine innere Stimme oder die Quelle der Wahrheit in deinem Inneren. Manche Menschen hören Stimmen und Geräusche oder sehen eine Schrift vor ihrem inneren Auge. Die meisten Menschen bekommen Eindrücke oder subtile Empfindungen, die keine bestimmte Form oder Gestalt haben. Manchmal werden diese Eindrücke von bestimmten Gefühlen begleitet und enthüllen weitere Informationen. Bleibe in einem empfänglichen Bewußtseinszustand mit klarem Geist, und teile mit, welche subtilen Eindrücke du hast. Beginne mit dem, was als erstes in dir auftaucht, auch wenn es nur ein Versuch ist. Wenn du fortfährst, werden diese Eindrücke rascher und klarer kommen. Beim Channeling hast du das Gefühl, als ob die Informationen oder die Eindrücke durch dich hindurchfließen würden. Manchmal kann es dir vorkommen, als ob du deine Phantasie benutzen würdest. Dann läufst du Gefahr, daß du die Botschaft verpaßt, weil du sie für ein reines Phantasiegespinst hältst. Mach dir keine Gedanken darüber. Solange das, was du übermittelst, deiner inneren Wahrheit entspricht, sprichst du immer die

Wahrheit. Jede Phantasie entsteht auf einer feinstofflichen Ebene der Wahrheit. Sprich alles aus, was im Einklang mit deinem inneren Gefühl von Wahrheit scheint. Die Harmonie mit deiner inneren Wahrheit hilft dir, die Wahrheit deiner Empfindung zu beurteilen. Wenn du an der Wahrheit dessen, was du übermittelst, zweifelst, dann teile es lieber nicht mit. Deine Genauigkeit der Übermittlung wird sich in dem Maße steigern, wie du in Einklang mit dem Gefühl für deine innere Wahrheit bist.

Bevor man mit dem Channeling beginnt, ist es notwendig, als erstes dafür zu sorgen, daß man an dem Ort, an dem man das Channeling praktizeren möchte, von nichts abgelenkt wird. Die Umgebung sollte harmonisch sein. Das Telefon sollte aus dem Zimmer gestellt werden. Du solltest dafür sorgen, daß du nicht unterbrochen wirst, und du solltest genug Zeit für den Prozeß haben. Du wirst nicht völlig offen sein können, wenn du glaubst, du könntest gestört werden. Der Ort, an dem du das Channeling praktizieren möchtest, sollte dir ein Gefühl von Sicherheit vermitteln, und du solltest dich dort wohl fühlen. Wenn du willst, kannst du den Raum auch mit Salbei-, Zedern- oder Sandelholzrauch reinigen, wie es in Kapitel 1 beschrieben wurde. Du kannst auch bestimmte Rituale benutzen, die dir gefallen, oder bestimmte Gegenstände oder Bilder in dem Raum aufstellen, die dir dazu dienen, die Schwingungen zu erhöhen. Richte vorher alles so her, daß du später beim Channeling durch nichts abgelenkt werden kannst. Leg dir Papier zurecht, benutze einen Kassettenrecorder oder hole dir jemanden, der dir zuhört, je nachdem, was dir am liebsten ist.

Channeling mit Kristallen

Nachfolgend sind einige Möglichkeiten beschrieben, wie du deine Kristalle beim Channeling benutzen kannst. Bevor du mit dem Channeling beginnst, kannst du einen großen Kristall nehmen, der manchmal als Generatorkristall bezeichnet wird, und deine Hände auf seine Spitze oder auf zwei gegenüberliegende Seitenflächen legen.

Dies wird dir Energie geben. Du kannst beim Channeling auch die Kristallschau anwenden. Blicke dabei entweder in einen klaren Kristall oder in eine Kristallkugel. Du kannst auch Amethyste benutzen, aber klare Kristalle scheinen die größte Vielfalt an Informationen durchzulassen. (Siehe dazu den übernächsten Abschnitt »Kristall-Sehen« in diesem Kapitel.) Versetz dich in das Innere des Kristalls hinein und laß jede Information durch die Spitze des Kristalls in dich einfließen und dich durchströmen. Wenn du dich in dem Kristall befindest, kann es sein, daß du Botschaften auf einer Leinwand vor dir geschrieben siehst. Eine andere Methode besteht darin, einen Lehrer in das Innere des Kristalls zu rufen. Wenn du willst, kannst du dich in einen größeren Kristall hineinversetzen, in dem sich viele andere Menschen befinden, die wie du Fragen stellen. Dieser Kristallraum ist von oben bis unten voller kleiner Nischen oder mit anderen Menschen gefüllt, manchmal kann er aber auch leer sein. Du begibst dich in diesen Raum, setzt dich hin und spürst, daß in diesem Raum eine enorme Kraft vorhanden ist. Wenn du meditierst und dich dafür öffnest, bekommst du Antworten. Du kannst den Kristall auch betreten und dich dabei sehen, wie du eine lange Halle hinuntergehst, die von Bücherwänden eingesäumt ist. Diese Halle ist kühl, frisch und klar. Wenn du die Halle entlanggehst, scheint dir das richtige Buch geradewegs in die Hände zu fallen. Es gibt endlos viele Methoden, die man im Inneren des Kristalls benutzen kann. Sei erfinderisch und kreativ. Erfinde etwas, das für dich richtig ist. Schließlich umgib dich mit einem Kristallkraftfeld, das durch eine bestimmte geometrische Form hervorgerufen wird, die alles, was du tust, verstärkt. Halte in einer Hand oder in beiden Händen einen Kristall, während du arbeitest. Trage auf deinem Herzchakra, Kehlkopfchakra oder dem Dritten Auge oder auf allen Kristalle. Wenn du willst, kannst du diese Kristalle die übrige Zeit eingehüllt aufbewahren und sie nur beim Channeling benutzen.

An einem gewissen Punkt wirst du ganz von selbst das Gefühl haben, mit dem Channeling aufhören zu wollen: Versuche nicht, noch mehr Informationen zu erhalten. Höre einfach auf. Wenn du das nicht tust, wird es sehr schwer werden, wahre Botschaften zu übermitteln. Es kann auch passieren, daß du sehr erschöpft oder müde wirst.

Wenn du fertig bist, begib dich wieder aus deinem Kristall hinaus, wenn du dich dieser Methode bedient hast. Erde und zentriere dich. Dann reinige den Raum, in dem du dich befindest, die anderen Menschen und deine Werkzeuge. Nach dem Channeling fühlst du dich gewöhnlich sehr wohl und zufrieden. Manchmal kann es sein, daß du dich körperlich, emotionell oder geistig müde fühlst. In diesem Fall sorge für dein Wohlbefinden. Arbeite verstärkt an deiner Entwicklung, um zu vermeiden, daß du dich selbst verausgabst, und damit es dir leichter fällt, Botschaften zu übermitteln.

Wie man entdeckt, was in einem Quarzkristall gespeichert ist

Wenn du das erste Mal mit einem Quarzkristall in Berührung kommst, wirst du im allgemeinen das Bedürfnis haben, alle früheren Vibrationen, die er enthält, aus ihm herauszureinigen. Es kann sein, daß der Kristall bestimmte Einflüsse enthält, von denen du nicht beeinflußt werden möchtest. Manchmal hat der Kristall jedoch Informationen in sich gespeichert, die für dich nützlich sein könnten. Es gibt Kristalle, die absichtlich mit Informationen aufgeladen worden sind, die zu einem späteren Zeitpunkt von ihrem Besitzer entdeckt werden. Einige dieser eingespeicherten Informationen stammen aus früheren Zeiten und reichen manchmal bis in frühere Zivilisationen zurück. Du kannst ein Bild oder eine Information jemandem absichtlich überliefern, damit sie zu einem späteren Zeitpunkt enthüllt wird. In diesem Fall wirst du das Bedürfnis haben, zu entdecken, was in dem Kristall gespeichert ist, anstatt ihn automatisch zu reinigen. Die folgende Technik ermöglicht dir zu entdecken, was in Quarzkristallen gespeichert ist:

1. Lege beide Hände auf den Kristall. Wenn du willst, kannst du die Hände etwas von der Kristalloberfläche wegnehmen, während du dennoch in einer subtilen Verbindung mit dem Stein bleibst. Beide Möglichkeiten sind geeignet.

2. Schließe die Augen und konzentriere dich auf dein Drittes Auge, die Stelle zwischen deinen Augenbrauen in der Mitte der Stirn.

3. Wenn deine Hände in Kontakt mit dem Kristall sind, beginne durch die Nase in langen tiefen Atemzügen ein- und auszuatmen. Bei jedem Ausatmen entspannst du dich mehr.

4. Laß alle Gedanken durch dich hindurchziehen, bis du dich nur noch auf den Kristall konzentrierst.

5. Fühle, wie du in Harmonie mit dem Kristall kommst.

6. Wenn du in Harmonie mit dem Kristall bist, hab die starke Absicht, daß du erfahren wirst, was in ihm gespeichert ist. Halte diese Absicht während des ganzen Prozesses aufrecht.

7. Du wirst die Informationen, die in dem Kristall gespeichert ist, auf zweierlei Weise empfangen:

a) Dein Drittes Auge kann zu flimmern beginnen, und du wirst in diesem Licht Bilder sehen, die das wiedergeben, was in dem Kristall gespeichert ist.

b) Du wirst Eindrücke empfangen. Sie können ziemlich stark oder aber sehr verschwommen sein. Versuche nicht, deinen Intellekt zu benutzen, denn sonst wirst du diese Eindrücke nicht weiter empfangen können. Bleibe einfach in einem offenen, rezeptiven Zustand.

8. Wenn du fertig bist, reinige den Stein, wenn du möchtest. Reinige dich selbst und deine Umgebung. (Siehe dazu die Räuchermethode im 1. Kapitel.)

Wenn du Bilder oder Botschaften überliefern möchtest, programmiere den Kristall als erstes wie in Kapitel 1 beschrieben. Dann wendet der andere den oben beschriebenen Prozeß an, um die Informationen zu empfangen. Dies ist eine gute Möglichkeit, wie Eltern ihren

Kindern bestimmte Erfahrungen und Botschaften übermitteln können. Eine ähnliche Situation besteht zwischen Lehrer und Schüler.

Kristallschau und Kristallkugellesen

Kristallschau und Kristallkugellesen gehen davon aus, daß man Quarzkristall als Konzentrationsmittel oder als Ausgangspunkt benutzen kann, um einen veränderten Bewußtseinszustand zu erreichen und aufrechtzuerhalten, in dem man dann bestimmte Informationen erhält. Dieser veränderte Bewußtseinszustand, manchmal »Trancezustand« genannt, gibt dir die Möglichkeit, tief in gespeichertes Material deines Unterbewußten einzudringen, so daß du auf spezielle oder allgemeine Fragen Antworten erhältst, oder bestimmte Informationen zu erhalten. Dieser Trancezustand kann dich auch für bestimmte ätherische Schwingungen sensitivieren, so daß du die Zukunft oder die Vergangenheit »sehen« kannst. Die Technik kann aber auch dazu benutzt werden, die Astralebene zu sehen und Astralreisen zu machen. Als Begleiterscheinung deiner Arbeit mit der Kristallschau oder mit dem Kristallkugellesen verstärken sich deine Konzentrationsfähigkeit, deine Willenskraft, deine Visualisation und deine telepathischen Fähigkeiten.

Es gibt viele andere Medien, durch die du sehen oder aus denen du lesen kannst: zum Beispiel Wasser, schwarze Tinte, Teeblätter, magische Spiegel oder Schwingungen, die notwendig sind, um zum Sehen bestimmter in der Lage zu sein. Die Eigenschaften des Quarzkristalls helfen dir, deine Aufmerksamkeit leichter zu konzentrieren. Der Kristall gibt dir Energie, hilft dir, deine Konzentration lange genug aufrechtzuerhalten, so daß du eine klare Botschaft erhältst. Der Quarzkristall erhöht darüber hinaus deine Vibration, so daß dein Trancezustand vertieft wird. Jede Kugelform erschafft ein kreisförmiges Schwingungsfeld um sich herum, das die Tendenz aufzeigt, dich hineinzuziehen, während du dich auf die Kugel konzentrierst. Eine Quarzkristallkugel verstärkt, beschleunigt und vertieft diesen Vorgang nur.

Um am effektivsten zu arbeiten, ist es, wie bei jeder Art von Kristallarbeit, notwendig, deine Willenskraft sowie deine Klarheit und geistige Ruhe einzusetzen. Ein verwirrter, aufgewühlter Geisteszustand macht es dir unmöglich, hinter die Gedanken zu sehen, die die Wahrnehmung subtilerer Eindrücke verschleiern. Ein schwacher und ungeübter Wille verhindert, daß du deine Konzentration längere Zeit auf etwas Bestimmtes richten kannst. Um beim Kristallkugellesen erfolgreich zu sein, mußt du auch in der Lage sein, dich von allen alltäglichen Belangen freizumachen. Dafür mußt du ein Gefühl des Getrenntseins entwickeln von dem, was du tust, denkst oder fühlst. Wenn du die in diesem Buch beschriebenen Übungen machst, wirst du diese Fähigkeit entwickeln.

Es wird dir bei dieser Arbeit helfen, wenn du damit beginnst, deine Fähigkeit zu entwickeln, dir der Empfindungen oder Gedanken bewußt zu sein, die durch die astrale oder mentale Ebene übermittelt werden. Diese Fähigkeit entwickelt sich ganz natürlich, wenn du in Kristallkugeln liest. Du kannst diesen Prozeß beschleunigen, wenn du auf Vorfälle außersinnlicher Wahrnehmung in deinem Alltagsleben achtest. Versuche, dir der Präkognition und Intuition in deinem täglichen Leben bewußt zu sein, anstatt diese Erfahrungen automatisch zu ignorieren. Schließlich kannst du deine Fähigkeit, zu visualisieren oder Bilder zu sehen, steigern, so daß du leichter aus dem Kristall lesen kannst. In diesem Buch sind mehrfach Übungen beschrieben, wie man seine Fähigkeit zu visualisieren erhöhen kann. Dieselben Methoden eignen sich für das Kristallsehen und Krsitallkugellesen. Wenn du in eine Krsitallkugel blickst, ist es jedoch leichter, deine Konzentration auf einen bestimmten Punkt zu lenken, so daß sich dein Trancezustand vertieft. Wie bereits erwähnt, erschafft eine Kristallkugel ein kreisförmiges Energiefeld um sich herum, das einen »Whirlpool-Effekt« hat mit der Tendenz, dich in sein Zentrum hineinzuziehen. Da in diesem Buch bereits mehrere Methoden beschrieben wurden, wie das Kirstallsehen vor sich geht, wollen wir uns in diesem Kapitel hauptsächlich mit dem Kristallkugellesen beschäftigen.

Mit welcher Art Kristallkugeln kann man am besten arbeiten? Manche Menschen bevorzugen Kristallkugeln, die absolut durchsichtig sind, weil sie das Gefühl haben, daß sie sonst abgelenkt würden.

Andere wiederum bevorzugen Kugeln mit Einschlüssen. Viele sind der Meinung, daß es ihnen diese Einschlüsse erleichtern, einen Bereich in der Kugel zu finden, der ihr Interesse auf sich zieht und daher die Aufmerksamkeit in das Innere der Kugel lenkt. Dies nennt man einen »Eingang« oder ein »Tor«. Regenbogenfarben verleihen den Wahrsagungen aus Kristallen eine noch größeren Wert und fügen ihnen eine Farbdimension hinzu. Die Regenbogenfarben spiegeln die Farben der Astralebene wider und können somit dazu benutzt werden, dich leichter auf diese Ebene zu versetzen. Wenn du dir deine Kristallkugel aussuchst, wähle eine, zu der du dich am meisten hingezogen fühlst oder die dich wie magisch anzuziehen scheint.

Beim Kristallsehen mußt du in einer Art entspannten Konzentration in die Kugel hineinschauen. Streng dich nicht an, aber sei sehr konzentriert. Wenn deine Gedanken abschweifen, lenke deine Aufmerksamkeit sanft wieder zurück. Schaue mit verschwommener oder unkonzentrierter Sichtweise in den Kristall. Diese verschwommene Sehweise kannst du folgendermaßen erlernen: Schaue geradeaus, wobei du deine äußeren Augenwinkel etwas in Richtung auf deine Ohren hin auseinanderziehst. Laß sie so und beobachte, wie du jetzt siehst. Laß deine Augen nun los und behalte diese Sehweise bei, wenn du in den Kristall hineinschaust. Mit etwas Geduld kannst du mühelos in diese Sehweise überwechseln, wenn du in den Kristall schaust. Darüber hinaus gehst du schließlich in einen veränderten Bewußtseinszustand über, wenn sich an einem bestimmten Punkt deine Konzentration vertieft, wobei du dir nur noch des Punktes auf dem Kristall bewußt bist, auf den du schaust. Deine Vision wirde dadurch automatisch verschwommen.

Es gibt verschiedene Methoden des Sehens, wenn du dich in einem veränderten Bewußtseinszustand befindest. Eine Möglichkeit ist, daß du tatsächlich Visionen hast. Gewöhnlich scheint sich bei dieser Methode des Hellsehens die Kugel zu trüben, oder sie scheint grau zu werden. Als letztes öffnet sich scheinbar ein Durchgang, oder Vorhänge teilen sich. Dann siehst du deine Visionen. Bei einer anderen Methode, die der zuerst beschriebenen ähnlich ist, wird die Kugel als Ausgangspunkt für einen Kanal dienen, der in die Astraldimension einmündet.

Dieser Kanal führt in die Astralebene hinein wie ein Teleskop. Du schaust in das Fernrohr, und am Ende erblickst du deine Vision. Im Trancezustand kannst du dich in diesen Kanal und damit tatsächlich in deine Vision hineinversetzen, weil du sie in ihrer Ganzheit wahrnehmen kannst. Während du nun durch den Kanal wieder zurückkehrst und deinen Trancezustand beendest, bleibst du bewußt, so daß du nicht vergißt, was du gesehen hast. Wenn du deine Vision nur durch den Astralkanal anschaust, anstatt dich wirklich in sie hineinzuversetzen, wirst du nur das sehen können, was am Ende dieses Kanals erscheint. Du wirst die anderen Aspekte, die dahinter oder in der Umgebung auftauchen, nicht erkennen können. Daher mußt du lernen, dein »Fernrohr« in alle verschiedenen Richtungen auszurichten. Benutze dazu deinen Willen. Wenn du die Technik anwendest, dich durch diesen Kanal in eine Person hineinzuversetzen, brauchst du dein Fernrohr natürlich nicht in dieser Weise ausrichten.

Eine weitere Methode des Kristallsehens besteht darin, in die Kristallkugel zu blicken und Eindrücke und mentale Bilder zu empfangen. Du empfängst sie als eine starke Empfindung in deinem Inneren. Beurteile sie nicht gleich. Beobachte nur, auch wenn es nur ein flüchtiger Eindruck ist, und berichte einer anderen Person, sprich auf einen Kassettenrecorder oder zu dir selbst, was du wahrnimmst. Ignoriere nicht, was du für unwichtig hältst. Wenn du beginnst, deine Eindrükke mitzuteilen, werden sie sich stärker bemerkbar machen und scheinbar durch dich hindurchströmen.

Wie auch sonst bei der Kristallarbeit wird dieser Vorgang verstärkt, je mehr Aufmerksamkeit du deiner Intuition schenkst und deiner Intuition folgst. Wenn du mit der Kristallkugel arbeitest, machst du eine Art psychisches Bodybuilding. Wie bei jedem Muskel, wird so deine Fähigkeit immer stärker und zuverlässiger, je mehr du trainierst. Je mehr du die geistigen Bilder, die du vor dir siehst, und die intuitiven Eindrücke, die du empfängst, übermitteln kannst, um so genauer werden die Botschaften sein.

Wie auch sonst bei der Kristallarbeit, überprüfe deine Ergebnisse. Achte darauf, wie genau deine Botschaften sind, ohne dich zu bewerten. Halte ein Notizbuch bereit, damit du deine Fortschritte festhalten kannst. Wenn du immer exaktere Botschaften übermitteln kannst, wird dein Vertrauen stärker, wodurch wiederum deine Fähigkeit des erfolgreichen Kristallkugellesens wächst.

Wahrsagen mit Kristallkugeln – Technik 1

1. Verdunkle den Raum, in dem du dich befindest. Lege die Kristallkugel auf eine dunkle Oberfläche, die kein Licht reflektiert, das dich ablenken könnte. Beleuchte die Kugel mit einer Kerze oder irgendeiner anderen Lichtquelle. Die Lichtquelle kannst du so hinter den Kristall stellen, daß ihr Licht in der Kristallkugel widerschimmert. Die Lichtquelle kann sich aber auch hinter dir befinden, wenn sie den Kristall beleuchtet.

2. Setz dich bequem mit aufrechter Wirbelsäule hin. Wenn deine Wirbelsäule aufrecht ist, kannst du die Energie mühelos kanalisieren, die durch deinen Körper strömt, während du wahrsagst. Erde dich und beruhige deinen Geist.

3. Reinige die Kristallkugel, bevor du sie benutzt. Verwende hierzu die Räuchermethode, die bereits erläutert wurde. Dann lade den Kristall mit einer der beiden folgenden Methoden auf:

a) Nimm die Kristallkugel und reibe sie mit beiden Händen. Konzentriere dich auf die Kugel, während du durch die Nase tief einatmest. Beim Einatmen stell dir vor, daß du die Vitalität der Kristallkugel einatmest, und sie mit deiner eigenen in deinem Körper vermischst. Als nächstes atmest du kräftig durch den Mund aus, und zwar in Richtung auf die Kugel, und die läßt die Vitalkraft aus deinem Körper in sie einfließen, wo sie sich mit der Vitalität des Kristalls vermischt. Visualisiere und fühle diesen Austausch und das Verschmelzen dieser Vitalkräfte. Fahre da fort, bis du das Gefühl hast, daß du mit dem Kristall in Harmonie schwingst und daß die Kristallkugel vibriert und »lebendig« ist.

b) Halte die Kristallkugel in beiden Händen und reibe sie. Dann leg die Kugel wieder an ihren Platz, während du dich immer noch auf sie konzentrierst. Als nächstes richtest du einen einendigen Quarzkristall oder einen Stabkristall auf die Kugel, und zwar aus einer Entfernung, bei der du das Gefühl hast, daß sich die beiden Kristalle verbinden. Wenn du die subtile Verbindung zwischen dem Kristall und der Kristallkugel spüren kannst, beginnst du mit dem einendigen Kristall im Uhrzeigersinn zu kreisen. Halte die Verbindung zwischen dem Kristall und der Kristallkugel aufrecht. Bald wirst du wahrnehmen können, wie die Kristallkugel pulsiert. Wenn du das Gefühl hast, daß sie sehr stark pulsiert, kannst du deinen einendigen Kristall oder den Stabkristall beiseite legen und zum nächsten Schritt übergehen.

4. Verschleiere deine Sicht.

5. Finde einen Fleck in der Kristallkugel, der dein Interesse auf sich zieht. Lenke deine ganze Aufmerksamkeit auf diesen Punkt. Jetzt betrachte ihn genauer. Laß deinen Intellekt zur Ruhe kommen. Öffne dich für alle Eindrücke, die in dir entstehen. Löse dich von allen Erwartungen und Urteilen. Bleibe entspannt, offen und konzentriert.

6. Schaue nun auf diesen Punkt auf der Kristallkugel und nimm ihn noch detaillierter wahr. Während du dich immer stärker auf diesen Bereich konzentrierst, kann es sein, daß du eine Spannung in dir fühlst. Wenn das der Fall ist, atme tief ein und entspanne dich beim Ausatmen. Fahre damit fort, bis sich deine Spannung löst.

7. Schaue weiterhin auf diesen bestimmten Bereich der Kristallkugel, wobei du immer weitere Details wahrnimmst. Wenn du das kleinste Detail erkennen kannst, scheint sich die Kristallkugel auszudehnen. Je weniger du dich dabei selbst wahrnimmst, um so größer scheint die Kugel zu werden. Während du in sie hineinschaust, fühlst du dich so, als hättest du keine Grenzen. Lenk deine Aufmerksamkeit von dir selbst weg und sei dir nur der Kristallkugel bewußt.

8. An diesem Punkt können sich deine Augen schließen oder auch nicht. Wenn du das Gefühl hast, daß dir die Augen zufallen, lasse dies geschehen und behalte weiterhin die Vorstellung bei, daß dich der Kristall umgibt. Auch wenn deine Augen offen bleiben, fühle dich weiterhin so, als ob du dich in dem Kristall befändest. Gleich, ob deine

Augen geöffnet oder geschlossen sind, hiermit ist der Punkt erreicht, an dem es keinen Unterschied mehr zwischen dir und dem Kristall gibt. Es gibt nur noch den Kristall und das, was du siehst. Nun befindest du dich in einem veränderten Bewußtseinszustand oder in Trance.

9. Es kann sein, daß du dich an diesem Punkt aufgefordert fühlst, etwas zu tun. Dies kann der Wunsch sein, auf eine bestimmte Weise zu atmen, Energie auf eine bestimmte Weise in deinen Körper zu lenken oder sonstwie mit deinem Kristall umzugehen. Vertraue dir selbst und laß dich von diesem Wunsch leiten. Dein Körper kann beinahe unwillkürlich verschiedene Stellungen einnehmen. Laß es zu. Es kann sein, daß du verschiedene Geräusche machst oder Töne von dir gibst. Laß auch dies geschehen. Auch besteht keine Notwendigkeit, diese Dinge zu forcieren. Erfolgreiches Wahrsagen mit Kristallkugeln hängt von keinem dieser Vorkommnisse ab.

10. Nun stellst du entweder besondere Fragen, oder du benutzt deine Willenskraft, um dich an bestimmte Orte zu versetzen, die du vor deinem geistigen Auge siehst. Wenn du keine bestimmte Frage hast, beziehe dich geistig auf die allgemeine Absicht, in diesem Moment aus dem Kristall wahrzusagen. Laß die Eindrücke kommen und gehen. Halte nicht an ihnen fest, sondern übermittle sie einer anderen Person, sprich sie laut aus oder auf einen Kassettenrecorder. Laß die Eindrücke durch dich hindurchströmen. Fahre fort, das, was du siehst, zu übermitteln, bis du das Gefühl hast, daß der Vorgang beendet ist.

11. Wenn du fertig bist, bleibe noch einige Minuten bei dem Kristall sitzen. Entspanne dich. Du wirst die Empfindung haben, als schwebtest du in dem Kristall. Die vielfältigsten Eindrücke können auftauchen und wieder verschwinden. Beobachte sie einfach, wie sie an dir vorüberziehen. In diesem Raum sind alle Möglichkeiten offen, jede Hilfestellung wird dir hier gewährt, und all das Wissen und alle Weisheit ist hier vorhanden.

12. Nachdem du diesen Raum nun eine Weile lang genossen hast, verlasse langsam die Kugel. Beginne, wieder Grenzen um dich zu fühlen, während du weiterhin in den Kristall schaust. Während du dir der Grenzen um die Kugel immer bewußter wirst, stell dir vor, du würdest

sie verlassen. Wenn du auf einem bestimmten Weg in das Innere der Kugel gelangt bist, verlasse sie auf demselben Weg. Fahre damit fort, bis du die Kugel wieder vor dir siehst. Werde dir der Oberfläche bewußt, auf der du sitzt. Nimm deinen Atem wahr. Wenn deine Augen offen sind, kehre wieder zu einer nomalen Sehweise zurück. Wenn deine Augen geschlossen sind, öffne sie langsam. Nun streck dich und schüttle dich ein wenig, bis du dich wieder vollkommen in deinem Tagesbewußtsein zurück fühlst.

13. Erde dich, und als nächstes reinige deine Kristallkugel, den eindigen oder Stabkristall, dich selbst sowie den Raum, in dem du dich befindest.

14. Wenn du willst, kannst du die Kristallkugel in ein Tuch einhüllen oder sie in einem Beutel aufbewahren. Bewahre die Kristallkugel an einem besonderen Ort auf.

Wenn du auf eine Kristallkugel starrst und Informationen übermittelst, bist du in diesem Prozeß tatsächlich ein Werkzeug. Dein Mund formt die Worte automatisch, ohne daß du dabei persönlich beteiligt bist. Dein Bewußtsein konzentriert sich nicht auf das, was du sagst. Wenn du sprichst, kannst du die Neigung verspüren, deinen Intellekt zu benutzen. Wenn du dies tust, begibst du dich aus dem Trancezustand, und deine Botschaft wird ungenau sein. Um dies zu verhindern, urteile nicht darüber, was du sagst. Wenn deine Gedanken abschweifen oder du beginnst, dir selbst zuzuhören, lenke deine Aufmerksamkeit wieder sanft auf deine Vision in der Kugel zurück. Du kannst erkennen, wann du in deinen Intellekt zurückfällst, weil dir deine Vision ganz plötzlich verlorengehen kann. Wenn die Vision vollkommen verschwindet, fange wieder von vorne an, dich in die Kristallkugel hinein zu begeben. Nimm wieder alles wahr, was du siehst, und teile es mit, ob es nun etwas mit dem zu tun hat, was du zuvor übermittelt hast, oder nicht.

Wenn du mit dem Wahrsagen beginnst, kann es sehr schwer sein, bei all den Eindrücken, die du erhältst, zu unterscheiden, welche nun deinem Zweck dienen und welche nicht. Anfangs kann es sein, daß du durch zu viele Eindrücke verwirrt wirst, die irrelevant scheinen, und wenn dies geschieht, konzentriere dich mehr auf den Zweck deines Wahrsagens oder auf die besonderen Fragen, auf die du Antworten erhalten möchtest. Bei starker Konzentration werden deine Eindrücke oder Visionen immer mehr das widerspiegeln, woran du interessiert bist. Bis dahin teile nur mit, was dir intuitiv als richtig erscheint.

Die zuvor beschriebene Methode des Wahrsagens mit Kristallkugeln ist dadurch gekennzeichnet, daß du intuitive Eindrücke durch den Gebrauch der Kristallkugel empfängst und übermittelst. Die nachfolgende Methode beschreibt erstens den Prozeß, wie man eine tatsächliche Vision in der Kristallkugel wahrnehmen kann, und zweitens, wie man den Astralkanal benutzen kann, um die Vision wahrzunehmen und sich in sie hineinzuversetzen. Diese Methode kann auch als ein Mittel benutzt werden, sich auf die Astralebene zu versetzen. Die Kristallkugel dient dabei als Tor oder Eingang, durch den man sich zwischen der astralen und der physischen Ebene über den Astralkanal hin und her bewegen kann.

Wahrsagen mit Kristallkugeln – Technik 2

Führe zunächst die Schritte 1 bis 6 aus, wie sie bei der ersten Methode beschrieben wurde. Dann gehe folgendermaßen vor:

7. An diesem Punkt scheint die Kristallkugel grau oder trüb zu werden.

8. Während du dich weiterhin konzentrierst und in den getrübten Kristall schaust, erkennst du nun vor dieser grauen und trüben Oberfläche eine kreisförmige, durchsichtige Öffnung. Am Ende dieser Öffnung taucht eine Vision auf, die Informationen für dich bereit hält. Nimm diese Informationen auf. Wenn du jedoch noch mehr wissen möchtest, setze deine Willenskraft ein, um dich zu dieser Öffnung hin zu bewegen. Geh auf diese Öffnung zu.

9. Wenn du auf die Öffnung zugehst, siehst du, daß sie wie ein Durchgang oder ein Kanal ist, der sich ausdehnt.

10. Benutze deine Willenskraft, um dich in diesen Kanal hineinzuversetzen. Folge ihm bis an sein Ende, und verlasse ihn dort, wo er in deine Vision einmündet.

11. An diesem Punkt bist du bewußt und fähig, dich auf einer ätherischen Ebene, wahrscheinlich der astralen, zu bewegen. Setze dazu deinen Willen ein, oder gehe in dieser Umgebung so vor, wie es in dem Kapitel über die Astralebene beschrieben wurde.

12. Sprich aus, was du siehst. Wenn deine Konzentration ständig auf deine Absicht oder deine Frage gerichtet war, wird deine Vision deinem Ziel entsprechen.

13. Es ist ratsam, bei der Übermittlung von Visionen einen Kassettenrecorder zu benutzen oder die Vision einem anderen Menschen mitzuteilen, der zuhört und aufzeichnet, was du sagst, solange du nicht dein Bewußtsein kontinuierlich aufrechterhalten kannst, während du zwischen den verschiedenen Bewußtseinsebenen hin und her wechselst. Bis man ein gleichbleibendes Bewußtsein erreicht hat, hat man oft einen »Blackout« oder leidet an Gedächtnisverlust, wenn man von der Astralebene zurück auf die physische Ebene kommt. (Siehe dazu auch den Abschnitt über die Traumarbeit in diesem Kapitel.)

14. Wenn du das Gefühl hast, genug gesehen oder getan zu haben, ruf dir in deiner Vorstellung die Öffnung des Kanals ins Gedächtnis, durch die du auf diese Ebene gelangt bist, und benutze deine Willenskraft, um dich wieder zurück zu dieser Öffnung zu versetzen. Verlasse diese Bewußtseinsebene durch die Öffnung und reise wieder durch den Kanal, der sich vor dir erstreckt.

15. Stell dir nun vor, daß dieser Kanal in den trüben Raum des Kristalls einmündet, in dem du dich zuvor befunden hast. Verlasse den Kanal, wenn du hier angelangt bist.

16. Benutze deine Willenskraft, um dich durch diesen Raum zu bewegen, so lange, bis er zunehmend heller und heller wird, bis er wieder zu dem klaren Kristall geworden ist.

17. Verlasse den Kristall nun auf demselben Weg, auf dem du

dich in ihn hineinbegeben hast. Tu das, bis du die Kristallkugel wieder vor dir sehen kannst.

18. Entspanne deine Augen, und kehre zu deiner normalen Sehweise zurück. Nimm deinen Atem wahr, dann die Oberfläche, auf der du sitzt. Schau um dich und betrachte den Raum und die Menschen und Gegenstände, die dich umgeben, um dich wieder zu orientieren. Streck dich und schüttle deine Hände, Füße und deinen ganzen Körper aus, bis du wieder vollkommen in deinem normalen Bewußtsein bist.

19. Erde dich.

20. Reinige deine Kristallkugel und auch den anderen Kristall, mit dem du die Kristallkugel aufgeladen hast. Als nächstes reinige dich selbst und deine Umgebung.

21. Hülle deine Kristallkugel in ein Tuch ein oder bewahre sie in einem Beutel auf und lege sie an einen besonderen Ort.

Bei den hier beschriebenen Techniken solltest du zu Beginn nicht länger als zehn Minuten aus der Kristallkugel lesen. Wenn du deine Konzentration mühelos zehn Minuten lang aufrechterhalten kannst, ohne müde oder erschöpft zu werden, steigere dich in Fünf-Minuten-Abschnitten. Beim Wahrsagen mit Kristallkugeln gibt es keine zeitliche Begrenzung. Deine eigene Kraft und Konzentrationsfähigkeit bestimmen das Zeitlimit.

Mach dir keine Gedanken, wenn du in der Kristallkugel nichts sehen kannst oder keine Eindrücke empfängst. Blicke für die Zeit, die du dir vorgenommen hast, einfach ruhig in die Kugel. Manche Menschen können gleich beim ersten Mal aus der Kristallkugel lesen, andere brauchen dafür Wochen oder gar Monate. In seltenen Fällen braucht es sogar Jahre, um aus der Kristallkugel wahrsagen zu können. Sei geduldig. Die Schnelligkeit, in der du Visionen oder Botschaften empfängst, hängt davon ab, wie stark die dazu notwendigen Eigenschaften in dir bereits entwickelt sind. Bei der ganzen Kristallarbeit und jeder anderen metaphysischen Arbeit entwickeln sich diese

Fähigkeiten ganz von selbst, die dich in die Lage setzen, aus einer Kristallkugel wahrzusagen. Du wirst also ganz automatisch die Methode finden, die für dich am geeignetsten ist. Es ist fast so, als ob die Methode ganz von selbst zu dir fände.

Um die Treffsicherheit deiner Wahrsagekunst zu verstärken, kannst du einen Kristall auf deinem Dritten Auge tragen. Du kannst ihn mit der Hand auf diese Stelle drücken, obwohl dies oft ablenkt. Empfehlenswerter ist es, ein Kristallstirnband zu tragen, so daß der Kristall genau auf dem Dritten Auge liegt. Der Kristall stimuliert und öffnet dieses Chakra, wodurch deine hellseherische Fähigkeit verstärkt wird. Wenn du möchtest, kannst du beim Wahrsagen auch in jeder Hand einen Kristall halten. Dies erhöht die Schwingung deines Körpers, so daß du mehr Energie zur Verfügung hast, um deine Konzentration aufrechtzuerhalten. Darüber hinaus wird die höhere Schwingung dir das Bewußtsein in den höheren Zentren deines Körpers öffnen und zugänglich machen, ohne das du nichts aus der Kristallkugel lesen kannst. Reinige die Kristalle immer bevor und nachdem du sie benutzt.

Diese Techniken sind nur als allgemeine Richtlinien gedacht, an denen du dich orientieren kannst. Jeder Mensch macht seine eigene, individuelle Erfahrung beim Wahrsagen mit Kristallkugeln, auch wenn er sich gerne an einer der beschriebenen Methoden orientiert. Bleibe offen, so daß du deine eigene, einzigartige Wahrsagetechnik mit Kristallkugeln entwickeln kannst.

Wie man mit Hilfe einer Kristallkugel in die Zukunft oder Vergangenheit blicken kann

Es heißt, daß man in einer Kristallkugel die Zukunft oder die Vergangenheit sehen kann. Wie ist das möglich? Alle Gegenstände, Gedanken, Gefühle, Ereignisse usw., die sich auf der physischen Ebene verwirklichen, manifestieren sich erst einmal als Schwingungen auf den feinstofflichen Ebenen, das heißt, auf der kausalen, mentalen oder astralen Ebene. (Dies ist ausführlich in Kapitel 2 »Die Energiekörper« erklärt.) Man kann die Schwingung auf der feinstofflichen Ebene als die Ursache betrachten, welche Ereignisse in Bewegung setzen, die darauf auf der physischen Ebene Gestalt annehmen. Wenn du in die Zukunft siehst, spürst oder siehst du in Wirklichkeit die feinstoffliche Energieschwingung und interpretierst das entsprechende Ereignis auf der physischen Ebene, das diese Schwingung zur Folge hat. Du wirst um so genauere Vorhersagen treffen können, je weniger dich dabei andere feinstoffliche Ursachen stören. Als nächstes verursacht alles, was auf der physischen Ebene manifest geworden ist, Schwingungen auf den feinstofflichen Ebenen, wo es einen Eindruck hinterläßt. Schließlich wird alles in Form von Schwingung in der Akasha-Ebene oder in dem universalen Äther aufgezeichnet, der jeden Raum ausfüllt. Wenn du in die Vergangenheit siehst, nimmst du dieses letztgenannte Schwingungsmuster wahr. Dies wird manchmal als Einsicht in die Akasha-Chronik bezeichnet. Bei jedem Ereignis, bei dem du in die Vergangenheit oder in die Zukunft siehst, sensitivierst du dich nur für die Schwingungen oder die feinstofflichen »Schatten«, die den Ereignissen auf der physischen Ebene vorausgehen oder folgen, und interpretierst diese.

Problemlösung mit Kristallen

Bei deiner Kristallarbeit und in deinem täglichen Leben begegnest du oft Situationen oder Fragen, die voller Zweifel, Unsicherheit oder anderen Schwierigkeiten sind. Diese bezeichnet man im allgemeinen als ein »Problem«. Darüber hinaus erwachsen dir immer größere Schwierigkeiten aus einer Situation, je mehr du an ihr festhältst. Je mehr du dich in ein Problem verwickelst, um so mehr Emotionen und konfliktgeladene Gedanken scheinen sich gegenseitig zu bekämpfen. Bald erscheint es dir schwierig, wenn nicht gar unmöglich, die Klarheit in dir herzustellen, die dir ermöglicht, die Lösung des Problems zu erkennen. Um ein Problem zu lösen, mußt du als erstes ganz klar erkennen, warum bestimmte Emotionen und Gedanken dabei mit im Spiel sind und welchem Zweck sie dienen. Dann mußt du dich von deiner persönlichen Verwicklung in das Problem befreien und deine höhere Führung um Antwort bitten. Wenn du das kannst, wird das Problem weniger ein emotionales oder sonstwie dramatisches Ereignis. Es ähnelt dann mehr einem Puzzle, bei dem du nur die einzelnen Teile richtig zusammensetzen mußt, um es richtig zu lösen.

Probleme sollten wie Ereignisse oder Situationen betrachtet werden, die auftauchen und wieder verschwinden und von dir nichts anderes verlangen, als die geeignetste Reaktion auf sie zu finden. Du wirst dich nicht mehr mit deinen Gedanken und Emotionen in deine Probleme verstricken. Du bist nicht länger ihr Sklave. Wenn du dies geschafft hast, bist du schnell in der Lage, jeden Zweifel, jede Unsicherheit oder andere Schwierigkeit zu beseitigen. Du bist fähig, die Weisheit ganz deutlich zu vernehmen, die in dir selbst verborgen liegt, und ganz klar zu handeln.

Die folgende Übung dient dir dazu, dich mit Hilfe deiner Quarzkristalle von Emotionen und Gedanken zu befreien, und dich an einen Ort der Klarheit zu versetzen, wo du die Antworten auf dein Problem erhalten wirst.

Wie man sich mit Hilfe von Quarzkristallen von Problemen befreit

1. Setz dich an einen ruhigen Ort, an dem du ungestört bist. Trage einen Quarzkristall bei dir. Benutze einen weißen Kristall. Wenn du dich emotionell aufgewühlt fühlst, benutze deinen Rauchkristall, der dich erden und beruhigen wird. Der Kristall, den du benutzt, sollte nicht trüb, sondern klar sein, so daß du in ihn hineinsehen kannst.

2. Zentriere und erde dich. Halte den Kristall mit beiden Händen vor dir, während du in ihn hineinblickst. (Laß deine Sicht nicht verschwimmen wie bei der Technik des Wahrsagens mit Kristallen.)

3. Spreche dein Problem in den Kristall hinein. Während du dies tust, wird der Kristall alle mit dem Problem verbundenen Schwingungen absorbieren.

4. Als nächstes reinige die Schwingungen aus dem Kristall heraus. Wenn du den Kristall reinigst, stell dir vor, wie die Schwingungen in die Erde einfließen, wo sie umgewandelt werden. Während du dies tust, fühlst du eine entsprechende Erhöhung deiner eigenen Schwingungen. Vielleicht fühlt sich dein Körper auch leichter.

5. Reinige dich und den Raum, in dem du dich befindest.

KAPITEL 3: KRISTALLWERKZEUGE

Klänge und Quarzkristalle

In diesem Buch wird immer wieder die Verwendung von Klang in Verbindung mit verschiedenen Übungen oder bestimmten Techniken der Kristallarbeit betont. Welche Eigenschaften von Klängen sind es, die sie zu einem so mächtigen Werkzeug machen, um sie in Zusammenhang mit Kristallen zu verwenden? Wie bereits beschrieben, besitzt jeder Gegenstand und jeder Mensch in diesem physischen Universum eine besondere Schwingungsrate. Diese Schwingungen werden durch Töne repräsentiert, von denen nur ein geringer Teil mit dem menschlichen Ohr wahrgenommen werden kann. Ein Schwingungsmuster, das von einem physischen Gegenstand oder einem Menschen erzeugt wird, hat ein entsprechendes Klangmuster. Klang ist daher hörbare Schwingung. Somit ist in unserem physischen Universum ein entsprechendes Universum enthalten, das aus hörbarem und unhörbarem Klang besteht. Darüber hinaus besteht auch jede feinstoffliche Ebene aus Schwingungen, wie bereits an früherer Stelle in diesem Buch erklärt wurde. Diese Schwingungen haben ebenfalls ihre entsprechende Klänge. Daher enthält jede feinstoffliche Ebene ihr eigenes Klanguniversum oder wird von diesem repräsentiert, wie auch das physische Universum. Es gibt ein ganzes Universum, das ausschließlich aus Klang besteht.

Nicht nur jede Schwingung besitzt ihren entsprechenden Klang, sondern dieser Klang erzeugt wiederum eine entsprechende Schwingung auf anderen Ebenen, die wiederum andere Klänge hervorbringt. Wie bereits erklärt, erzeugt eine Form, die sich im physischen Universum manifestiert hat, ein Schwingungsmuster, das die Schwingung jeder darauffolgenden höheren Ebene beeinflußt und somit wiederum entsprechende Formen auf diesen Ebenen erschafft. Ebenso erzeugt jede Form auf einer höheren Energieebene ein Schwingungsmuster, das die Schwingungen auf der physischen Ebene beeinflußt, um dort schließlich als physische Form Gestalt anzunehmen. Ein Klang auf einer feinstofflichen Ebene besitzt entsprechende Schwingungen auf der Ebene, die sich schließlich als Formen auf der physischen Ebene manifestieren. In welcher Weise beeinflußt ein Klang, der auf physischer Ebene erzeugt wird, die Schwingungen auf den feinstofflichen Ebenen, um dort seinerseits in einer bestimmten Form manifestiert zu werden? Wenn man dies von Ebene zu Ebene betrachtet, erzeugt Klang Form und Form wiederum Klang. Daraus wird ersichtlich, daß Klang ebenso wie Quarzkristall als Brücke zwischen Form und Formlosigkeit dienen kann. Wie auch bei der Quarzkristallarbeit kann Klang bewußt verändert werden, um physische Veränderungen herbeizuführen. Er kann auch bewußt eingesetzt werden, um sich mit der astralen, mentalen oder mit anderen höheren Energieebenen zu verbinden. Daraus geht hervor, warum es so besonders wirkungsvoll sein kann, Klang in Verbindung mit der Verwendung von Kristallen einzusetzen.

Bevor du bewußt mit Klang arbeiten kannst, mußt du fähig sein, ihn zu hören. Als nächstes mußt du dir der verschiedenen Eigenschaften der Klänge bewußt sein. Das Klanguniversum ist vom physischen Ohr weitgehend nicht wahrzunehmen. Es besteht vorwiegend aus feinstofflichen Klängen, die sich nur zu einem kleinen Teil als physischer Klang manifestieren. Wie also kannst du mit Klang arbeiten, wenn du nur einen geringen Teil davon hören kannst? Wie kannst du feinstofflichen Klang wahrnehmen? Auch wenn der Klang, den du gewöhnlich hörst, nur der physische Klang deiner Umgebung ist, besitzt jeder physische Klang sein feinstoffliches Gegenstück. Darum mußt du zuerst mit physischen Klängen vertraut sein und mit ihnen arbeiten können, wenn du mit feinstofflichem Klang umgehen möchtest. Wenn du mit physischem Klang auf verschiedene Arten umgehst, kannst du ein tiefes Verständnis dessen erlangen, was feinstofflicher Klang ist und wie du ihn wahrnehmen kannst. Du kannst es schließlich so weit bringen, feinstoffliche Klänge zu hören, die in dir und überall um dich herum existieren. Diese feinstofflichen Klänge, die den ganzen Raum füllen, werden oft als Klangstrom bezeichnet. So wie du dein inneres Auge entwickeln kannst, um feinstoffliche Ebenen sehen zu können, kannst du dein inneres Ohr entwickeln, um auf den feinstofflichen Ebenen Klänge wahrnehmen zu können. Wenn du mit Kristallen und Klang arbeitest, kann dir dies helfen, dein inneres Ohr zu entwickeln, mit dem du diese Klängen vernehmen kannst, und dir der subtilen feinstofflichen Ebene bewußter zu werden, die sie repräsentieren.

Bei der Quarzkristallarbeit benutzt du hörbaren, physischen Klang, um die feinstofflichen Schwingungen zu verändern, die wiederum die physische Ebene beeinflussen. Der Kristall und der Klang verstärken sich gegenseitig in ihrer Wirkung. Wenn du daher beispielsweise eine disharmonische Umgebung in eine harmonische verändern möchtest, visualisierst du oder konzentrierst dich auf Harmonie und erzeugst den entsprechenden Klang in dieser Umgebung. Dieser Klang erzeugt die Schwingungen von Harmonie in der Umgebung, die schließlich diesen Zustand herbeiführen. Wenn du den Klang durch deine Willenskraft unterstützt, verleihst du der Schwingung genug Kraft, so daß sie stärker ist, als die unerwünschten Vibrationen. Deine neuen Klangvibrationen überlagern und transformieren die anderen Schwingungen. Je stärker die Absicht hinter dem Klang, um so schneller und effektiver die Veränderung.

Du kannst deine Kristalle sehr einfach bei diesem Prozeß verwenden, weil der Mechanismus, mit Klängen zu arbeiten, größtenteils derselbe ist, wie bei Kristallen. Der Klang und der Kristall verstärken sich tatsächlich gegenseitig, was zu ihrer jeweils einzelnen Wirksamkeit noch hinzukommt. Du kannst mit Kristallen und Klang in folgender Weise arbeiten: Entscheide dich, welchen Wunsch du mit deinem Kristall verwirklichen möchtest. Als nächstes wähle den Klang oder die Klänge, die deinem Ziel am ehesten zu entsprechen scheinen. Erzeuge den Klang und sende ihn in den Kristall. Du kannst dann deinen Willen einsetzen, um den verstärkten Klang durch die Spitze des Kristalls ausströmen zu lassen, damit er seine Aufgabe erfüllt, oder du kannst den Klang in dem Kristall speichern. Klang, der in einem Kristall gespeichert ist, bewirkt, daß dieser Kristall in einer Weise schwingt, die diesem Klang entspricht. Dann kannst du den Kristall dazu einsetzen, alle Menschen durch diese besonderen Schwingungen zu beeinflussen, die mit ihm in Berührung kommen. Du kannst mit deinem Kristall aktiv arbeiten, um den gespeicherten Klang später zu übermitteln, oder du kannst ihn in einer bestimmten Umgebung liegen lassen, um diese besonderen Schwingungen kontinuierlich auszustrahlen. Du kannst auch einen Kristall an deinem Körper tragen oder ihn einem anderen Menschen geben, damit er dich oder sich selbst entsprechend beeinflußt.

Es gibt viele traditionell überlieferte Methoden, wie man Klänge anwenden kann, um den Körper zu heilen, Bedingungen auf der physischen Ebene zu ändern und Bewußtsein für die feinstofflichen Ebenen zu erlangen. Dieses Wissen war gewöhnlich Schamanen, Heilern und spirituellen Lehrern und ihren Schülern vorbehalten. Heute ist dieses Wissen leichter zugänglich, da immer mehr Menschen in der Lage sind, dieses Wissen in konstruktiver und bewußter Weise zu verwenden.

Außer der Stimme werden bei dieser Art der Klangarbeit Trommeln, Rasseln, Glocken, Gongs, Zimbeln, Flöten und Klanginstrumente wie Tambura und Sithar verwendet. Jedes Instrument gibt ziemlich genau den Hauptklang wieder, der von den entsprechenden Vibrationen auf einer feinstofflichen Ebene erzeugt wird. Indem man sich auf eines dieser Instrumente konzentriert, schwingt man in Harmonie mit ihm und der subtilen feinstofflichen Ebene, die dieses Instrument repräsentiert. Je mehr du dich auf eine feinstoffliche Ebene einschwingst, um so bewußter kannst du dir dieser Ebene sein.

Jeder Teil deines physischen und deines feinstofflichen Körpers entspricht einem bestimmten Ton. Dies gilt nicht nur für deinen Körper, sondern für jeden Körper oder jede Form im Universum. Ein bestimmter Körperbereich oder der ganze Körper kann entweder gestärkt oder geschwächt werden, wenn die Stimme oder ein bestimmtes Instrument diesen Ton reproduziert.

Während der Arbeit mit Kristallen und Klängen werden die Stimme oder die Instrumente oft allein gespielt. Meistens werden sie so kombiniert, daß sie eine bestimmte Veränderung im Körper oder im Bewußtsein hervorrufen. Die Kombination kann ebenfalls Obertöne erzeugen, die mit einem einzigen Instrument oder mit Stimme nicht hergestellt werden können. Diese Obertöne erweisen sich als besonders effektiv, Veränderungen zu bewirken.

Nicht nur der Klang eines Instruments ist wichtig, sondern auch der Rhythmus, in dem er gespielt wird, das heißt der Abstand zwischen den Tönen. Rhythmen können den Atem oder den Herzschlag wiedergeben. Wenn du dich dem Rhythmus anpaßt, kannst du deinen Atemrhythmus oder deinen Herzschlag verändern, wobei du eine entsprechende Veränderung im Körper, in Gefühlen, im Intellekt oder in dem Bewußtsein herbeiführst. Jede Bewußtseinsebene (die astrale, mentale, kausale) besitzt ihren eigenen charakteristischen Rhythmus, der reproduziert werden kann, so daß du in Harmonie mit diesem Rhythmus atmen kannst oder deinen Herzschlag mit ihm in Einklang bringen kannst. Schließlich wirst du dir dieser Energieebene bewußt und beginnst vielleicht, bewußt in ihr zu wirken.

Wenn du mit Klang arbeitest, wirst du auch feststellen, daß das Klangvolumen ebenso wichtig ist wie der Ton und der Rhythmus. Jede feinstoffliche Ebene und jeder Energiefluß scheint ein eigenes Klangvolumen zu erfordern. Da das Bewußtsein durch verschiedene Ebenen strömt, wechselt auch die Dynamik des jeweiligen Klanges, von dem es begleitet wird.

Neben der Verwendung bestimmter Töne, Rhythmen und Klangvolumen kannst du auch ein Klangsystem verwenden, das im allgemeinen als Urklänge bezeichnet wird. Urklänge beruhen auf der menschlichen Stimme und sind die Wurzeln aller Sprachen. Jeder Vokal, jeder Konsonant ruft eine Schwingung hervor, die mit einem bestimmten feinstofflichen Energiestrom verbunden ist, der sowohl im Körper als auch auf der entsprechenden feinstofflichen Ebene lokalisiert ist. Beispielsweise entspricht der Vokalklang AH der feinstofflichen Energie im Herzchakra, dem ätherischen Element Luft. Daher eröffnet dich der Ton AH für das Bewußtsein auf der feinstofflichen Ebene, die die größte Übereinstimmung mit dem Herzchakra besitzt. Darüberhinaus verbindest du dich mit dem Element Luft, das einen entsprechenden Einfluß auf dich ausübt. Diese Urklänge wurden in den Abschnitten von Kapitel 2 empfohlen, die von der Öffnung der Chakras und vom Heilen handeln. Urklänge werden miteinander kombiniert, um Worte oder Wortgruppen herzustellen, die bestimmte Wirkungen auf deinen physischen und feinstofflichen Körper haben. Darüberhinaus öffnen sie dein Bewußtsein für die anderen Bewußtseinsebenen. Man bezeichnet diese Worte auch als »Mantras«. Die Mantras RAM SAT NAM RA MA und WAHE GURU werden verwendet, um die Wirksamkeit vieler der in diesem Buch beschriebenen Übungen zu steigern. Mantras und Urklänge werden nicht nur laut ausgesprochen, sondern innerlich wiederholt, um das feinstoffliche Gehör zu entwickeln. Oft sind sie viel effektiver, wenn man sie mit seinem inneren Ohr vernimmt.

Wenn du also mit Klang arbeitest, kannst du Töne, Rhythmus, Instrumente, Urklänge und Mantras benutzen. Die richtige Kombination der oben genannten Klangaspekte in Form von Musik, um bewußt bestimmte Heilungen, Bewußtseinserweiterungen oder andere Effekte zu bewirken, wird als »Schamanenmusik« bezeichnet. Sie wird deine Kristallarbeit mit sehr viel Energie unterstützen und durch die Klänge zur Anregung deines erweiterten Bewußtseins beitragen. Du kannst sie beim Heilen mit Kristallen ebenso benutzen, wie bei Visualisationen, beim Kristallkugellesen und der Kristallschau.

Dies war nur eine kurze Einführung in die Möglichkeiten, Klang zu verwenden. Es gibt viele verschiedene Systeme, wie man Klang benutzen kann, ebenso wie es viele Systeme gibt, mit Kristallen zu arbeiten. Man kann sich nach einem oder mehreren dieser Systeme richten und sie verwenden. Bei der Kristallarbeit ist es jedoch am besten, wenn deine Arbeit auf deiner eigenen Erfahrung beruht. Durch Kontemplation, Experimentieren und etwas Übung kannst du dein persönliches Verständnis von Klang erlangen. Um das Wesen des Klanges wirklich verstehen zu können, mußt du deinen Geist in Ruhe versetzen können, dich konzentrieren und auf deine eigene innere Stimme hören, wenn du experimentierst. Je mehr du dir deines inneren Selbst bewußt wirst, desto bewußter kannst du dir der subtileren Klänge sein. Wenn du aufbauend auf deiner eigenen Erfahrung im Umgang mit Klang bewußter wirst, kannst du zu forschen beginnen und verschiedene überlieferte Systeme ausprobieren. Verwende dann das System, das dir am besten liegt.

Welchen Klang sollst du nun benutzen, wenn du arbeitest? Welche Techniken eignen sich, um mit Kristallen und Klang zu arbeiten? Nachfolgend sind einige Methoden beschrieben, die diese Fragen vielleicht beantworten können.

Wie bereits erklärt wurde, erzeugen jeder physische Klang und sein feinstoffliches Gegenstück bestimmte Wirkungen auf der feinstofflichen und der physischen Ebene. Wenn du bei deiner Kristallarbeit mit Klang arbeitest, mußt du wissen, wie du den Klang auswählst, je nachdem, welche Wirkungen du erzielen möchtest. Darüberhinaus mußt du wissen, wie laut oder wie leise du den Klang anwenden sollst und in welchem Rhythmus er gespielt oder gesungen werden sollte. Um dies zu lernen, mußt du nur deiner eigenen inneren Stimme oder deiner Intuition folgen, so wie bei der ganzen Kristallarbeit. Wenn du dich dahingehend entwickelst, daß du ein erfolgreicher Kristallarbeiter wirst, entwickelst du gleichzeitig die Fähigkeit, Klänge richtig zu hören und einzusetzen. Die nachfolgende Übung öffnet deine intuitiven Fähigkeiten, Klänge zu hören und ihre feinstofflichen und physischen Wirkungen zu erkennen. Danach wirst du wissen, wie und wann du die verschiedenen Klänge einsetzen kannst. Wie bei der Kristallarbeit kommt es auch hier darauf an, daß dein Geist klar und konzentriert ist. Je klarer und konzentrierter du bist, um so besser werden deine Erfolge sein, wenn du mit Klang arbeitest.

1. Lege vier Kristalle in Form eines Quadrats um dich herum. Visualisiere einen Kristall unter deinen Füßen und über deinem Kopf, wenn du in der Mitte dieses Quadrates sitzt oder stehst. Wenn du möchtest, kannst du in jeder Hand einen Kristall halten. Lege die Kristalle dann auf dein Kehlkopfchakra und/oder dein Drittes Auge. (Dafür eignet sich ein Stirnband oder eine Kette.) Dies hilft dir, dich klar auf jeden Klang und seine Wirkung zu konzentrieren. Darüberhinaus öffnet es deine Fähigkeiten, den feinstofflichen Klang wahrzunehmen, der den physischen Klang begleitet.

2. Zentriere und erde dich. Kläre und beruhige deinen Geist. Wenn du willst, benutze dazu eine Technik aus diesem Buch.

3. Schließe die Augen. Konzentriere dich auf nichts Bestimmtes. Während dieser Übung kann sich dein Blick jedoch auf dein Drittes Auge konzentrieren. Wenn dies geschieht, laß deine Konzentration auf diesen Punkt gerichtet.

4. Finde den Ton, den du am leichtesten und mühelosesten singen kannst und bei dem du dich am wohlsten fühlst. Dies ist deine Ausgangsnote. Welche Note ist es? Konzentriere dich stark auf diese Note, während du den Ton hältst, solange du kannst. Während du diese Note singst, beobachte ihre Wirkung auf deine verschiedenen Chakras. Welches Chakra scheint von diesem Klang am stärksten beeinflußt zu werden?

Welche Wirkung hat dieser Ton auf dieses Energiezentrum? Wie wirkt er auf deinen Körper? Gibt es bestimmte Körperteile, die er mehr beeinflußt als andere? Wie beeinflußt dieser Ton diese Körperbereiche?

5. Welche Art Energie oder Lebenskraft scheint dieser Klang hervorzurufen? Konzentriere dich auf deine Emotionen, während du weiter diesen Ton singst. Welche emotionale Reaktion ruft er hervor? Erzeugt er diese Wirkung kontinuierlich?

7. Als nächstes konzentriere dich auf deinen Bewußtseinszu-

stand, während du diesen Ton singst. Wie scheint er deine Geisteshaltung zu beeinflussen? Erzeugt er bestimmte Gedanken oder Bilder?

8. Verleiht dir dieser Ton mehr Energie? Welche Art Energie verstärkt er in dir? Beruhigt dich dieser Ton, oder aktiviert er dich?

9. Inwieweit versetzt dich dieser Ton in einen harmonischen oder in einen aufgewühlten Zustand? (Wenn du willst, kannst du diese Wirkung in eine Skala von eins bis zehn einteilen, wobei zehn die stärkste Disharmonie anzeigt.)

10. Wie heilt dieser Klang?

11. Als nächstes experimentiere mit der Dynamik des Klanges. Was geschieht, wenn du diesen Ton leise singst? Was verändert sich, wenn du ihn zunehmend lauter singst?

12. Experimentiere mit dem Rhythmus des Tones. Singe diesen Ton in verschiedenen Intervallen. Beobachte, welche Unterschiede du empfinden kannst, wenn du den Rhythmus wechselst. Welcher Rhythmus scheint am besten zu diesem Klang zu passen?

13. Probiere die verschiedenen Urklänge aus. Singe jeden Vokal und beobachte, welche Unterschiede du spüren kannst. Welcher Vokal scheint zu diesem Ton am besten zu passen?

14. Du fährst mit dieser Übung fort, indem du von Ton zu Ton wechselst. Die beste Methode besteht darin, die Tonleiter im ganzen zu singen, und zwar von der Ausgangsnote aus in Halb- oder Viertelschritten. Dann singst du die Tonleiter wieder hinunter, und zwar ebenfalls in Halb- oder Viertelintervallen. Frage dich bei jedem neuen Ton, so wie du es zuvor gemacht hast. Mach dies mit so vielen Tönen, wie du magst. Scheint es eine allgemeine Tendenz zu geben, wenn du zunehmend höhere oder tiefere Töne singst? Nachdem du nun mit Ton und Urklängen experimentiert hast, probiere verschiedene Instrumente aus. Auch hier verhalte dich so, als wärest du dein eigenes Versuchslabor, und stell dir die oben genannten Fragen sowie jede andere Frage, die in dir auftaucht.

15. Nimmt dir eine oder mehrere Trommeln zur Hand. Beginne, die Trommel in einem bestimmten Rhythmus zu schlagen, der dir gefällt. Frage dich dabei wieder die obigen Fragen mit Ausnahme von Nummer 13. Statt dessen stell dir die Frage, wie die Trommel (die

Trommeln) bei jedem Urklang am besten gespielt werden. Wie empfindest du es, wenn du den Klang mit der Trommel begleitest?

16. Nach den Trommeln experimentiere mit Rasseln, Gongs, Glokken, Zimbeln, Flöten und anderen Instrumenten. Wenn du keine Instrumente zur Verfügung hast, höre Musik auf einer Kassette und erforsche sie so gut du kannst.

17. Wenn du mit dieser Übung fertig bist, reinige deine Kristalle und bewahre sie auf. Reinige dich und den Raum, in dem du dich befindest. Erde dich wieder.

Bei jeder Sitzung solltest du nur ein oder zwei Töne oder Instrumente erforschen oder nur so viel, wie deine Konzentration zuläßt. Wenn du dich überanstrengst, wirst du nicht richtig hören können, und deine Erforschung wird nicht so tief und so genau sein, wie sie sein sollte. Dieser Prozeß erfordert Zeit und kann nicht in ein oder zwei Tagen bewerkstelligt werden. Habe Geduld. Hierbei geht es nicht darum, wie schnell du fortschreitest, sondern wie tief und effektiv du dabei bist. Wenn du diese Übung machst, wirst du die Fähigkeit entwickeln, dir ganz von selbst der Wirkungen bewußt zu sein, die jeder Klang, den du hörst, auf deinen physischen Körper und deinen Energiekörper hat, und zwar dann, wenn du ihn hörst. Dies ermöglicht dir, Schamanenmusik zu spielen und Klang zum Heilen zu benutzen, dein Bewußtsein zu verändern und deinen physischen Körper und deine feinstofflichen Körper sowie deine Umgebung und andere Menschen zu beeinflussen.

Die zuvor beschriebene Klangübung wird dich zu einem Meister der Klangarbeit mit Kristallen machen, solange du dein intuitives Ohr benutzt, anstatt deines intellektuellen analytischen Ohrs. Solange du dich auf dein intuitives Ohr verläßt, kannst du auch beginnen, mit Kristallen und mit Klang zu arbeiten, ohne die vorher beschriebene Übung gemacht zu haben. Die Meisterschaft, die du durch diese Übung erlangen kannst, ermöglicht dir, Klang präziser und beständiger einzusetzen, und dabei eine zuverlässige Wirkung zu erzielen. Jedoch ist es möglich, Erfolge alleine dadurch zu erzielen, daß du dich auf deine Intuition verläßt, ohne den Hintergrund der ersten Klangübung zu haben. Es kann dir jedoch passieren, daß deine Erfolge weniger speziell und zuverlässig sind. Nachfolgend findest du eine Erklärung, welcher Klang sich im Zusammenhang mit bestimmten Kristallmethoden in bestimmten Situationen eignet.

Wie man Klang einsetzt, um Kristallarbeit zu unterstützen

1. Bestimme, was du mit deinem Kristall oder deinen Kristallen bewirken möchtest.
2. Verwende eine Kristallmethode, die sich für diesen Zweck am besten zu eignen scheint.
3. Wenn du den Kristall (die Kristalle) in einer bestimmten Situation einsetzt, wähle intuitiv den Klang aus, der deiner Absicht am besten zu entsprechen scheint. Wenn du mit deinen Kristallen beispielsweise eine Heilung vollziehen möchtest, konzentriere dich auf den Zustand des Geheiltseins, so als wäre die Heilung bereits erfolgt. Welcher Klang oder welche Klangfolge kann für diesen Zustand des Heilseins am besten passen?
4. Als nächstes singe diesen Ton oder spiele ihn auf einem Instrument.
5. Schicke diesen Ton in deinen Kristall hinein und durch ihn hindurch und laß ihn aus seiner Spitze wieder austreten. Dies verstärkt die Wirkung deiner Kristalle.
6. Wenn du willst, kannst du den Kristall mit Klang programmieren, indem du einen Ton oder verschiedene Töne erzeugst und sie in ihn hineinfließen läßt, aber nicht durch ihn hindurch. Wenn du magst, kannst du den Klang in dem Kristall einschließen, indem du die Technik über das Programmieren eines Kristalles benutzt. Der Kristall wird dann die Vibrationen ausstrahlen, die der Klang erzeugt. Laß die Person, die du mit den Klangvibrationen beeinflussen möchtest, den

Kristall tragen oder gib ihr den Kristall mit, so daß sie ihn bei sich tragen oder in ihre Nähe legen kann.

7. Wenn du deine Kristallarbeit beendest, reinige die Kristalle. Dies wird jede verbleibende Klangvibration aus ihnen herausreinigen sowie auch alles andere, was vielleicht in den Stein eingeflossen ist.

Wie wählst du den Klang aus, den du benutzen sollst? Wenn du die Klangübung 1 gemacht hast, beziehe dich auf deine eigenen Erfahrung und auf deine Intuition, um den Klang zu wählen, der der Situation am besten entspricht. Wenn du die Übung 1 nicht gemacht hast, wähle intuitiv einen Klang aus, der der augenblicklichen Situation am besten entspricht. Wie du es auch machst, verlaß dich letztlich nur auf deine Intuition. Hast du dich einmal für einen Klang entschieden, befreie dich von allen wertenden Gedanken und Gefühlen und verwende diesen Klang. Verwende diesen Klang weiter, variiere ihn, wenn notwendig, bis du das Gefühl hast, es ist Zeit aufzuhören. Überprüfe später deine Ergebnisse auf der physischen Ebene.

Geometrische Formen aus Quarzkristallen

Jede geometrische Form erzeugt eine ähnliche Formation von Energiemustern auf der feinstofflichen und der damit verbundenen physischen Ebene. Durch dieses Energiemuster der geometrischen Form werden bestimmte Eigenschaften, Aktivitäten und Kräfte aktiviert. Diese kann man bei der Kristallarbeit einsetzen und dadurch ihre Wirkung verstärken.

Welche der herkömmlichen geometrischen Formen werden dabei verwendet?

Die bekannteste geometrische Form ist der Kreis, der oft mit Schutz und Zentrieren in Verbindung gebracht wird. Der Kreis vermittelt den Eindruck der Unendlichkeit oder des endlosen Kreislaufs der Veränderungen. Es gibt einen weißen Kreis, der in einigen Traditionen das ätherische Element repräsentiert

Das Quadrat ist eine weitere gebräuchliche Form. Man kann es einsetzen, die Kräft der vier Himmelsrichtungen herbeizurufen. Der Osten entspricht dabei der spirituellen Erleuchtung. Die Farbe, die mit dieser Richtung verbunden ist, ist Gelb. Der Süden steht für den Tod, das Ende oder Veränderung; die damit verbundene Farbe ist Rot. Der Westen repräsentiert das große Mysterium, die Leere oder das Unbekannte; die ihm zugeordnete Farbe ist Schwarz. Norden repräsentiert die Heilung, seine entsprechende Farbe ist Weiß. Wenn du mit sechs Richtungen arbeitest, repräsentiert blau den Himmel über dir und seine Energie. Grün steht für die Erde und ihre Energie. Das gelbe Quadrat symbolisiert in einigen Traditionen das Element Erde.

Auch das Dreieck ist häufig. Das rote Dreieck stellt das Element Feuer dar. Eine gängige Deutung des Dreiecks ist die Dreiheit. Das Dreieck kann dazu benutzt werden, aus seiner Spitze Botschaften auszusenden.

Auch der Halbmond mit seinen lunaren, femininen Aspekten oder der weiße Halbmond repräsentieren das Element Wasser. Der Fünfstern symbolisiert die fünf Elemente oder den vollkommenen Menschen. Der Sechsstern reflektiert die Vereinigung des Spirituellen und des Materiellen oder des Menschen und Gott. Es gibt sehr viele astrale geometrische Formen. Damit du sie bei deiner Kristallarbeit wirkungsvoll einsetzen kannst, mußt du nicht nur intellektuell darüber Bescheid wissen, sondern die Energien dieser geometrischen Formen erfahren. Die beste Möglichkeit, die Energie zu erfahren, die zu einer geometrischen Form gehört, besteht darin, diese Form um dich herum zu bilden, und intuitiv zu spüren, wie du sie fühlst.

Wie baust du diese Formen nun auf? Es gibt viele Methoden. Hier verwenden wir eine Methode mit Hilfe von Quarzkristallen und konzentrierten Visualisationen. Wenn du, aufbauend auf der Klarheit und Kraft deinen Konzentration, eine Visualisation einsetzt, erzeugst du eine Gedankenform der visualisierten Form auf der mentalen und astralen Ebene. Wie bereits erklärt, erzeugt die Gedankenform die mentalen und astralen Energiemuster, die dann auch die physische Form beeinflussen (unabhängig davon, ob nun tatsächlich eine physische Form daraus entsteht oder nicht). Die Quarzkristalle können die Energiemuster auf den astralen und mentalen Ebenen verstärken, indem sie ihre Schwingung erhöhen. Dies wiederum macht die der geometrischen Schöpfung entstammenden Effekte stärker und effektiver.

Die folgenden Methoden zeigen dir, wie du mit Quarzkristallen arbeiten kannst, um diese geometrischen Formen zu errichten und ihre Kraft zu erfahren. In dem nachfolgenden Beispiel wird das Quadrat verwendet. Du kannst dieselbe Übung auch verwenden, um andere Formen zu erforschen. Dazu brauchst du vier mittelgroße Quarzkristalle, einen Kristall, den du in der Hand hältst oder einen Stabkristall, und wenn möglich einen oder zwei weitere Kristalle gleicher Größe und Energie. Zu Beginn wirst du wahrscheinlich lieber weiße Kristalle verwenden wollen als Rauchkristalle oder Amethyste, damit du bei deiner Arbeit nicht auf die Farben Violett oder Braun begrenzt bist. Der Stabkristall sollte nur eine Spitze haben.

Geometrische Visualisierungsmethode

1. Bevor du anfängst, die Form aufzubauen, setz dich an einen Ort, wo du nicht gestört wirst. Lege deine Kristalle für den späteren Gebrauch vor dich hin. Setz dich entspannt mit aufrechter Wirbelsäule hin und beginne, in langen, tiefen Atemzügen durch die Nase ein- und auszuatmen. Fülle deine Lungen vollkommen und leere sie dann. Laß deine Gedanken kommen und gehen und halte an keinem von ihnen fest. Richte deine Aufmerksamkeit auf deinen Atem. Wenn du das Gefühl hast, daß deine Gedanken abschweifen, laß das, woran du denkst, einfach los und lenke deine Aufmerksamkeit zurück auf den Atem. Du wirst das Gefühl haben, dich zu entspannen, und spüren, wie deine Gedanken zur Ruhe kommen.

2. Als nächstes lenkst du deine Aufmerksamkeit von deinem Atem weg, behältst jedoch deine ruhige und klare Konzentration bei. Be-

ginne nun, in folgender Weise ein Quadrat um dich herum aufzubauen: Visualisiere um dich herum ein Quadrat beliebiger Größe, in dessen Mittelpunkt du dich befindest. Halte die Visualisation aufrecht, während du den ersten Kristall in die Hand nimmst und ihn in die rechte Ecke des visualisierten Quadrats legst.

3. Nimm einen anderen Kristall und lege ihn an die rechte Ecke hinter dir.

4. Markiere auf diese Weise alle vier Ecken des Quadrats mit Quarzkristallen. Lege sie so, daß ihre Spitze in die Richtung weist, in die du dich hingezogen fühlst. Du kannst dabei im Uhrzeigersinn oder gegen den Uhrzeigersinn vorgehen, ganz wie du willst.

5. Als nächstes benutze deinen Stabkristall oder einendigen Kristall, um zu visualisieren, daß du eine Verbindungslinie zwischen den verschiedenen Ecken des Quadrates ziehst. Diese Verbindungslinie kann mit der Spitze des Kristalls auf dem Boden gezogen werden, oder du kannst sie mit dem Kristall von dir aus zeigen. Visualisiere diese Linie als golden, silbern, violett oder in jeder anderen Farbe, in der du diese Energie benutzen möchtest.

6. Wenn du dein Quadrat vollendet hast, setze oder stell dich in seine Mitte. Bleibe in demselben konzentrierten, klaren Bewußtseinszustand, in dem du das Quadrat geformt hast.

7. Als nächstes öffne dich und konzentriere dich auf die Energie, die durch das Quadrat hergestellt wird. Halte in jeder Hand einen Quarzkristall, um dich auf die geometrische Form einzustimmen. Laß deinen Intellekt aus dem Spiel, konzentriere dich und spüre, wie du dich im Inneren des Quadrats fühlst. Wie fühlt sich dein Körper? Tauchen irgendwelche Bilder oder Gedanken auf, die in Verbindung mit dem Quadrat zu stehen scheinen? Welche Farbe scheint dem Quadrat zu entsprechen? Gibt es Klänge, die mit dieser Form in Verbindung zu stehen scheinen? Verändert sich die Temperatur? Beobachte alles – werde mit der jeweiligen Form vertraut.

8. Als nächstes konzentriere dich auf die Energien, die mit den vier Himmelsrichtungen in Verbindung stehen, und richte dich zunächst nach Westen, der Himmelsrichtung, die die schwierigen Lernaufgaben symbolisiert, die Dinge, die überwunden werden müssen, das Un-

bekannte. Stell dir diese Richtung in der Farbe Schwarz vor. Wende deine Willenskraft an, um diese Energie in dich aufzunehmen, wenn du sie nutzen möchtest, oder nur um sie zu erfahren. Gehe nun im Uhrzeigersinn vor. Richte dich als nächstes nach Norden, der Richtung der Heilung und Erneuerung, mit der die Farbe Weiß verbunden ist. Laß dich von der Energie des Nordens überspülen. Als nächstes wende dich nach Osten, der Himmelsrichtung der Erleuchtung mit der Farbe Gelb. Bitte um Erleuchtung und höre auf alles, was deine innere Stimme zu vernehmen scheint. Schließlich wende dich nach Süden mit der Farbe rot, der Himmelsrichtung von Beginn und Ende, von Geburt und Tod. Jede Himmelsrichtung schenkt dir eine bestimmte Energie, ihre Weisheit und Hilfe – ebenso wie das gesamte Quadrat.

9. Als nächstes stehst du im Mittelpunkt des Quadrates und hörst auf deine innere Stimme, ob sie dir irgendeine Anweisung, Stärkung oder weitere Anregung über Eigenschaften der Figur geben will. Dies sind nur einige Vorschläge. Folge deinem Gefühl. Sei aufmerksam und bewußt. Du wirst die Lehren erteilt bekommen. Benutze sie weise.

10. Schließlich wirst du das Bedürfnis haben, das Quadrat zu verlassen. Ziehe dich aus dem Quadrat zurück. Dann bringe es zum Verschwinden. Als erstes nimmst du deinen Stabkristall oder einendigen Kristall zur Hand und löschst die Linie zwischen den vier Ecken des Quadrates.

11. Wenn du das getan hast, und zwar in entgegengesetzter Richtung, in der du die Linien gezogen hast, nimm die vier Kristalle weg. Leg deine Kristalle nun wieder vor dich hin.

12. Werde dir nun deiner Umgebung bewußt, mache einige tiefe Atemzüge, und ateme tief aus. Vielleicht willst du deinen Körper schütteln. Dann setze oder stell dich einige Minuten lang hin und fühle den Boden unter dir. Stell dir vor, du hättest Wurzeln, die aus deinen Fußsohlen tief hinein in die Erde wachsen.

13. Schließlich reinigst du deine Kristalle, dich selbst und den Raum, in dem du dich befindest, mit einer dir schon vertrauten Methode. Wenn du möchtest, zeichne deine Erfahrungen auf, damit du sie später benutzen kannst.

Diese Methode kannst du anwenden, um dich mit allen geometrischen Formen, die du dir vorstellen kannst, vertraut zu machen. Bei Punkt 8 stell dir alle Richtungen vor, wie die jeweilige Form haben kann, und erfahre ihre Energie. Wie bereits erwähnt, gibt es viele Systeme der symbolischen Deutung verschiedener geometrischer Formen. Es ist sehr nützlich zu wissen, was diese Richtungen symbolisieren. Um sie am wirkungsvollsten einsetzen zu können, mußt du sie aber selbst erfahren haben. Vertraue deiner inneren Weisheit, die dich durchströmt.

Wenn du nach der oben beschriebenen Methode mit einer geometrischen Form arbeitest, konzentrierst du dich nur auf eine Dimension dieser Form und arbeitest mit ihr. In Wirklichkeit ist jede geometrische Form unendlich. Jede Dimension dehnt sich aus in unendlich viele entsprechenden Formen, die von der ursprünglichen von dir aufgebauten geometrischen Form hervorgebracht werden. Mit anderen Worten, wenn du in der Mitte eines Quadrates stehst, hast du auf dem Boden tatsächlich die Form eines Quadrates geschaffen, und vor dir, hinter dir und auf jeder Seite von dir ebenso ein Quadrat. Du stehst in Wirklichkeit in einer Schachtel; die Schachtel umgibt dich mit sechs Seiten wie ein Würfel, wenn man es räumlich betrachtet. Die Linien, die das Quadrat bilden, setzen sich unendlich fort und erzeugen ein Quadrat nach dem anderen. Du hast in Wirklichkeit ein ganzes Universum von Quadraten erschaffen, in dessen Mitte du stehst.

Raum, Existenz oder »Sein« enthält alle möglichen oder potentiellen geometrischen Muster, sowie es alle Dimensionen und Muster enthält. Jede geometrische Figur dehnt sich in den Raum hinein aus, um so ein Gitternetz von endlosen Replikationen der ursprünglichen Form zu schaffen. Diese Gitter sind alle wiederum ineinander enthalten. Jedes Gitter erzeugt einen bestimmten Weg durch den Raum. Diese geometrischen Gitter schwingen in einer bestimmten Weise, die man empfinden kann, wenn man sich auf die einzelne geometrische Figur konzentriert. Du kannst deine Sensitivität für geometrische Formen mit der oben beschriebenen Übung entwickeln. So kannst du dein Bewußtsein erweitern und deinen Willen dazu benutzen, durch den Raum zu »reisen«, indem du die Linien des Gitters benutzt, die von der ursprünglichen geometrischen Form erzeugt werden. Der exakte Mittelpunkt dieses multidimensionalen geometrischen Gitternetzes befindet sich dort, wo seine Manifestation und Auflösung stattfindet.

Du bist immer das Zentrum.

Farben und farbige Steine

Bei deiner Kristallarbeit wirst du feststellen, daß Farben in jeder Hinsicht ein nützliches Werkzeug sind. Wenn du Farben zusätzlich bei deiner Arbeit verwendest, kannst du dies durch die Verwendung von farbigen Steinen und anderen farbigen Materialien sowie auch mit verschiedenen Visualisierungstechniken bewirken.

Jede Farbe hat eine ganz bestimmte Erscheinungsform, die bestimmte emotionale und psychologische Reaktionen hervorruft. Darüberhinaus besitzt jede Farbe ihre eigene Schwingung, die verstärkt, gespeichert oder übermittelt werden kann, wenn man sie in Verbindung mit Kristallen benutzt. Jede Farbe, die in physische oder visualisierte Verbindung mit dem Kristall gebracht wird, verursacht automatisch, daß der Kristall mit dieser Farbe in Harmonie kommt. Die Kristallschwingung wiederum beeinflußt nun deinen physischen, ätherischen, emotionalen und astralen Körper sowie deine Umgebung. Dieser automatische Prozeß kann noch verstärkt werden, wenn du deinen Willen und deine Konzentration darauf richtest, daß dies geschieht.

Es gibt viele Möglichkeiten, mit Farben zu arbeiten. Ebenso viele Möglichkeiten gibt es, mit farbigen Kristallen und Edelsteinen zu arbeiten. In diesem Buch sind viele Methoden beschrieben, bei denen Farben verwendet werden, besonders in den Kapiteln über Heilen, die Energiekörper und Kristallschmuck. Wie auch sonst bei deiner Kristallarbeit kannst du dir diese Methoden merken und sie anwenden.

Es ist jedoch am wirkungsvollsten, zu lernen, wie du sensitiv wirst für Farben, und sie dann aufgrund deiner eigenen Erfahrung zu verwenden.

Jede Situation, in der du Kristallarbeit machst, ist einzigartig und erfordert von dir, daß du deine eigene innere Weisheit und Sensitivität einsetzt, um in der am besten geeigneten Weise vorzugehen. Dabei benutze nicht nur weiße Kristalle auf verschiedene Arten, sondern auch Farben und farbige Steine. Wenn du ein bestimmtes System anwendest, anstatt deiner eigenen Sensitivität zu folgen, bist du nicht in der Lage, auf jedes Ereignis individuell und spontan zu reagieren. Du arbeitest dann nach einer bestimmten Technik oder allgemeinen Methode, aber nicht entsprechend den besonderen Umständen. Wenn du beispielsweise weißt, daß ein grüner oder rosafarbener Edelstein gut für das Herzchakra ist, wirst du nicht gleichzeitig intuitiv spüren können, daß der Bereich des Herzens der Kühlung bedarf und daher nach der Farbe Hellbau verlangt. Oder du übersiehst, daß die Lungen in diesem Bereich die beste Unterstützung durch die Farbe Gelb erhalten. Statt dessen wirst du automatisch die Farben Rosa oder Grün verwenden. Dies ist zwar nicht schädlich, da das Herzchakra angeregt wird, aber es ist nicht so wirkungsvoll, wie wenn du in der Lage wärst, die genaue Situation zu erfassen und die richtige Farbe zu benutzen.

Wenn du mit Farben arbeitest, ist es notwendig, daß du nicht nur für die Farbe, sondern auch für ihre Schattierung oder Nuance sensibel bist. Jeder Farbton besitzt seine eigene Qualität. Wenn du farbige Steine benutzt, spüre ihre Trübheit, ihren Schimmer oder ihre Klarheit. Im allgemeinen ist ein Stein um so ätherischer, je klarer er ist. Ein trüber Stein besitzt mehr Dichte und eignet sich daher mehr zur Erdung.

Jede Farbe vermittelt ein Gefühl der Kühle oder Wärme. Manche Farben scheinen härter, während andere sanfter und zarter sind. Wenn du mit Farben, Steinen und anderen Gegenständen arbeitest, achte darauf, daß sie alle etwas unterschiedlich sind, auch wenn sie die gleiche Farbe und Art haben. Diese Unterschiede kann man nicht sehen, sondern nur intuitiv wahrnehmen.

Farben werden oft verschieden kombiniert, wenn man sie bei der

Kristallarbeit verwendet. Auch hier mußt du die Wirkung jeder Kombination spüren können, anstatt dich wie gewöhnlich auf deinen Intellekt zu verlassen.

Wenn du zum Beispiel gelb mit rot kombinierst, nimmt dein logischer Verstand an, daß das Ergebnis orange ist. Das kann sein. Aber die Wirkung von rot und gelb kann eine ganz andere sein als die von orange. Ein orangefarbener Stein kann beispielsweise anregend auf dein zweites Chakra oder dein Sexualchakra wirken. Ein Granat, der in Verbindung mit einem gelben Zitrin verwendet wird, kann dein erstes Chakra anregen und dich besser erden, während der gelbe Zitrin allein das Nabelchakra stimuliert. Der Gesamteffekt besteht darin, daß deine Fähigkeit gestärkt wird, auf der physischen Ebene zu wirken und dich dort zu entfalten, während du fest mit der Erde verbunden bleibst. Dies ist etwas ganz anderes, als wenn du dein Sexualchakra stimulierst.

Wie man seine Sensitivität für Farben entwickelt

1. Arbeite anfangs immer nur mit einer Farbe.
2. Setze oder stell dich an einen ruhigen Platz, wo du nicht gestört wirst. Beleuchte den Raum entweder mit einer bestimmten Farbe oder schaue auf einen Gegenstand von einer bestimmten Farbe. Wenn du willst, kannst du auch ein großes Blatt farbiges Papier verwenden, auf das du deinen Blick gerichtet hältst.
3. Erde dich und bringe deine Gedanken zur Ruhe.
4. Während du nun auf die Farbe blickst oder sie in dem Raum um dich herum wahrnimmst, achte darauf, wie du dich fühlst. Nimm die offensichtlichen Wirkungen ebenso wahr wie die subtilen.
5. Stell dir folgende Fragen:
   a) Welchen emotionalen Zustand scheint diese Farbe in dir hervorzurufen?
   b) Welche Gedanken tauchen in dir auf, oder welchen Bewußtseinszustand verursacht diese Farbe in dir?

c) Fühlst du dich aktiviert, oder wirst du ruhiger? In welchem Maße?

d) Beschreibe alle Eigenschaften der Farbe, die du wahrnimmst oder fühlst.

e) Welche Teile deines Körpers scheinen dir von dieser Farbe beeinflußt zu werden?

f) Wie würdest du diese Farbe nach diesen Beobachtungen nun einsetzen?

6. Mach das farbige Licht aus oder höre auf, die Farbe anzuschauen. Reinige und erde dich.

7. Wiederhole diese Übung mehrmals mit jeder Farbe.

8. Mach dies mit so vielen Farben, wie du willst und wie du dir vorstellen kannst. Dann arbeite mit Farbkombinationen. Spüre ihre gegenseitige Wechselwirkung. Stell dir bei jeder Farbkombination dieselben Fragen wie bei Schritt 5.

9. Dann beginne, dich für eine Weile in einer ganz bestimmten Farbe zu kleiden. Gleichzeitig umgib dich soviel wie möglich mit dieser Farbe. Achte jeden Tag darauf, wie diese Farbe auf dich wirkt. Beobachte, wie diese Farbe deinen Körper und seine verschiedenen Bereiche beeinflußt.

10. Wenn du dies dreißig Tage lang machst, wirst du die Wirkung dieser Farbe erkennen können. Mache dies mit jeder Farbe.

11. Du kannst für eine bestimmte Farbe auch sensibel werden, wenn du eine Zeitlang nur weiße Kleidung trägst (mindestens dreißig Tage lang). Danach versuche, immer nur eine bestimmte Farbe zu tragen. Deine Kleidung sollte für eine gewisse Zeit nur unifarben sein. Nachdem du dich eine Zeitlang nur weiß gekleidet hast, wirst du für andere Farben und Farbkombinationen besonders sensibel.

Wie man seine Sensitivität für farbige Steine entwickelt

Der Prozeß, für farbige Steine sensitiv zu werden, entspricht dem Prozeß, wie man für Farbe an sich sensitiv wird. Wenn du dir der Qualitäten einer Farbe und ihrer Anwendungsmöglichkeiten bewußt wirst, hast du nur einen Aspekt farbiger Steine erforscht. Darüber hinaus besitzen sie nämlich auch noch bestimmte Eigenschaften, die sich aus ihrem Glanz, ihrer Klarheit und ihrem Schliff ergeben, was du ebenso in Erwägung ziehen mußt. Um deine Sensitivität für einen farbigen Stein zu entwickeln, mach folgende Übung.

---

1. Kläre deinen Geist, zentriere und erde dich.
2. Konzentriere dich auf den Stein, während du ihn in deiner Hand hältst, und stelle dir folgende Fragen:
3. Wie scheint dich diese Farbe zu beeinflussen? Frage dich alles, was in Schritt 5 der vorigen Übung aufgeführt wurde.
4. Fühlt sich der Stein, ungeachtet seiner Farbe, kühl oder warm an?
5. Wie dicht fühlt sich der Stein an, und wie wirkt dies auf dich?
6. Welche anderen Schwingungen scheinen in dem Edelstein gespeichert zu sein? Konzentriere dich auf dein Drittes Auge, während du den Edelstein auf diesen Punkt drückst. Welche Bilder tauchen in dir auf? Welche Geschichte hat dieser Stein, und wie wirkt sie auf dich?
7. Welchen Schliff hat der Edelstein? Wie beeinflußt er die anderen Qualitäten des Steins?
8. Welche anderen Qualitäten kannst du in Verbindung mit diesem Stein intuitiv wahrnehmen?
9. Leg den Stein wieder weg, erde und reinige dich.

Notiere deine Beobachtungen. Du wirst in Zukunft auf sie zurückgreifen können. Du wirst feststellen, daß der Stein Eigenschaften besitzt, die sich jedesmal wieder bewahrheiten. Andere Beobachtungen treffen nur auf einen bestimmten Stein oder eine einmalige Situation zu.

Diese Übungen verhelfen dir nicht nur zu Informationen über farbige Edelsteine, sondern sie dienen darüber hinaus auch dazu, deine Fähigkeit zu entwickeln, schnell, genau und leicht die Qualitäten und Anwendungsmöglichkeiten von Farben und farbigen Steinen in jeder beliebigen Situation intuitiv zu erfassen. Dies wird dir die Möglichkeit geben, sie bei deiner Kristallarbeit sehr wirkungsvoll einzusetzen.

Wenn du erst einmal die Fähigkeit erlangt hast, die Eigenschaften von Farben und farbigen Steinen schnell und genau zu erfassen, stellt sich nun die Frage, wie du diese Fähigkeit bei deiner Kristallarbeit einsetzen kannst. Im wesentlichen benutzt du Farbe in Verbindung mit Quarzkristallen, um die ursprüngliche Harmonie in irgendeinem Gegenstand oder in irgendeiner Situation, an der du arbeitest, wiederherzustellen. Die Technik ist die gleiche, die bei der Verwendung von Klang, der Projektion emotionaler oder mentaler Zustände oder der Visualisation verwendet wird. Als erstes findest du heraus, was verändert werden muß. Konzentriere dich auf die damit verbundene Schwingung und nimm sie wahr. Finde nun heraus, welche Farbe diesem Schwingungszustand am besten entspricht. Als nächstes benutze deine Willenskraft und Konzentration, um diese Schwingung in eine positivere zu verändern. Wenn du dies tust, spüre die Farbe, die dem erwünschten Ergebnis am besten entspricht. Projiziere diese Farbe, während du deinen Willen einsetzt, diese Schwingung zu verändern. Stell dir geistig vor, wie sich die alte Farbe in die neue verändert. Dies wird die Genauigkeit deines Vorhabens gewährleisten und den Veränderungsprozeß beschleunigen.

Wenn dir dies noch nicht ganz verständlich ist, möchte ich es dir an folgendem Beispiel der Heilung von Kopfschmerzen verdeutlichen.

1. Fühle die Schwingung, die mit den Kopfschmerzen verbunden ist. Wie fühlt sie sich an?

2. Visualisiere die Farbe, die im Zusammenhang mit dem Gefühl der Kopfschmerzen steht, oder erspüre sie intuitiv.

3. Als nächstes fühle oder visualisiere die Schwingung, die der Kopf hat, wenn er ohne Spannungen und schmerzfrei ist.

4. Spüre, welche Farbe diesem Gefühl entspricht.

5. Setze nun deine Willenskraft ein, um das Gefühl oder die Schwingung der Kopfschmerzen in dieses neue Gefühl der Schmerzlosigkeit zu verändern, und sende dies in den Kopf desjenigen, den du heilst.

6. Wenn du wie in Schritt fünf beschrieben vorgegangen bist, visualisiere die neue Farbe, die dem Gefühl der Schmerzlosigkeit entspricht, und sende sie in den Kopf des Behandelten. Stell dir vor, wie sie die alte Farbe ersetzt.

7. Um die Farbe in den Kopf des anderen zu senden, kannst du einen Stein dieser Farbe auf seine Stirn legen. Oder du kannst die Farbe mittels eines farbigen Kristalls, den du in den Händen hältst, übermitteln. Du kannst auch farbiges Licht, farbigen Stoff oder irgendein anderes Material auf den Kopf der anderen Person legen. Anstatt einen farbigen Stein, Kristall, Licht oder irgendeinen anderen Gegenstand zu verwenden, kannst du dich ebensogut auf die Technik der Visualisation verlassen. (Denk daran, daß die Effektivität deiner Visualisation nur so stark ist wie deine Konzentration und Willenskraft.)

8. Wenn du möchtest, daß dieser Körperbereich weiterhin beeinflußt wird, auch wenn du nicht anwesend bist, sollte der andere den farbigen Edelstein direkt auf der Stirn oder in der Nähe des Kopfes tragen. Oder du programmierst einen klaren Kristall, so daß er wie eine bestimmte Farbe wirkt, und plazierst ihn in der Nähe des Kopfes der zu heilenden Person.

9. Wenn der Prozeß beendet ist, reinige unbedingt die Steine, dich und die andere Person.

Wie du siehst, sind die Techniken mit farbigen Steinen und Farben im Prinzip dieselben, wie bei der Arbeit mit klaren Kristallen. Du mußt sensitiv, spontan, willensstark und konzentriert sein und dich auf deine eigene innere Weisheit verlassen.

Obgleich bereits erklärt wurde, wie du Steine auswählen kannst und welchen Verwendungen sie dienen, soll dir die nachfolgende Tabelle den Anfang etwas erleichtern. Wenn du jedoch mit irgendeinem anderen Stein arbeiten möchtest oder ihn magst, schließe ihn in die Kategorie der folgenden Tabelle ein, die ihm am nächsten kommt. Dies wird dir eine Vorstellung einiger Qualitäten des Steins geben. In der nachfolgenden Tabelle sind die allgemeinen Eigenschaften und Verwendungsmöglichkeiten jedes Steins verzeichnet. Ebenfalls verzeichnet ist jener Teil des feinstofflichen und physischen Körpers, der jedem bestimmten Stein entspricht. Jeder Stein wird für entsprechende feinstoffliche und physische Körperbereiche benutzt. Die Steine müssen jedoch nicht ausschließlich für diesen Körperbereich verwendet werden, sie können überall am Körper getragen oder angewandt werden, um die betreffende Stelle mit den Eigenschaften des Steins zu beeinflussen.

Wende die aufgeführten Steine so an, wie es im Text beschrieben ist. Wenn du länger mit Kristallen arbeitest, wirst du noch mehr Wirkungen jedes einzelnen Steins erkennen, die in der nachfolgenden Tabelle nicht mehr aufgelistet sind. Wie bereits gesagt, ist jeder Anlaß, bei dem du Steine einsetzt, verschieden, so daß diese Tabelle dir nur als eine allgemeine Richtlinie dienen kann. Um mehr zu lernen, arbeite mit deinen Steinen.

EDELSTEINTABELLE

Farbe	Ort des feinstofflichen Energiezentrums	Ungefähre Stelle im physischen Körper	Edelsteinarten	Qualitäten der Steine	Einige Anwendungsbereiche der Steine (am entsprechenden physischen oder feinstofflichen Energiezentrum oder in Berührung mit dem ganzen Körper).
schwarz	Mittelpunkt der Erde	Fußsohlen	Obsidian Onyx schwarze Jade Achat schwarze Koralle Eisenpyrit	kalt, fest, Ruhe, Schlaf/Entspannung, keine Bewegung, Kühle	Öffnen die Energiekanäle der Fußsohlen. Erdung und Konzentration. Beruhigend für Geist und Gefühle. Rasche und intensive Konzentration auf der physischen Ebene. Verlangsamen oder stoppen die feinstoffliche oder physische Bewegung.
grau	Erdmitte	Unterschenkel	Rauchquarz Obsidian graue Perle Achat	wie oben, aber weniger Festigkeit und etwas mehr Bewegung	wie oben, nur nicht ganz so extrem. Öffnen die Energiekanäle von den Beinen zur Erde hin.
braun	Erdoberfläche	Oberschenkel	Rauchquarz Obsidian Rauchtopas braunes Tigerauge Jaspis Achat	beruhigend, nährend, Sicherheit, Wärme, Gelassenheit	Mühelose Erdung und Konzentration des Geistes. Beruhigen die Emotionen und den physischen und die feinstofflichen Körper. Öffnen die Energiekanäle nach unten.
rot	1. Chakra, Wurzelchakra, Basis der Wirbelsäule	Basis der Wirbelsäule und physisches Herz	Granat Rubin Koralle Jaspis	Wärme, Feuer, Hitze, starke Aktivität	Öffnen des 1. Chakras. Durchbrechen der mentalen Konditionierung. Rasche Veränderung und Energie für Aktivität. Hitzeerzeugung, Einwirken auf das Herz, Blut und Kreislaufsystem.
rosa	Herzchakra	Mitte der Brust, Herz und jeder Körperbereich, der sanfter Veränderung bedarf	Rosenquarz rosa Turmalin Rhodonit rosa Kristalle rosa Jade rosa Granat	Sanftheit, Liebe, Frieden, Wärme	Mildern Depressionen, rufen friedvolle Gefühle hervor. Sanfte Energiesteigerung, Wärmeerzeugung, lösen Streß und Disharmonie. Öffnung des Herzchakras. Öffnung des Energiekanals zwischen 1. Chakra und Herzchakra.

orange	2. Chakra	Bereich der Sexualorgane, Beckenbereich	Karneol Achat Madeira Zitrin	wecken die Sexualenergie, Wärme, Aktivität, Feuer	Sanfte Energiesteigerung. Steigerung der kreativen und sexuellen Energie. Stärkung und Stimulation des 2. Chakras.
gold oder gelb	Gold: Energiekanal zwischen dem 3. Chakra und dem Scheitelchakra. Gelb: 3. Chakra	Nabelgegend bis hinauf zum Scheitel	gelber Zitrin heller Rauchquarz gelber Diamant	Wärme, Aktivität, Sonnenlicht, kreative Energie	Erhöhung der männlichen Energie. Manifestieren kreative Energie auf der physischen Ebene. Mildern Depressionen. Stärken den physischen Körper und das feinstoffliche Nervensystem. Wirken auf die Lungen, den Atem und die Lebensenergie ein. Stärkung und Stimulation des 3. Chakras. Steigerung der Willenskraft.
grün	Herzchakra oder 4. Chakra	Mitte der Brust, jeder Körperbereich, der der Kühlung bedarf, Lungen	Smaragd grüner Malachit Turmalin grüner Dioptas Jade grüner Kalzit	Großzügigkeit, Reichtum, nährend, kühlend, leicht beruhigend, Wasser	Entspannung und Erweiterung des Herzchakras. Fiebersenkend. Beruhigung von aufgewühlten Emotionen. Entspannung von Muskelverkrampfungen und Verspannungen des Körpers. Stärkung des physischen Herzens. Steigern die Liebesfähigkeit.
türkis, hell- oder himmelblau	5. Chakra, Kehlkopfchakra	Mitte der Kehle, Teil des Kiefers und der Ohren, hintere Nackenpartie, Schädelbasis	Türkis Chrysopras Aquamarin blauer Topas blauer Malachit blauer Quarz Celestit blauer Turmalin	Himmel, Leichtigkeit, vibrierende Gemütsruhe, Freude, astral	Astrale oder außerkörperliche Reisen. Spannungslösend, besonders im Kiefer-, Nacken- und oberen Schulterbereich. Steigert die verbalen Fähigkeiten, Gesangstalent und Kommunikationsfähigkeit. Öffnung des feinstofflichen Energiekanals vom Herz zum Dritten Auge. Verbindung von Liebe mit Weisheit. Mitgefühl erweckend. Linderung von Kopfschmerzen. Fiebersenkend.

königsblau bis indigo	6. Chakra, Drittes Auge	Mitte der Stirn, Teile der Ohren, Augen, oberer Kopfbereich	Saphir Lapis Lazuli Sodalit dunkelblauer Turmalin	Erhabenheit, tiefer Raum, unendliche Ruhe, Stärke, spirituell	Beruhigung des Geistes. Stärkung der Intuition. Entwicklung von Weisheit. Steigerung der mentalen Fähigkeiten. Vertiefung und Erhaltung der Konzentration. Gedächtnisverbesserung. Verbesserung des Sehvermögens. Entspannung des Körpers. Meditativ werden. Erhöhung der Sensitivität für feinstoffliche Energie.
dunkles purpurrot bis helles violett	7. Chakra, Scheitelchakra	Scheitel, etwas über dem Kopf	Amethyst violetter Turmalin	Ruhe, Sanftheit, expansiv, erhaben, harmonisierend spirituell	Erhöhung der Spiritualität. Anregung zur Erleuchtung. Feinstoffliche Heilwirkung auf die physische, mentale und emotionale Ebene. Linderung von Depressionen. Erhöhung der femininen Energie. Fallenlassen von unerwünschten Begierden. Erreichen eines ruhigen körperlichen, geistigen und emotionalen Zustands.
weiß	Energiezentren oberhalb des Kopfes	Über dem Scheitel	weißer Quarz weißer Diamant Perle Kalzit	Klarheit, Brillianz, Licht, Eis, ätherisch, unendliches Potential, ständige Veränderung	Weiße Kristalle, Diamanten und bisweilen auch Kalzit können darauf programmiert werden, die Eigenschaften und Wirkungen jedes beliebigen Edelsteines anzunehmen. Sie enthalten alle Farben, weshalb sie zu allen Anwendungen geeignet sind. Sie steigern die Energie, harmonisieren, heilen und erweitern die Fähigkeiten aller Körper. Kalzit und Perlen können zur Stärkung der Knochen, Haare und Nägel verwendet werden.

Anmerkung: Opal kann in die Kategorie weiß eingeordnet werden, da er alle Farben enthält, mit dem Unterschied, daß Opal die Qualitäten des Feuers besitzt und daher ständige Veränderung repräsentiert. Opal regt die Aktivität und Veränderung an. Wenn eine bestimmte Farbe in einem Opal vorherrscht, dominieren die Qualitäten dieser Farbe in Verbindung mit der Veränderlichkeit des Feuers. Opal sollte nur von Menschen getragen werden, die innerlich sehr stabil und gefestigt sind.

Kristallwerkzeuge

In fast jeder hohen Kultur der Vergangenheit wurden Werkzeuge aus Quarzkristallen hergestellt und benutzt – in Form von Stäben oder Zeptern, Meditationsgegenständen, Heilgegenständen, Machtobjekten und zeremoniellem Schmuck. Das Wissen über die Steine und den Gebrauch von Kristallwerkzeugen war Priestern, Mystikern, Schamanen, Heilern und ihren Eingeweihten vorbehalten. Heute sind verschiedene Methoden »wiederentdeckt« worden und sind jedem, der daran interessiert ist, zugänglich.

Die Herstellung von modernen Kristallwerkzeugen ist eine Herausforderung an die Kreativität, da die richtige Plazierung, das Verständnis des Kristalls, das künstlerische Design und die Schönheit des Werkzeugs dabei berücksichtigt werden müssen. Wenn du ein Kristallwerkzeug auswählst, um es anzuwenden oder am Körper zu tragen, solltest du ganz bestimmte Gesichtspunkte in Erwägung ziehen, die über den künstlerischen Aspekt hinaus gehen. Wie ist der Kristall befestigt? Mit welchen Materialien ist er verbunden? Ist das Metall oder das Material für dich geeignet? Stärkt dich das Tragen des Kristalls an einer bestimmten Körperstelle? Liegt ein Stück des Kristallschmucks irgendwo am Körper, wo du ein Chakra öffnen, einen Körperbereich heilen oder mit Energie aufladen möchtest? Wenn in dem Schmuckstück noch andere Edelsteine eingearbeitet sind, eignen sie sich für dich? Empfindest du das Kristallwerkzeug oder das Schmuckstück als harmonisch?

Jedes Objekt, das mit dem Kristall verbunden ist, verleiht dem Kristallwerkzeug zusätzliche Aspekte. Beispielsweise verleihen ihm Knochen mehr Qualitäten des Elements Erde. Darüber hinaus wird das gesamte Werkzeug oder Schmuckstück von dem Wesen des Tieres beeinflußt, von dem der Knochen stammt. Edelsteine haben ganz spezielle Eigenschaften, je nachdem, welche Farbe und Schwingung sie besitzen, so daß die Kombination von Edelsteinen mit Kristall das gesamte Schmuckstück oder Werkzeug beeinflußt. Werkzeuge, die bei Zeremonien oder von Schamanen verwendet werden, sind oft mit Federn verbunden, wodurch der Gegenstand auch von dem Wesen des jeweiligen Vogels durchdrungen wird.

Der Kristall sollte nicht nur mit Klebstoff, Leim oder Kitt befestigt sein. Wenn dies der Fall ist, wird der Kristall möglicherweise irgendwann aus der Fassung herausfallen. Der Kristall sollte auch nicht horizontal (von einer Seite zur anderen) durchbohrt sein, da dies den Energiefluß unterbricht. Auch die Spitze des Kristalls sollte nicht vollständig eingeschlossen sein, um den Kristall nicht zu hindern, sich je nach Energieaufladung leicht auszudehnen und zusammenzuziehen.

Achte auf das Design des jeweiligen Werkzeuges oder Schmuckstückes. Manchmal werden bestimmte Symbole verwendet, die den Kristall mit ihrer Schwingung aufladen. Kreise, Quadrate, Dreiecke und andere geometrische Formen haben beispielsweise ganz bestimmte Energien und Bedeutungen. Symbole wie Sterne variieren in ihrer Energie, je nachdem, wie viele Ecken der Stern hat und in welche Richtung diese Ecken im Verhältnis zum Kristall weisen. Yantras (meditative Designs) und andere archetypische Symbole können mit dem Kristall verbunden werden, um sie zu mächtigen Meditations- und Heilwerkzeugen zu machen. Urklänge oder Worte, die in Mantras verwendet werden, können in gleicher Weise verwendet werden, indem sie in das Kristallstück eingraviert werden. Selbstverständlich können auch ganz bestimmte Gegenstände, Tiere oder mythologische Wesen sehr wirkungsvoll mit dem Kristall verbunden werden, um ihn mit ihrer Energie zu beeinflussen. Die Schlange symbolisiert beispielsweise oft den Aufstieg der kreativen Kräfte und die Expansion der Kundalini-Energie. Dieses Design ist bei einem Stab oder einem Werkzeug besonders effektiv, das dazu gedacht ist, die Energie anzuheben und sie durch den Abschnitt des Werkzeugs zu lenken, in dem sich der Kristall befindet.

Die hier genannten Beispiele zeigen einige der vielen Aspekte, wie man aus Kristallen machtvolle Werkzeuge machen kann. Wenn du dich zu einem Werkzeug, Gegenstand oder Schmuckstück hingezogen fühlst, erkundige dich nach den Materialien und Symbolen, die darin verwendet wurden. Höre dann auf deine innere Stimme. Sie wird dir sagen, ob der betreffende Gegenstand für dich richtig ist. Durch die Führung deiner Intuition wirst du auch lernen, wie du den Gegenstand am besten anwendest. Der bewußte Gebrauch von Kristallwerkzeugen ist eine Wechselbeziehung, ein Kanal zwischen dir und deinem Werkzeug. Ihr tauscht eure Energien miteinander aus. Auf diese Weise kann das Potential des Kristallwerkzeugs verwirklicht werden, was zu höherem Bewußtsein, mehr Energie, Heilung, Magie, Wahrsagen und Kraft verhilft.

Nachfolgend werden bestimmte Schmuckstücke, Kraft- und Altarobjekte genauer beschrieben, die aus Quarzkristallen hergestellt werden. Dabei wird der jeweilige Verwendungszweck erörtert sowie Informationen über Metalle, farbige Edelsteine, ihre Aufbewahrung und ihre Harmonie gegeben. Schließlich möchte ich auch noch auf die verschiedenen Symbole eingehen, die in Verbindung mit Quarzkristallwerkzeugen und Schmuckstücken oft verwendet werden.

Wo man Quarzkristallschmuck trägt

Quarzkristallschmuck wird im allgemeinen über den Energiemeridianen und auf den Chakrapunkten des Körpers getragen. Kristalle, die in diesen Bereichen getragen werden, führen dazu, den Energiefluß in diesem Bereich zu verstärken sowie Energie in dem Bereich freizusetzen, der in unmittelbarer Nähe oder in direktem Kontakt mit dem Stein ist. Natürlich verstärkt jeder Kristallschmuck die Energie oder heilt den Körper als Ganzes, auch wenn ein kleiner Kristall nur ein Energiefeld von ungefähr zehn Zentimetern ausstrahlt. Der Körperbereich, auf dem das Schmuckstück aufliegt, wird jedoch am stärksten beeinflußt.

Kristallhalsketten werden auf dem Kehlkopfchakra oder über dem Herzchakra oder in der Mitte zwischen beiden getragen. Wenn die Kette auf dem Kehlkopfzentrum getragen wird, wird dieses geöffnet, und die mit ihm verbundenen Eigenschaften werden verstärkt. Ketten, die über dem Herzchakra getragen werden, werden dieses Energiezentrum öffnen und einen heilenden Einfluß auf den Kreislauf und das physische Herz haben. Ein Kristallanhänger, der zwischen Kehlkopf- und Herzchakra getragen wird, wirkt sich auf beide Bereiche aus und übt einen heilenden Einfluß auf die Lungen und die Atmungsorgane aus. Weist die Spitze des Kristalls nach unten, hat das Schmuckstück einen erdenden Einfluß und verleiht dem Körper mehr Energie. Dies wirkt oft sehr harmonisierend. Weist die Spitze des Kristalls nach oben, wird die Energie verstärkt in die oberen Chakras gelenkt, während sie dem Körper Energie verleiht. Wenn du dazu neigst, leicht »abzuheben«, verlierst du dadurch zu viel von deiner Erdung. Ein Kristall mit zwei Spitzen lenkt gleiche Energiemengen in die oberen und unteren Chakren. Ein zweiendiger Kristall, der nach rechts und nach links ausgerichtet ist, lenkt den Hauptenergiestrom in die Körpermitte, und zwar auf der Ebene, auf der sich der Kristall befindet. Ein Kristall, der über dem Herzchakra getragen wird, verhilft dazu, Negativität zu neutralisieren und die Körperenergien in Harmonie zu bringen. Diese Harmonie verhilft dir zur Entspannung.

Kristallarmbänder wirken auf die Meridiane in den Händen und leiten Energie in die und aus den Armen und Händen. Kristallarmbänder eignen sich ausgezeichnet für Heiler und Menschen, die mit Körperarbeit zu tun haben, sowie für Menschen, die mit den Händen arbeiten. Besonders wirkungsvoll und harmonisierend für den Körper ist es, wenn man an jedem Arm ein Kristallarmband trägt, wobei sich die beiden Armbänder in ihrer Machart, Größe und Qualität der Kristalle und Metalle gleichen sollten. Wenn ein Kristallarmband am linken Handgelenk getragen wird, sollte der Kristall Richtung Schulter weisen. Die linke Seite ist die rezeptive Körperhälfte, die im allgemeinen Energie in den Körper lenkt. Der Kristall, der auf dich zeigt, wird diesen Prozeß unterstützen. Am rechten Arm sollte der Kristall in Richtung Finger weisen, um den Prozeß des Nach-Außen-Lenkens von Energie der rechten Körperhälfte zu unterstützen. Der Gebrauch von Kristallen hilft dir, die Sonnen- und Mond- oder die männliche und weibliche Energie in Balance zu bringen sowie den Energiefluß durch deine Hände zu verstärken.

Kristallringe verhelfen dazu, die Energiekanäle an den Fingerspitzen zu öffnen. Jeder einzelne Finger hat eine bestimmte Wirkung, da jeder mit einer bestimmten Energie verbunden ist. Es gibt verschiedene Systeme der Darstellung, welche Energie mit welchem Finger zusammenhängt. In einem dieser Systeme wird der kleine Finger mit der medialen Energie in Verbindung gebracht, der Ringfinger mit der Sonnenenergie oder Vitalität und der Mittelfinger mit der Willenskraft oder Saturnenergie. Der Ringfinger wird mit Weisheit in Verbindung gebracht. Der Daumen hat mit dem eigenen persönlichen Ego zu tun. (Im allgemeinen trägt man am Daumen keinen Ring.) Trägt man an mehreren Fingern Ringe, verbinden sich ihre Energien miteinander. Wie bei den Kristallarmbändern wird aus der rechten Körperhälfte Energie aus dem Körper nach außen gelenkt, und durch die linke Körperhälfte strömt Energie in den Körper ein.

Kristallohrringe werden nahe den Akupunkturpunkten getragen, die im Zusammenhang mit dem Dritten Auge stehen. Daher wirken sie sehr stimulierend auf dieses Energiezentrum und steigern deine intuitiven und medialen Fähigkeiten. Darüber hinaus wirken sie sich auf den gesamten Kopf aus und wirken heilsam auf die Atemwege, die Ohren und die Augen. Auch hier leiten Kristallohrringe, die auf der linken Seite getragen werden, Energie in den Körper hinein und wirken heilend auf die linke Körperhälfte. Kristallohrringe, die am rechten Ohr getragen werden, heilen die rechte Körperhälfte und lenken Energie aus dir heraus. Du kannst Kristallohrringe dazu verwenden, die beiden Gehirnhälften in Harmonie zu versetzen. Ein Ohrring erhöht die Energie der Gehirnhemisphäre, der er am nächsten liegt.

Kristallstirnbänder drücken den Edelstein direkt auf das Dritte Auge, wodurch sie das Dritte Auge öffnen und seine verschiedenen Kräfte wecken.

Kronen und Kopfbedeckungen mit Kristallen verhelfen dazu, das Scheitelchakra zu öffnen, das Energiezentrum, das dich mit dem höchsten Bewußtsein in Verbindung bringt, welches daraufhin deinen Körper durchströmen kann.

Kristallgürtel und Bauchkettchen öffnen und stimulieren das Nabelchakra. Dies hilft, unterdrückten Ärger aufzulösen und das Nervensystem zu stärken. Wenn deine höheren Chakras geöffnet sind, werden damit deine Körperenergien harmonisiert.

Kristallfußkettchen dienen dazu, die Erdung aufrechtzuerhalten. Darüber hinaus öffnen sie die Energiemeridiane an den Fußsohlen sowie die Energiekanäle, die an den Beinen hinunter verlaufen. Ringe, die an den Zehen getragen werden, öffnen die Energiekanäle an den Zehenspitzen. Wie bei den Fingern, wird jeder einzelne Zeh in Verbindung mit einer bestimmten Form von Energie gebracht.

Stäbe verstärken die Energie der Steine und erzeugen einen laserartigen Energiestrahl, der in bestimmte Richtungen gelenkt werden kann, je nachdem, welche Wirkungen er erzielen soll. Ein Kristallstab kann verwendet werden in Verbindung mit deiner Absicht, um feinstoffliche Energie in außerordentlich machtvoller und präziser Weise zu teilen, streuen, lenken, zu entfernen oder auf irgendeine andere Weise in eine bestimmte Richtung zu senden. Kristallstäbe werden beim Heilen verwendet, beim Geistheilen (einschließlich Operationen, die mit den Methoden des Geistheilens durchgeführt werden), bei Ritualen und in jeder beliebigen anderen Situation, die präzise und starke Energiekanalisation erforderlich macht. Sie sind auch als Kulturobjekte sehr beliebt. Der Kristall in einem Stab sollte immer nur in eine Richtung weisen, so daß der Energiefluß in dieser Richtung verstärkt wird. Befindet sich am unteren Ende des Stabes ein Edelstein, der von der Spitze weg zeigt, wird er den Energiefluß schwächen. Er kann ihn sogar gänzlich unterbrechen. Ein querstehender Edelstein am unteren Ende des Stabes wird den »einspurigen« Energiefluß jedoch nicht stören.

Dorjes sind Kristallstäbe mit einem Kristall an jedem Ende, die jeweils in entgegengesetzte Richtungen zeigen. Die Kristalle an den beiden Enden des Stabes müssen von gleicher Kraft und Größe sein. Dorjes werden auch dazu benutzt, Energie zu lenken, oft in Verbindung mit einer bestimmten Geste oder mit Klang. Man verwendet dabei eine Energiequelle, die außerhalb des Kristallstabes liegt. Der Kristallstab dient in diesem Falle dazu, den Energiefluß dieser Energiequelle umzulenken. Ein Dorje kann dazu benutzt werden, die Wirbelsäule zu repräsentieren. Dieser Energiefluß kann harmonisiert und dann so manipuliert werden, daß die Energie balanciert, freigesetzt, verstärkt oder anderweitig verändert wird.

Kristallpendel sind Werkzeuge, die dazu dienen, das unterbewußte innere Gewahrsein nach außen zu spiegeln, das sich in dir befindet. Sie können auch dazu verwendet werden, Energiefelder aufzuspüren und die feinstofflichen Energieströme in deinem feinstofflichen Körper zu erkennen. Bei einem Pendel wird ein Quarzkristall benutzt, dessen Spitze nach unten weist und der an einer ungefähr zehn bis fünfzehn Zentimeter langen Kordel oder Kette hängt. Der Kristall sollte dabei ausbalanciert sein, so daß die Spitze exakt nach unten zeigt und nicht etwa nach rechts oder links. Die meisten Pendler bevorzugen Kristalle, deren Flächen so glatt wie möglich sind, da das Pendel dann am genauesten ist. Halte das Pendel immer ungefähr fünfzehn Zentimenter über eine Oberfläche, wobei der Edelstein an der Kette hängt. Konzentriere dich auf den Kristall und benutze deinen Geist, um den Kristall in verschiedene Richtungen kreisen zu lassen. Beobachte, wie das Pendel deine Gedanken widerspiegelt. Denke nun an das Wort oder die Antwort »ja«, und beobachte, in welche Richtung das Pendel kreist. Dann konzentriere dich auf das Wort »nein«. Nun sollte das Pendel in die andere Richtung kreisen. Wenn du einmal die Richtung der Kreisbewegungen festgelegt hast (bei »ja« schwingt das Pendel gewöhnlich im Uhrzeigersinn), kannst du damit beginnen, dir mit Hilfe des Pendels Fragen zu beantworten, die eine »Ja«- oder »Nein«-Antwort erfordern. Stell deine Frage und halte dann deinen Geist frei von Gedanken, bis du deine Antwort erhältst durch die Richtung, in der das Pendel kreist.

Du kannst das Pendel dazu benutzen, die Kraft oder die Strahlungsbreite eines Energiefeldes auszumachen. Weise das Kristallpendel an, zu kreisen, wenn es ein Energiefeld aufspürt. Je stärker die Rotation, um so stärker ist das Energiefeld. Du kannst das Zentrum eines Energiefeldes ausmachen, indem du die stärkste Kreisbewegung des Pendels feststellst. Du kannst die Projektion eines Energiefeldes ausmessen, indem du dich vom Mittelpunkt entfernst, bis dein Pendel zu kreisen oder zu schwingen aufhört. Gehe in viele verschiedene Richtungen, um das Ausmaß des Energiefeldes festzustellen. Um die feinstoffliche Energie im Körper auszupendeln, halte das Pendel ungefähr fünfzehn Zentimeter über die Körperoberfläche. Dann bewege es über den Körper. Wenn das Pendel zu schwingen beginnt oder eine bestimmte Kreisbewegung macht, zeigt es dir Richtung und Intensität des feinstofflichen Energieflusses an. Das Pendel kann auch dazu benutzt werden, die Chakras zu öffnen, indem du es geistig dazu bringst, über jedem Chakra im Uhrzeigersinn zu schwingen. Um ein Chakra zu schließen, veranlasse das Pendel, entgegen dem Uhrzeiger zu kreisen. Am vertrautesten wirst du mit deinem Pendel, wenn du mit ihm experimentierst. Je mehr du dein Pendel benutzt, um so besser wird deine Treffsicherheit. Wie bei jedem Kristallschmuck, versichere dich, daß der Kristall, das Metall oder die anderen verwendeten Materialien sowie Symbole oder zusätzliche farbige Edelsteine zu dir passen.

Wie Kristallschmuck angefertigt wird

Wie der Kristallschmuck gefertigt wird und wer ihn fertigt, ist von besonderer Wichtigkeit. Das Bewußtsein der Menschen, die den Schmuck anfertigen, und der Platz, wo er hergestellt wird, wird von dem Schmuckstück reflektiert. Sind die Menschen, die das Schmuckstück anfertigen, glücklich, besitzen sie ein höheres Bewußtsein und sind sich der Qualitäten des Edelsteins bewußt, wirst du diesen Unterschied in Hinsicht auf die Schwingung der Kristalle und des Schmuckstücks als Ganzes feststellen können. Sei dir dessen bewußt, wenn du ein Schmuckstück kaufst. Schmuck sollte nicht nur gut aussehen, sondern auch ein gutes Gefühl vermitteln.

Wie der Stein gefaßt wird

Die Art, wie ein Schmuckstück gefertigt wird, und besonders die Art und Weise, wie der Stein gefaßt ist, ist sehr wichtig. Ein Stein sollte so gefaßt werden, daß er durch die Fassung nicht beschädigt wird und der Energiefluß des Steins aus dem Gleichgewicht gebracht wird. Die Spitze oder der Boden des Kristalls sollte beispielsweise nicht vollkommen eingeschlossen sein. Dies behindert den Energiefluß des Edelsteins. Oft benutzt man zur Befestigung des Kristalls Klebstoff. Die feste, klebrige Masse, durch die die Schwingung des Kristalls durchfließen muß, ist ein Hindernis, das den Energiefluß des Kristalls stört. Praktisch bedeutet dies, daß du den Kristall sehr wahrscheinlich verlieren wirst, wenn er nur mit Klebstoff befestigt ist. Wenn ein Stein durchbohrt worden ist, um auf eine Kette gefädelt zu werden, stelle sicher, daß er nicht der ganzen Breite nach horizontal durchbohrt worden ist. Dies unterbricht den Energiefluß des Kristalls vollständig. Das Durchbohren des Kristalls macht nichts, solange der Kristall nicht vollständig in horizontaler Richtung durchbohrt worden ist.

Im allgemeinen ist eine offene Fassung am besten. Dies ermöglicht einen optimalen Energiefluß durch den Stein und gewährleistet, daß natürliche Energiequellen wie Sonnenlicht, Wind und Wasser deinen Edelstein aufladen können, wenn du ihn trägst. Wenn du deinen Edelstein ständig neu auflädst, während du ihn trägst, wirst du auch deinen Körper kontinuierlich mit zunehmender Energie versorgen. Ein gleichbleibender Energiekreislauf, der sich immer wieder erneuert, wird so erzeugt.

Metalle

Alles, was sich in der Umgebung eines Kristalls befindet, beeinflußt ihn. Daher ist es sehr wichtig, Metalle zu verwenden, die positive Einflüsse ausüben: Solche Metalle sind Silber, Gold, Kupfer oder Verbindungen dieser Metalle. Außer in seltenen Fällen, benutze keine Bleilegierungen, da Blei den Energiefluß des Kristalls behindert oder unterbricht.

Jedes Metall besitzt charakteristische Eigenschaften, die abgewogen werden und auf deine Energie und deine Ziele abgestimmt sein sollten. Silber tendiert dazu, Mond-, Wasser- oder feminine Energie zu kanalisieren. Gold kanalisiert solare, Feuer- oder maskuline Energie. Kupfer tendiert dazu, mehr Feuer- und Erdenergie zu leiten. Messing kanalisiert vorwiegend Feuerenergie, obwohl es nicht so ätherisch ist wie Gold. Die Schwingung von Messing ist gröber als die von Gold. Metalle können miteinander verbunden werden, um eine Verbindung von Sonne/Mond oder Sonne/Mond/Erd-Energie zu erzeugen.

Wenn du ein Schmuckstück oder ein Kristallwerkzeug kaufen möchtest, achte darauf, aus welchem Metall es ist. Möchtest du von der Qualität des jeweiligen Metalles beeinflußt werden? Enthält es Blei? Oft enthalten Kristalle, die eine billige Fassung haben, ein unerwünschtes Metall.

Manchmal ist Stahl ein geeignetes Metall in Verbindung mit Kristallen. Es stellt die Verbindung mit der Erde her und verleiht dir die Kraft, ein höheres Bewußtsein aufrechtzuerhalten, während du auf der physischen Ebene wirkst.

Neben Metallen können Kristalle auch in anderen Materialien eingearbeitet sein wie zum Beispiel Leder, Stoff oder indianische Perlenstickereien. Auch diese Materialien beeinflussen den Kristall und sollten demnach ausgewählt werden. Leder beeinflußt den Kristall mit Erdenergie und mit den Qualitäten des Tiers, dessen Haut zusammen mit dem Edelstein verarbeitet wurde. Achte auf die Farbe und die anderen Qualitäten des jeweiligen Materials. Wie fühlt es sich an? Seide, Baumwolle und andere Naturfasern sind gut geeignet. Synthetische Stoffe filtern und leiten Kristallenergie nicht besonders gut.

Welches Metall eignet sich nun für dich am besten? Im allgemeinen ist für dich das Metall am geeignetsten, zu dem du dich am meisten hingezogen fühlst. Du gehst hierbei genauso vor wie bei der Auswahl des Kristalls. Achte darauf, was dich anzieht. Wenn dich ein bestimmtes Material anzieht, schwingt es wahrscheinlich in Harmonie mit dir. Wähle dieses Metall. Du wirst vielleicht feststellen, daß du verschiedene Metalle verwenden mußt, je nachdem, wie sich deine Energie verändert. Sie kann sich von Tag zu Tag oder in irgendeinem anderen Rhythmus oder überhaupt nicht verändern. Achte darauf, daß deine Körperenergien ausbalanciert werden. Wenn du das Gefühl hast, daß du sehr viel Feuerenergie in dir hast und mehr Ruhe brauchst, eignet sich für dich Silber. Wenn du eher ein leichterer oder ein gemäßigterer Typ bist, ist Gold das richtige Metall für dich. Bist du zu ätherisch und zu wenig geerdet, wähle Kupfer. Achte auch darauf, was du bei deiner Kristallarbeit erreichen möchtest. Im wesentlichen verlasse dich bei der Auswahl des Metalls auf deine Intuition.

Die Wahl des Kristallschmucks

Wähle ein Kristallschmuckstück genauso aus, wie du einen Kristall aussuchen würdest. Benutze deine Intuition und wähle das Schmuckstück, zu dem du dich am meisten hingezogen fühlst. Wenn du ein Kristallschmuckstück für jemand anderen aussuchst, konzentriere dich auf die betreffende Person, während du den Schmuck betrachtest, und achte darauf, wo du dich hingezogen fühlst. Solange du dich auf den anderen konzentrierst, wirst du mit ihm in Harmonie schwingen, und der Kristall wird dementsprechend in Schwingung geraten und somit für den betreffenden Menschen richtig sein.

Wenn du ein Kristallschmuckstück aussuchst, achte auch darauf, ob der Kristall poliert oder naturbelassen ist. Beides hat Vorteile, die du bei der Wahl abwägen solltest. Ein polierter Kristall neigt dazu, ein sanfteres und runderes Energiefeld zu erzeugen. Ein naturbelassener Kristall neigt dazu, seine Projektionen eher in Form eines Laserstrahles zu übermitteln. Manchmal kann das Polieren eines Kristalles seinen Glanz verstärken, was ihm zusätzliche Kraft verleiht. Manchmal jedoch kann das Polieren und der Schliff eines Edelsteins seine Kraft schwächen. Der Goldschmied oder Künstler, der das Schmuckstück fertigt, muß sich der feinstofflichen Eigenschaften des Steines bewußt sein, wenn er den Kristall schleift. Wenn der Schliff nicht dem natürlichen Energiefluß des Steins folgt, wird dieser unterbrochen oder vollkommen zerstört. Ein natürlicher Stein ist nicht grundsätzlich besser als ein geschliffener oder polierter, oder umgekehrt. Jeder Stein ist einzigartig und muß bei deiner Wahl gesondert betrachtet werden. Schließlich halte das Schmuckstück eine Weile in deiner Hand, spüre in dich hinein, und achte darauf, wie es sich anfühlt und auf die verschiedenen Energiezentren deines Körpers wirkt, bevor du deine Wahl triffst. Benutze dabei deine Intuiton und deine Sensitivität.

Reinigung

Wenn du ein Kristallschmuckstück kaufst, reinige es sofort mit deinem Atem, mit Rauch oder Salzwasser, bevor du es trägst. (In Salzwasser kann das Metall jedoch oxydieren, besonders Silber.) Eine Ausnahme besteht dann, wenn du das Gefühl hast, daß du den Einfluß des Schmuckstückes aufrechterhalten möchtest. Ansonsten reinige den Kristall von jedem Einfluß, der in ihm infolge seiner Herstellung und seiner vorherigen Behandlung enthalten ist. Bei der Bearbeitung des Metalles wird Hitze verwendet, und das Metall wird beispielsweise mit dem Hammer bearbeitet. Dies kann eine sehr disharmonische Wirkung auf dich haben, wenn das Schmuckstück nicht gereinigt worden ist. Denke daran, wenn du ein Schmuckstück reinigst, reinigst du nicht nur die Kristalle oder die anderen Edelsteine, sondern auch das Metall und das Material, das verwendet worden ist.

Du solltest das Schmuckstück auch immer dann reinigen, wenn du krank gewesen bist. Reinige es auch dann, wenn du in einer Umgebung gewesen bist, die unerwünschte Schwingungen in deine Steine geleitet haben könnte. Reinige es, wenn es jemand berührt hat, der dir nicht besonders sympathisch oder vertraut ist. Antiken Schmuck solltest du gewöhnlich immer reinigen.

Harmonie

Wenn du Kristallschmuck trägst , solltest du besonders darauf achten, daß du mit dem Schmuckstück in Harmonie bist. Du möchtest dich sicher nicht aus dem Gleichgewicht bringen, indem du in ein bestimmtes Chakra zu viel Energie lenkst. Wenn du beispielsweise ständig einen Stein auf deinem Dritten Auge trägst, kannst du deine Erdung verlieren, und dies wirkt sich im physischen Universum sehr negativ aus. Wenn du ein Schmuckstück auf deinem Dritten Auge oder Ohrringe trägst, ist es gelegentlich gut, wenn du auch einen Stein auf deinem Nabelchakra trägst, um Harmonie herzustellen. Benutze die verstärkenden Eigenschaften des Kristalls nicht dazu, dich in einem konstanten Zustand sehr hoher Energie zu halten, ohne auch einmal zu entspannen oder zu ruhen. Du kannst dadurch den physischen Körper ermüden und Krankheit hervorrufen. Wenn du das Gefühl hast, daß dies geschieht, lege das Schmuckstück ab und trage es eine Zeitlang nicht. Kristalle sind sehr machtvoll. Wenn du sie trägst, trägst du gleichzeitig die Verantwortung für dich und die anderen Menschen, die durch den Kristall beeinflußt werden.

Aufladen

Kristallschmuck kann auf dieselbe Weise mit Energie aufgeladen werden, wie ein Kristall. Alles, was man mit einem Kristall machen kann, kann man auch mit Kristallschmuck machen. Die Tatsache, daß ein Kristall zu einem Schmuckstück verarbeitet worden ist, macht es möglich, daß du deinen Kristall jederzeit bei dir tragen kannst und mit ihm arbeiten kannst, wann immer du möchtest. Manchmal werden Kristalle »vorprogrammiert« verkauft. Wenn du denjenigen, der den Kristallschmuck programmiert hat, nicht kennst oder mit ihm nicht befreundet oder vertraut bist, ist es am besten, deinen Kristall selbst mit Energie aufzuladen. Ein Kristall, der ganz speziell von dir und mit deiner Energie aufgeladen worden ist, besitzt immer eine viel stärkere Wirkung als ein Kristall, der allgemeiner programmiert worden ist.

Aufbewahrung

Beim Aufbewahren deines Kristallschmucks solltest du genau so umsichtig vorgehen, wie bei der Aufbewahrung von Kristallen. Wenn du ihn in ein Stück Stoff einhüllst, verwende nur natürliche Fasern. Vielleicht möchtest du den Schmuck auf einem Altar oder an einem anderen besonderen Platz aufbewahren. Wenn du nicht möchtest, daß andere Menschen deinen Schmuck berühren, mache nicht auf ihn aufmerksam. Bewahre ihn an einem unverdächtigen Ort auf. Um die höchste Vibration des Schmucks aufrechtzuerhalten, lege ihn nirgendwo hin, wo Unordnung herrscht. Kristallschmuckstücke sind Werkzeuge. Behandle sie mit Respekt.

Farbige Steine

Kristallschmuck wird gewöhnlich aus klaren oder Amethyst-Kristallen gefertigt. Weniger häufig werden Turmalin-, Rauch-, Quarz, Zitrin-, Aquamarin- oder andere natürliche Kristalle verwendet. Neben diesen Steinen können andere geschliffene oder polierte farbige Edelsteine befestigt sein. Wenn ein farbiger Stein zusätzlich zu einem klaren Kristall in einem Schmuckstück verarbeitet worden ist, werden die Eigenschaften und Wirkungen des farbigen Steins verstärkt. Der daraus resultierende Effekt besteht darin, daß du das Gefühl hast, einen viel größeren Edelstein zu tragen, als er in Wirklichkeit ist.

Ein klarer Kristall ist in seiner Verwendungsmöglichkeit am vielseitigsten. Klare Kristalle können mit jeder Farbe programmiert werden, mit der du arbeiten möchtest, und nachdem sie aufgeladen worden sind, zeigen sie genau die charakteristischen Eigenschaften dieser Farbe. Wenn du nicht mehr mit dieser Farbe arbeiten möchtest, kannst du sie von dieser Farbe reinigen. Wenn du möchtest, kannst du den Kristall dann in einer anderen Farbe programmieren.

Viele Menschen arbeiten gerne mit Amethysten. Sie erweisen sich bei jeder Heilarbeit als sehr hilfreich. Sie beeinflussen den Körper mit einer spirituellen oder höheren Bewußtseinsschwingung.

Wenn man einen Kristall in unmittelbarer Umgebung eines bestimmten Chakras oder Energiemeridians trägt, ist es oft sehr hilfreich, wenn man gleichzeitig einen kleineren Edelstein an dieser Körperstelle trägt, der die Farbe besitzt, die diesem Energiezentrum entspricht. Dies stimuliert dieses Chakra oder diesen Meridianpunkt noch mehr. Wenn du beispielsweise eine Halskette mit einem Anhänger auf dem Kehlkopfchakra trägst, könntest du zusätzlich einen türkisen oder blauen Achat tragen. Wenn du im Kehlkopfbereich Heiserkeit verspürst oder eine Halsentzündung hast, könntest du einen kühlenden grünen Stein tragen, wie zum Beispiel Jade oder Malachit.

In einer Halskette, die über dem Herzchakra getragen wird, eigenen sich Rosenquarz, Malachit oder Smaragd ausgezeichnet im Zusammenhang mit einem klaren Kristall. Lapislazuli und Saphir eignen sich gut in Verbindung mit jeder Art von Kristall, welcher das Dritte Auge stimuliert. Im Zusammenhang mit Edelsteinen, die auf dem Scheitelchakra getragen werden, verwende Amethyst. Gelber Zitrin eignet sich sehr gut für das Nabelchakra. Dieser Stein ist auch dann sehr nützlich, wenn er im Zusammenhang mit Angelegenheiten der Willenskraft, Kreativität oder der Aktivität auf der physischen Ebene gebraucht wird. Orangefarbene Steine so wie Karneol oder Madeira-Zitrin eignen sich ausgezeichnet für alles, was mit dem zweiten Chakra zu tun hat. Granat und Rubin eignen sich ausgezeichnet für die Energie des ersten Chakras. Schließlich erweist sich jeder erdfarbene Stein zur Beruhigung und zur Erdung.

Es kann hierbei sehr nützlich sein, sich nach Büchern zu richten, die Systeme der Platzierung und Verwendung von Edelsteinen beschreiben. Am effektivsten ist es jedoch, wenn du in der Lage bist, die Wirkungen der jeweiligen Farbe eines Edelsteines sensitiv wahrzunehmen und ihn dann je nach Situation einzusetzen. Auch hier verlaß dich wieder auf deine eigene Intuition und innere Weisheit wie bei der gesamten Kristallarbeit.

Hinsichtlich der Wirkungen eines Edelsteines ist es schließlich auch noch sehr wichtig, wie der Stein geschliffen ist. Manche Steine wirken stärker, wenn sie geschliffen sind, da der Schliff ihre Kraft freisetzt. Auch hier benutze wieder deine Intuition, um zu erkennen, wie sich ein bestimmter Edelstein für dich anfühlt. Das Kennzeichen von gutem Schmuckdesign und einer guten Juwelierarbeit besteht darin, die einzigartige Qualität eines jeden Edelsteins zu erkennen, und die Steine auf die ihnen gemäße Art und Weise zu bearbeiten.

Kraftobjekte und Skulpturen aus Kristall

Ein Kraftobjekt ist ein Werkzeug, das deine Fähigkeit, mit feinstofflichere Energie zu bearbeiten, erhöht und dir die Kraft verleiht, gewisse Aufgaben zu bewältigen, zu denen du dich aufgerufen fühlst. Quarzkristalle an sich sind Kraftobjekte. Es kann jedoch aus bestimmten Kombinationen von Quarzkristall mit anderen Objekten oder Materialien ein Kraftobjekt entstehen, das ganz allein dein eigenes ist oder einem ganz bestimmten Zweck dient. Viele Kraftobjekte der Schamanen enthalten beispielsweise ganz bestimmte Federn. Jeder Vogel, von dem eine bestimmte Feder stammt, repräsentiert eine bestimmte Energie. Eine Eule symbolisiert den Tod, für andere bedeutet sie den Übergang. Der Adler ist ein Vogel, der am höchsten in den Himmel hinauffliegt und damit Gott am nächsten kommt, der somit seine Energie repräsentiert. Ein Rabe wird oft als der Bote des Adlers betrachtet. In manchen Überlieferungen hat der Adler die gleiche Bedeutung wie der Rabe. Wenn eine Feder zusammen mit einem Kristall verwendet wird, verleiht sie dem Kristall die Qualität des betreffenden Vogels. Federn können auch als Stab verwendet werden.

Aus Kristallen kann man auch Skulpturen anfertigen, die man in einem Raum aufstellt. Du kannst Kristalle in jeder Umgebung aufstellen, die du mit der Energie des Kristalles beeinflussen möchtest. Dies ist auch eine Möglichkeit, sich mit Kristallen zu umgeben, ohne großes Aufsehen zu erregen oder als sonderbar zu gelten. Kristallskulpturen sind eine gute Möglichkeit, die natürliche Schönheit des Kristalles bestmöglich darzustellen.

Kristallgenerator

Ein Kristallgenerator besteht aus einer bestimmten Zusammensetzung und Kombination von Kristallen und Metallen, die ein extrem mächtiges Energiefeld erzeugen. Benutze den Kristallgenerator um einen großen Raum oder ein ganzes Haus mit Kristallenergie aufzuladen. Benutze ihn jedesmal, wenn du eine große Menge Energie brauchst, um deine Umgebung damit zu beeinflussen. Die Form eines Kristallsgenerators ist in der Abbildung dargestellt. Benutze einen großen Kristall in der Mitte der Formation, der aufrecht steht. (Mindestens zwanzig Zentimeter lang und zehn Zentimeter im Durchmesser.) Stelle diesen Kristall auf eine schwarze Oberfläche, ein heiliges Buch oder irgendeine Oberfläche, die Energie abstrahlt und nicht absorbiert. Wähle dann drei kleinere Kristalle gleicher Größe. Lege sie so an, daß ihre Spitze nach innen auf die Spitze des großen Kristalles weisen. (Die Spitzen können sich berühren, oder die kleineren Kristalle können in geringer Entfernung zur Spitze des großen Kristalles sein.) Lege den ersten kleineren Kristall dorthin, wo sich die größte Fläche des großen Kristalles befindet. Dann lege die anderen zwei kleineren Kristalle an die anderen Flächen des großen Kristalles. Umwickle einen kleinen Kristall mit Kupferdraht, einen mit Silberdraht und einen mit Golddraht. Wenn du dies getan hast, ist dein Generator fertig. Einige Leute aktivieren den Generator auch noch mit Hilfe von Visualisation, Klang oder Licht.

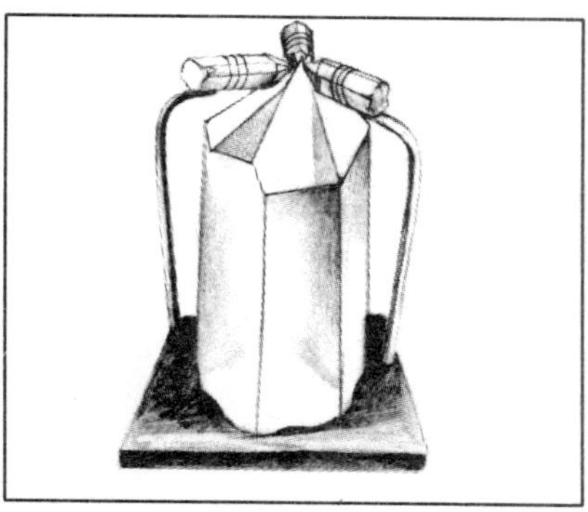

Symbolik

In Verbindung mit deinem Kristall kannst du ganz bestimmte Symbole verwenden. Dies hat zur Folge, daß der Kristall im Einklang mit den Eigenschaften des Symbols schwingt, und dich damit in gleicher Weise beeinflußt. Zahlen, Muster, Bilder oder jeder andere Gegenstand, der eine persönliche Bedeutung für dich hat, kann bei einem Kraftobjekt verwendet werden. Kraftobjekte kannst du an deinem Körper tragen oder immer bei dir haben, um sie für Zeremonien, Heilungen oder andere geeignete Anlässe zu verwenden.

Nachfolgend findest du eine Zusammenstellung der traditionellen Symbole und ihre Bedeutungen. Du wirst diese Symbole oft im Zusammenhang mit Kristallschmuck finden.

Dreieck: die Dreiheit, Unendlichkeit

Kreis: Unendlichkeit

Quadrat: die vier Himmelsrichtungen, endlicher Raum, die vier Jahreszeiten

Pentagramm oder Fünfstern: die menschliche Vollkommenheit, die fünf Elemente

Das Siegel des Salomon oder der Sechsstern: die Vereinigung und Interaktion von Materie und Geist, oder die Form und das Formlose

Schlange: Kundalini-Energie

Einhorn: Reinheit und Kraft

Sonne: männliches Prinzip, Licht, Manifestation

Mond: weibliches Prinzip, rezeptive Energie

Halbmond, zunehmend: das Prinzip der weiblichen Göttin, Isis

Herz: Leben

Yin Yang: Symbol der Vereinigung der Gegensätze, der Interaktion und Vereinigung von weiblicher und männlicher Energie

Om: kosmisches Bewußtsein oder höchste Erkenntnis

Das Auge des Horus: das solare, männliche Prinzip, Schutz gegen Krankheit, Lebensspender

Adler: Vereinigung mit dem höchsten Geist

$ (Dollar-Zeichen): Reichtum (dies kann mit dem Zeichen für Om für Weisheit verwendet werden, um Wohlstand zu sichern)

Dreizack: Shiva oder die männliche kreative Energie, das manifestierte göttliche Wesen, Neptun

Fisch: Christusbewußtsein

Delphin: die Kommunikation der verschiedenen Wesen und Wesenheiten und die Verbindung der verschiedenen Bewußtseinsebenen

Kreuz: Christusbewußtsein, die vier Himmelsrichtungen

Lotusblüte: Reinheit, Erkenntnis

Hand mit ausgebreiteten Fingern, Handfläche nach vorne: Zeichen des Segnens

Hand, bei der sich Daumen und Zeigefinger berühren: Gyan Mudra, Weisheit und Wissen

Sonne: männliche, solare Energie, Lebenskraft, Licht der Erkenntnis, der Wahrheit (Erleuchtung) . . .

Dies sind nur einige der gebräuchlichsten Symbole. Jedes Objekt kann viele verschiedene Bedeutungen haben. Jede religiöse Gruppe so wie viele andere spirituelle Vereinigungen besitzen ihre eigenen Symbole. Jeder Mensch besitzt seine eigene private Symbolwelt. Daher gibt es unendlich viele verschiedene Symbole. In bezug auf Symbolik ist es am besten, wenn man auf die verschiedenen Bezugsquellen zurückgreift, um dort Material über die Bedeutung der jeweiligen Symbole zu finden, oder intuitiv erkennen kann, welche individuelle Bedeutung ein Symbol für einen persönlich hat

Wie du auf dich selbst achtgibst

Wenn du mit Quarzkristallen arbeitest oder irgendeine Form von metaphysischer Arbeit leistest, arbeitest du mit Energieschwingungen. Du führst deinem Körper große Mengen sehr starker Energie zu, um diese Arbeit tun zu können. Diese Energie ist enorm. Es ist die Lebensenergie des Universums. Sie ist auch extrem feinstofflich. In der Tat kann es leicht sein, daß man das Ausmaß an Energie nicht bemerkt, das man durch seinen Körper kanalisiert. Der Grund dafür liegt entweder darin, daß du noch nicht ausreichend entwickelt bist, dir dessen bewußt zu sein, oder daß du so daran gewöhnt bist, daß du die Energie nicht mehr bemerkst. Aufgrund der Stärke und Intensität der Energie, die du bei der Kristallarbeit einsetzt, kann es geschehen, daß sich diese Energie letztendlich negativ auf dich auswirkt, wenn du nicht gut für deinen Körper sorgst und ihn stärkst.

Wie bereits erwähnt, sollte dein Körper wie ein Rohr sein, durch das die Energie ungehindert fließen kann. Du läßt die Energie in dich einströmen, in der richtigen Weise in deinem Körper zirkulieren und wieder aus dir ausströmen, um dann wiederum Energie in dich aufzunehmen – ein Kreislauf in frei fließender Energie. Wenn dein Körper nicht stark genug ist oder Blockaden vorhanden sind, ist dieses Energierohr nicht durchlässig. Die Energie wird blockiert oder in die falsche Richtung gelenkt, und sie neigt dazu, in den schwächsten Bereich deines Körpers einzuströmen. Wenn du eine Heilung vornimmst, kann es beispielsweise vorkommen, daß die Energie, die du aus dem anderen Menschen abziehst, in dir gestaut wird und negativ auf dich einwirkt, oder sie strömt aus dir aus und beeinflußt andere Menschen negativ.

Kristallarbeit, mediale Arbeit, Heilen oder jede andere metaphysische Tätigkeit bedienen sich der oberen Chakras: dem Dritten Auge, dem Scheitelchakra, Kehlkopf- oder Herzchakra. Wenn diese Energiezentren eingesetzt werden, ist die Schwingung deiner Körper wie auch die deiner Umgebung höher. Um dies zu erfahren, versuche folgende Übung: Setz dich ruhig hin und fühle die Schwingung in deiner Umgebung. Tu nichts. Sitze nur da und fühle die Schwingung deiner Umgebung und in deinem Körper. Dann meditiere auf dein Drittes Auge. Atme mit langen, tiefen Atemzügen, so als ob du durch dein Drittes Auge ein- und ausatmen würdest. Mache dies fünfzehn Minuten lang. Dann atme tief ein, halte den Atem an, und lasse ihn dann wieder aus ihm ausströmen. Öffne jetzt wieder die Augen, und beobachte, was mit der Schwingung in deiner Umgebung geschehen ist. Beobachte die enorme Erhöhung der Schwingungsfrequenz sowohl in deiner Umgebung als auch in deinem Körper. Dies gibt dir eine Vorstellung von der Energie, mit der du arbeitest. Viele Kristallarbeiter und Heiler sind nicht bewußt auf die Energiemengen und auf diese erhöhte Schwingung eingestimmt, die sie benutzen. Ohne sich darauf einzustimmen, und ohne einen klaren und kräftigen Körper, der notwendig ist, um mit dieser Energie umzugehen, läufst du Gefahr »zusammenzubrechen«, und zwar körperlich, geistig, psychisch und spirituell.

Auf welche Anzeichen solltest du achten, wenn du dem Zusammenbruch nahe bist und beginnst, mit dieser Energie nicht mehr fertig zu werden? Folgende Anzeichen solltest du beachten: Wenn du beginnst, an Gewicht zuzunehmen. Körperlich Schwere dient oft als Schutz oder als Versuch, dich zu erden. Oder das Gegenteil kann passieren. Möglicherweise verlierst du an Gewicht. Oder dein Geist wird unklar und unkonzentriert. Du erlebst vielleicht plötzliche Stimmungswechsel. Wenn du eine Frau bist, kann es sein, daß du Menstruationsstörungen bekommst oder deine Menstruation ausbleibt. Zittern oder Schütteln, das sowohl innerlich empfunden werden als auch sich äußerlich bei deiner Arbeit zeigen kann, sind ein sicheres Anzeichen für ein geschwächtes Nervensystem. Möglicherweise spürst du auch Verspannungen oder körperliche Schmerzen. Dein Kiefer kann sich verspannen. Du könntest schmerzhafte Verspannungen im Schulter- und Nackenbereich verspüren. Es kann sein, daß du Kopfschmerzen bekommst. Dein Atem geht vielleicht schwerer oder unregelmäßiger.

Möglicherweise verändern sich deine Schlafgewohnheiten. Es kann vorkommen, daß du enorm schläfrig und müde bist. Du hast das Gefühl, als könntest du nicht genug Schlaf bekommen. Oder das Gegenteil kann auftreten. Plötzlich kannst du überhaupt nicht mehr schlafen. Achte darauf, ob du auf stimulierende Substanzen wie Kaffee oder schwarzen Tee zurückgreifst, um dich wachzuhalten oder um deine Wahrnehmungen anzuregen. Anfangs scheint dies zu helfen, aber schließlich wirkt es sich auf deinen Körper destruktiv aus. Koffein und andere stimulierende Substanzen schwächen dein Nervensystem und das ganze feinstoffliche »Muskelsystem«. Vielleicht umgibst du dich mit Farben, die dich mehr erden, oder du kleidest dich in beruhigenden Farben wie warmes grün oder rosa. Vielleicht empfindest du weiß, blau oder violett als zu intensiv. Bekommst du Botschaften in deinen Träumen, die dir mitteilen, daß du müde wirst oder daß du »völlig ausgepumpt« bist? Stößt du dich an Gegenständen oder verletzt du dich leicht? Wenn du zu Unfällen neigst, achte darauf, welchen Körperteil du dabei verletzt. Was scheint dir dieser Körperteil sagen zu wollen? Ist es vielleicht ein versteckter Hinweis darauf, daß du langsamer treten sollst und Ruhe brauchst?

Was geschieht, wenn du körperlich zusammenzubrechen drohst und es dir nicht gelingt, dich zu regenerieren und zu Kräften zu kommen? Als erstes verlierst du die Klarheit, die du für deine Arbeit brauchst. Du wirst ungenau, oder deine Arbeit hat keine Wirkung. Du gelangst aus dem Gleichgewicht. Da dein Körper schwächer wird, kann die Energie nicht in die oberen Chakras aufsteigen. Sie kommt überwiegend aus den unteren Chakras. Wenn das der Fall ist, kann es sein, daß du nach Macht oder sexuellen Abenteuern strebst oder deine Arbeit auf subtile Weise dazu mißbrauchst, diese Bedürfnisse zu befriedigen. Wenn deine Energie niedriger wird, wird auch das entsprechende Bewußtsein niedriger, dein niederes Selbst gewinnt mehr Kontrolle über dich, und du findest Ausreden, die dein unangebrachtes Verhalten rechtfertigen. »Ich bin ein bewußter Mensch, ich kann diese Dinge gut machen. Ich habe immer recht, weil ich bewußter bin als andere Menschen.« Derartige Aussagen erscheinen deinem niederen Bewußtsein glaubhaft. Die Vorstellungen deines Ego dominieren. Dein Ego kann beispielsweise Dinge sagen wie: »Ich bin ein großartiger Kristallarbeiter. Wie also könnte ich damit aufhören. Ich muß einfach weitermachen.« Oder das Ego redet dir folgendes ein: »Wer bin ich denn noch, wenn ich nicht mehr mit Kristallen arbeite?« Du vergißt womöglich, wer du in Wirklichkeit bist, und denkst, daß du das bist, was du tust. Vielleicht hast du irgendeine Organisation um dich aufgebaut und bist nun darin gefangen. Du wirst nun von deinen Geschäften beherrscht, anstatt daß du deine Geschäfte führst. Du vergißt, wie sie anfangs entstanden sind. Du vergißt, daß du aufhören und langsamer treten kannst. Du erkennst nicht, daß du die lebensspendende Energie nicht mehr aufnimmst, die du brauchst, um wiederum diese Energie zu Heilung oder Kristallarbeit zu verwenden. Der Kreislauf der Aufnahme und Abgabe von Energie wird unterbrochen und du verausgabst dich so lange, bis du sozusagen völlig ausgepumpt bist.

Was kannst du tun, wenn du feststellst, daß dein Körper, dein Geist oder deine Seele erschöpft sind? Als erstes höre auf. Es gehört sehr viel Kraft und Demut dazu, zuzugeben, daß du »in einer Sackgasse steckst« oder »vom Weg abgekommen« oder völlig erschöpft bist. Im allgemeinen möchte dein niederes Selbst, dein Ego, sich als etwas Besonderes fühlen, als jemand, der über den Dingen steht. (»Was werden meine Schüler oder Freunde oder Klienten von mir denken?« sagt das Ego).)

Erkenne, daß nichts, was du erreicht hast, dadurch an Wert verliert, und daß du nur ein sterbliches Wesen bist, und höre dann auf zu arbeiten. Das nächste, was du tun mußt, ist dein Nervensystem zu stärken. Es gibt verschiedene Methoden, dies zu tun, und du solltest möglichst viele von ihnen ausprobieren.

Als erstes trinke viel Wasser. Trinke Ingwer-Tee. Nimm viel Vitamin B und C zu dir. Finde heraus, ob du auch Mangel an anderen Vitaminen hast. Besonders für Frauen sind Bananen gut für das Nervensystem. Ingwer, Gewürznelken und Knoblauch verleihen dem Körper neben vielen anderen Wohltaten Energie. Lecithine steigern die Leitfähigkeit der Nerven. Um das Drüsensystem anzuregen, kannst du Grapefruitsaft trinken. Eine milde Diät aus Mangoldgemüse, die fünf bis zehn Tage lang durchgeführt wird, tut dem Drüsensystem gut, besonders bei Frauen. Am ersten Tag eines Mondzyklus haben die Drüsen automatisch ihre maximale Ausscheidung. Wenn du daher am elfen Tag im Monat fastest, kannst du das Drüsensystem stärken. Vielleicht brauchst du eine Blutreinigung. Dazu eignen sich verschiedene Dinge, wie Äpfel, schwarzer Pfeffer, Knoblauch, Grapefruit, Orangen und Reis. (Vielleicht möchtest du unter ärztlicher Aufsicht eine Diät oder Fastenkur machen.)

Du solltest auch meditieren. Atme in langen, tiefen Atemzügen. Elf Minuten am Tag tief durch die Nase zu atmen ist eine ausgezeichnete Übung. Es beruhigt, reinigt den Geist, lädt den Körper mit Prana oder Lebensenergie auf und führt eine sehr tiefe Entspannung herbei. Durch das linke Nasenloch ein- und auszuatmen wirkt sehr beruhigend. (Umgekehrt wirkt es anregend, durch das rechte Nasenloch ein- und auszuatmen.)

Vielleicht ziehst du eine Veränderung in deiner Umgebung in Erwägung. Wenn du in einer Großstadt lebst, ziehe aufs Land. Halte dich in der Natur, im Grünen und unter Bäumen auf. Atme! Setze dich auf die Erde. Lasse dich von ihr nähren und heilen.

Achte auf die Farben, mit denen du dich kleidest. Versuche kühle, sanfte Grüntöne zu tragen. Du könntest überlegen, erdige Farben zu tragen, um dich zu erden und zur Ruhe kommen zu lassen. Trage Farben, die eine entspannende und kühlende Wirkung haben. Trage möglichst unifarbene Kleidung, keine bunten oder gemusterten Stoffe.

Versuche verschiedene Übungen zu machen, die deinem Geist, deinen Gefühlen und deinem Körper guttun, und die in diesem Buch beschrieben sind. Jede Übung wird dir helfen.

Laß auch deine Kraftobjekte für eine Weile liegen und bewahre deine Kristalle und Edelsteine für eine Weile auf. Hole sie wieder hervor, sobald du wieder bereit bist, die Energie zu benutzen, die sie erzeugen.

Und was am wichtigsten ist, achte darauf, wann du aus dem Gleichgewicht gerätst, wann du Energie in dir aufstaust. Greife auf die Quellen zurück, von denen du weißt, daß sie helfen können, und tu die Dinge, von denen du weißt, daß sie helfen, und zwar sofort. Nimm dies sehr ernst. Es ist wichtig, nicht nur für dich, sondern auch für die Menschen, die du lehrst und heilst, und die Menschen, die von dir lernen. Du schuldest es denen, mit denen du arbeitest, so klar wie möglich zu sein.

Welche vorbeugenden Maßnahmen kannst du nun treffen, den richtigen Energiefluß aufrechtzuerhalten? Das erste, was du tun mußt, ist, dich zu erden. Man vergißt sehr leicht, daß man ständig die höheren Energiezentren aktiviert. Du mußt eine Brücke zwischen den Ebenen bauen, um die Information und das höhere Bewußtsein auf die Erde zu bringen und es denjenigen zu übermitteln, die du lehrst oder mit denen du arbeitest. Um dies zu tun, mußt du geerdet sein, sozusagen in Verbundenheit mit der Erde. Darüberhinaus kann die Erde negative Energie in positive umwandeln und jede negative Energie von dir abziehen.

Als nächstes baue ein System um dich herum auf, das dich unterstützt und dir das Wissen zukommen läßt, das du brauchst. Arbeite niemals gegen deinen eigenen Rhythmus. Arbeite nur in Einklang mit deinem eigenen Energiefluß, deinem eigenen Rhythmus. Laß dich nicht von Organisationen, die du ins Leben gerufen hast, oder Partnern, mit denen du arbeitest, in deiner Arbeitsweise beherrschen oder deine Entscheidung, wann du arbeiten sollst. Arbeite nur, wenn du weißt, daß du arbeiten sollst. Sei in Harmonie mit dir selbst.

Deine Arbeit erfordert viel Mut. Du mußt den Mut haben, aufzuhören, wenn es notwendig ist, langsamer zu treten, zuzugeben, daß du vielleicht nicht alles weißt, und du mußt anderen zuhören können. Du mußt fähig sein, klarzusehen und nicht so sehr in deiner Egoprojektion verhaftet zu sein, so daß du dich selbst in Hinsicht auf das, was du tust, festlegst. Laß alles das los. Lebe in der Freiheit des Augenblicks. Sei so stark wie Stahl, so mutig wie ein Soldat und überlasse dich der Freude eines offenen Herzens.

Vielleicht sind dir Kristallarbeiter, Heiler oder spirituelle Lehrer bekannt, die nach einigen Jahren erfolgreicher Arbeit auf einmal scheinbar etwas verloren oder sich verändert haben. Auch wenn du vielleicht enttäuscht oder verärgert darüber bist, achte einmal darauf, wie es dazu gekommen ist. Bezeuge diesen Menschen deinen Respekt und versuche, aus ihrer Erfahrung zu lernen, anstatt sie zu verurteilen.

Und vor allem ist es bei all dem immer hilfreich, daran zu denken, daß allem ein göttlicher Plan zugrunde liegt. Auf einer bestimmten Ebene ist alles Illusion, sogar die Vorstellung von »dir« ist eine Illusion, und auf der gleichen Ebene ist auch »dein Tun« eine Täuschung. Solange du dir dessen bewußt bist, kannst du alles mit einem gewissen Humor und voller Sympathie betrachten. Nach alledem ist dein Selbst viel mehr als dein Körper und deine Arbeit. Wenn du deine »Arbeit« tust, ehrst du dieses Selbst und drückst es in einer Weise aus, die einzigartig und wunderbar ist.

Ein paar Betrachtungen über Ernährung

So wie es viele Methoden und Techniken gibt, mit Kristallen umzugehen und metaphysische Arbeit zu leisten, so gibt es auch viele verschiedene Diäten, die empfohlen werden. Oftmals erfordern bestimmte Techniken auch eine bestimmte Ernährungsweise. Wenn du eine bestimmte Übung oder Technik praktizierst, ist es am besten, die Diät einzuhalten, die sich im Zusammenhang mit dieser Übung eignet, wenn diese Diät ein Bestandteil dieser bestimmten Technik ist.

Du kannst jedoch eine Sensitivität für Nahrungsmittel entwickeln, so wie du sie für feinstoffliche Dinge erlangen kannst. Achte darauf, wie sich ein bestimmtes Nahrungsmittel anfühlt. Du kannst dabei dieselben Methoden benutzen, die du anwendest, um zu erkennen, wie sich ein Kristall »anfühlt«, bis dir diese Bewußtheit ganz automatisch gelingt. Dann beobachte, wie sich dein Körper fühlt. Welche Nahrung scheint er zu mögen? Nahrung fühlt sich im allgemeinen schwer oder leicht an. Nahrungsmittel haben darüber hinaus Eigenschaften wie kühl oder heiß. Fleisch besitzt eine sehr schwere Qualität, während Früchte und Gemüse viel leichter sind. Bestimmte Gewürze besitzen eine feurige, heiße Eigenschaft.

Wenn du daran arbeitest, deine Sensitivität für Kristalle und feinstoffliche Energie zu entwickeln, tust du gut daran, Nahrungsmittel, die leicht sind, zu dir zu nehmen. Eine ausgewogene vegetarische Ernährung empfiehlt sich. Später, wenn deine Körperenergien feiner geworden sind, verspürst du vielleicht das Bedürfnis in dir, dich mehr zu erden, und dann kann Fleisch wieder genau richtig für dich sein.

Du bist nicht besser oder schlechter, weil du eine bestimmte Ernährungsweise hast. Man kommt um die Tatsache nicht herum, daß man eine bestimmte Lebensform tötet, wenn man ißt. Pflanzen haben ebenso ein Bewußtsein wie Tiere. Du bist ein Teil der Nahrungskette. Es ist jedoch gut, wenn man dem, was man ißt, dankt und ihm Respekt zollt. In gewisser Weise nimmt man die Qualitäten und das Bewußtsein dessen in sich auf, was man konsumiert. Der Körper des Nahrungsmittels wird zu deinem. Vielleicht möchtest du für das Tier oder die Pflanze ein Gebet sprechen, wenn du es in dich aufnimmst und eine Bewußtseinstransformation stattfindet, so daß dieses Wesen in gewisser Weise auch positiv transformiert wird. Tue, wobei du dich am besten fühlst.

Zusammengefaßt könnte man sagen, daß du gegenüber den Nahrungsmitteln, die du zu dir nimmst, sensitiv sein solltest. Laß dich nicht nur von deinem Bedürfnis, Appetit, Geschmack leiten, wenn du deine Nahrungsmittel auswählst. Laß dich in erster Linie von deiner Intuition leiten. Und dann bereite deine Nahrung schmackhaft zu!

Mach es so, wie es für dich stimmt ...

KAPITEL 4: HEILEN MIT KRISTALLEN

Was bedeutet der Begriff »Heilen«? Im allgemeinen sind physische und mentale Krankheit, Streß und emotionales Leid sowie andere Leiden eine Folge eines Ungleichgewichts oder einer Disharmonie. Daher konzentriert sich wahre Heilung in erster Linie auf die Wiederherstellung natürlicher Harmonie in und zwischen den physischen, mentalen und emotionalen Körpern. Während die innere Harmonie wiederhergestellt wird, verschwinden die Krankheitssymptome. Jeder Heilprozeß, der sich auf die Beseitigung der Symptome konzentriert, sollte die Wiederherstellung der Harmonie miteinbeziehen.

Es gibt wahrscheinlich so viele Methoden des Heilens mit Quarzkristallen, wie es Menschen gibt, die mit Quarzkristallen arbeiten. Wie bei jeder Kristallarbeit höre alles und lerne alles. Und tue dann, was für dich stimmt. Habe den Mut und das Vertrauen, daß du deine innere Führung richtig wahrnimmst. Oft verwechselt man sehr leicht Phantasie oder Intellekt mit Intuition. Lerne, den Unterschied zwischen beiden zu erkennen, und sei aufrichtig, zuzugeben, wenn du »vom Weg abgekommen« bist. Nur dann kannst du wieder auf den richtigen Weg gelangen und deine Fähigkeiten verbessern. Manchmal ist dies eine Art Gratwanderung. Daher überprüfe ständig deine Resultate. Scheue dich nicht, zuzugeben, daß du etwas falsch gemacht hast, daß dir ein Fehler unterlaufen ist, oder daß du etwas hättest anders machen können. Auf diese Weise lernst du immer weiter. In Wirklichkeit heilst nicht du, sondern der höhere Geist oder die Lebensenergie, die durch dich wirkt.

Jedesmal, wenn du mit einem anderen Menschen arbeitest, übernimmst du sehr viel Verantwortung. Du machst dich selbst verletzbar. Vielleicht tauchen folgende Gedanken in dir auf: »Was ist, wenn es nicht funktioniert? Was ist, wenn die betreffende Person verrückt wird; was ist, wenn ich ausgelacht werde; was passiert, wenn ich auch nach zwei Tagen der Heilung keinen Erfolg habe?« Es kann dir dabei sehr viel helfen, wenn du daran denkst, daß du dich anbietest, zu heilen. Du bietest dich als Kanal für die Lebensenergie an. Wenn du der Energie oder dem höheren Geist, der durch dich hindurchfließt, nicht im Wege stehst, wirst du bei deiner Heilarbeit immer mehr erreichen.

Aktive Heilmethode

Bei jeder Heilung ist das erste, was du tun mußt, den Raum, dich selbst und deine Werkzeuge zu reinigen. (Siehe dazu im 1. Kapitel.) Als nächstes erde dich und bringe deine Energien ins Gleichgewicht. Von diesem geerdeten, zentrierten und harmonischen Zustand aus, wirst du in der Lage sein, die Schwingungen intuitiv wahrzunehmen, mit denen du arbeiten wirst. Als nächstes sensitiviere deine Hände, um die Schwingungen des Kristalls und die Aura oder das elektromagnetische Feld um den Körper, den du heilen möchtest, physisch zu spüren. Benutze dazu die Methode, die auf Seite 40 beschrieben worden ist. Nun bist du bereit, den anderen zu helfen.

Wenn du mit einem anderen Menschen arbeitest, sorge als erstes dafür, daß er in seiner Mitte ist. Nachdem du intuitiv überprüft hast, ob der andere in seiner Mitte ist oder nicht, zentriere ihn, wenn er noch nicht in Harmonie gelangt ist, indem du die beschriebenen Techniken zur Zentrierung verwendest. In gleicher Weise überprüfe, ob die Energie des anderen geerdet und ausbalanciert ist, und leite ihn gegebenenfalls an, die nötigen Schritte zur Harmonisierung zu tun.

Wenn du mit der Heilung beginnst, laß den anderen sich hinlegen. Wenn du möchtest, lege mehrere Amethyststeine um seinen Körper und einen Rosenquarz auf sein Herzchakra. Ein einendiger Kristall, den du mit der Spitze nach außen gerichtet unterhalb seiner Füße plaziert, ermöglicht, daß unerwünschte Energie seinen Körper verlassen kann. Einen weiteren Stein kannst du oberhalb seines Scheitelchakras anbringen, dessen Spitze ebenfalls von seinem Körper weg zeigt, so daß keine unerwünschten Schwingungen in ihn eindringen können. Tue das, wozu du dich angeleitet fühlst.

Der nächste Schritt besteht darin, die Chakras und Energiemeridane an jeder Hand und an beiden Füßen des anderen zu öffnen. Benutze dabei die bereits beschriebenen Methoden. (Dieser Prozeß genügt oft schon, um die betreffende Person auszubalancieren und zu heilen.)

Nun betrachte den Menschen, mit dem du arbeitest. Was spürst du? Ist er offen, ruhig und zentriert? Scheint er entspannt zu sein? Versetze ihn in einen entspannten Zustand: Laß ihn tief und langsam atmen.

Wenn du mit dem Zustand des anderen zufrieden bist, beginnst du mit dem nächsten Schritt: Nimm den Kristall in deine linke Hand, um dich mit Energie aufzuladen. Dann nimm einen anderen ein- oder zweiendigen Kristall in deine rechte Hand. Beginne mit der rechten Hand und dem Kristall über das feinstoffliche Energiefeld des anderen zu streichen, und zwar ungefähr fünfzehn Zentimeter von seinem Körper entfernt. Der Kristall in deiner linken Hand verleiht dir Energie, und von dem ruhigen, zentrierten Ort aus, von dem aus du arbeitest, streichst du nun über sein feinstoffliches Energiefeld oder seiner Aura, und zwar von seinem Kopf hinunter bis zu seinen Füßen. Führe die Streichbewegung mit deiner Hand in einer Geschwindigkeit aus, die dir am ehesten ermöglicht, seine feinstoffliche Energie zu spüren oder wahrzunehmen. Du solltest jede Unausgeglichenheit in seinem Energiefeld bemerken.

Wenn der Betreffende an einer bestimmten Krankheit leidet, gehe nicht automatisch davon aus, daß du nur an dieser Körperstelle eine

Disharmonie im Energiefeld spürst. Der erkrankte Körperbereich kann womöglich nur eine Begleiterscheinung einer anderen tieferen Ursache sein. Berücksichtige die offensichtlichen Beschwerden oder die Krankheit des Patienten, aber untersuche den ganzen Körper, um alle mit seinen Symptomen verbundenen Manifestationen seiner Disharmonie zu erkennen.

Die Unausgeglichenheit, die du möglicherweise feststellst, kann alles sein, was sich »anders« anfühlt – ein Bereich, der sich heiß oder kalt anfühlt. Es ist auch möglich, daß du eine Unterbrechung oder ein Loch in seinem Energiefeld oder einem bestimmten Körperbereich feststellst, das sich dicht oder fest anfühlt. Schenke diesen Beobachtungen Beachtung. Stelle sicher, daß du das ganze Energiefeld des anderen untersuchst, von links nach rechts und von oben nach unten. Vielleicht hast du das Gefühl, daß du deine Streichbewegungen etwas näher oder etwas weiter von der Körperoberfläche weg ausführen möchtest. Wenn du die Vorderseite des Körpers untersucht hast, verfahre genauso mit den Seiten und der Rückseite des Körpers.

Wenn der Patient über ganz bestimmte Beschwerden klagt, behalte dies im Gedächtnis. Es kann sein, daß du schließlich genau an diesem Körperbereich mit deiner Heilarbeit beginnst. Es kann jedoch auch sein, daß du herausfindest, daß etwas ganz anderes geschieht. Wenn du nichts fühlen kannst, kannst du versuchen, etwas näher am Körper mit deinen Händen die Aura abzutasten, oder du nimmst dir ein paar Minuten Zeit, um dich wieder mehr in deine Mitte zu bringen. Denke daran, du stellst nur Unausgeglichenheiten in der Aura oder in dem feinstofflichen Energiefeld um den Körper fest. Alles, was mit dem anderen Menschen physisch vorgeht, zeigt sich auch in seiner Aura oder in seinem feinstofflichen Körper. Während deiner Heilarbeit halte deinen entspannten Zustand der Konzentration aufrecht. Manchmal wird man leicht unkonzentriert und verspannt sich. Wenn du merkst, daß das der Fall ist, atme ein paarmal tief ein und aus, um dich zu entspannen und wieder in deine Mitte zu bringen. Deine Gedanken können abschweifen: Meistens tauchen folgende Zweifel auf: »Ob dies wohl funktionieren wird?«, »Es tut sich gar nichts«, »Ob ich das wohl richtig mache?« und so weiter. Man tut am besten daran, diese Gedanken einfach zu registrieren und ihnen dann keine weitere Beachtung zu schenken. Konzentriere dich ganz einfach. Dies fällt deinem Intellekt leicht, weil es natürlich für ihn ist. Die hier beschriebene Heilarbeit ergibt nicht immer unbedingt einen logischen Sinn, und der Verstand richtet sich nur nach dem Rationalen. Der Zustand, indem du am erfolgreichsten Heilen kannst, gleicht dem im Zen beschriebenen Bewußtseinszustand der geistigen Leere.

Wenn du alle Disharmonien im feinstofflichen Körper wahrgenommen und erkannt hast, ist es Zeit, zum nächsten Schritt überzugehen. Benutze dabei einen einendigen Kristall (gewöhnlich einen klaren Kristall oder manchmal auch einen Amethyst). Du kannst einen Stabkristall benutzen, da bei dieser Heilmethode der Kristall in gleicher Weise wie ein Stabkristall benutzt wird.

Indem du den Kristall oder den Stabkristall in deiner rechten Hand hältst, lenkst du deine Hand nun an die Stelle, an der du eine Unausgeglichenheit gespürt hast, wobei du dich systematisch vom Kopf bis zu den Füßen vorarbeitest, von dem Punkt aus, wo du die stärkste Disharmonie gespürt hast, bis hin zu dem Punkt, an dem die Unausgeglichenheit am schwächsten oder am subtilsten zu spüren war. Richte den Kristall oder den Stabkristall als erstes auf den Körperbereich, an dem du als erstes arbeiten möchtest, und führe um diese Stelle Kreisbewegungen im Uhrzeigersinn aus. Spüre dann, wie der Kristall deine Hand wie auf einer Spirale führt, bis an einen Platz genau in der Mitte dieses Körperbereiches, wo du so etwas wie einen Sog verspürst. Bewege nun deine Hand von diesem leichten Sog zurück, so als ob du mit deinem Kristall etwas aus dem Körper herausziehen würdest. Dann schüttele die Energie, die dein Kristall aus diesem Körper herausgesogen hat, aus ihm hinunter in die Erde, wo die Negativität, die mit der Krankheit zusammenhängt, umgewandelt werden kann. Achte darauf, wohin du diese Energie abschüttelst – schüttele sie nicht aus Versehen in deine Lieblingspflanze, in dein Haustier oder auf irgendeine andere Person. Du kannst die Negativität in die Luft hinein ausschütteln, aber sorge dann auf jeden Fall dafür, daß du den Raum reinigst, wenn du mit deiner Heilarbeit fertig bist, um die negative Energie, die im Raum zurückgeblieben ist, umzuwandeln. Im allgemeinen ist es am sichersten, die negative Energie direkt in den Boden abzuleiten.

Arbeite an jedem Körperbereich, der disharmonisch ist, bis du das Gefühl hast, daß es genug ist. Du wirst feststellen, daß du bei deiner Heilarbeit einen bestimmten Rhythmus einhältst. Manchmal sind vielleicht deine Augen geschlossen. Denke daran, konzentriert zu bleiben und von einem Bereich zum anderen überzugehen, bis du den ganzen Körper in Harmonie gebracht hast. Dies kann eine Stunde, mehrere Stunden oder auch nur fünfzehn Minuten dauern. Arbeite so lange, bis du innerlich ganz klar fühlst, daß du für diesen Augenblick genug getan hast. Wenn dein Kristall bei dem Heilprozeß heiß oder trüb wird oder er der Reinigung bedarf, tauche ihn in Salzwasser, um ihn abzukühlen oder zu reinigen.

Während du diese Heilmethode praktizierst, kannst du auch eine Räucherkerze oder ein Räucherstäbchen oder auch eine Kerze anzünden. Dann kannst du den Kristall immer wieder in dem Rauch reinigen, während du arbeitest.

Denke immer daran, der Schlüssel ist, wie konzentriert du bleiben kannst. Je stärker deine Konzentration, um so besser sind deine Erfolge.

Wenn du für einen Augenblick das Gefühl verlierst, was in dem Körper des anderen vor sich geht, sensitiviere deine Hände, und beginne noch einmal von vorne. Indem du einen Kristall benutzt, lädst du den Körper, den du heilst, auch mit Energie auf. Manchmal können sich in der Aura der anderen Person Gebiete befinden, wo sich alles zu verlangsamen scheint. Manchmal fühlst du dann wieder eine erhöhte Schwingung. Benutze deinen Kristall und deinen Geist, um die Schwingungen dieser Körperbereiche auszugleichen. Zwischen dir, dem Kristall und dem Körper des Patienten besteht eine intuitive Interaktion. Du wirst erkennen, daß du geführt wirst, wenn du an dem Energiefeld des Körpers arbeitest. Du wirst dich dazu aufgefordert fühlen, in einem ganz bestimmten Körperbereich zu arbeiten, einmal an dieser Stelle, dann wieder an einer anderen. Wenn du deine innere Stimme vernimmst oder bestimmte Dinge wahrnimmst, höre darauf und befolge sie: Höre immer auf deine Intuition. Je mehr du mit dieser Stimme arbeitest, um so stärker wird sie.

Während des Heilens achte auch darauf, wie sich dein eigener Körper fühlt. Auch dies dient dir als eine Führung, die dir zeigt, was der andere empfindet. Wenn du einen anderen Menschen heilst, bist du mit ihm durch Mitgefühl verbunden. Wenn du in deinem Körper bestimmte Dinge fühlst, bekommst du noch mehr Informationen darüber, wie du weiter vorgehen sollst.

Beispielsweise kann es sein, daß du eine Verspannung in deiner Schulter fühlst und erkennst, daß auch der andere diese Verspannung spürt, so daß du in seinem Schulterbereich arbeitest. Deine Körperempfindung kann sich dabei in vielfältiger Weise verändern. Dies ist eine andere Art, Körperenergie zu kanalisieren. Möglicherweise spürst du ein Prickeln in deinem Körper. Wenn du dich schwindelig oder übermäßig verspannt fühlst, atme ein paarmal tief ein und aus, öffne deine oberen Energie-Kanäle, erde dich und trinke etwas Wasser. (Trinke jedoch nicht das Wasser, in dem du den Kristall reinigst.)

Allgemein solltest du bei deiner Heilarbeit durch nichts im Raum abgelenkt werden: weder Kinder, Haustiere, Telefonklingeln noch andere Ablenkungen. Solche Unterbrechungen und Störungen können die Ruhe und Konzentration zerstören, die notwendig sind, um wirkungsvoll zu heilen.

Wenn du mit deiner Heilung fertig bist, wird dein Patient sehr offen sein. Sein natürlicher Filtermechanismus sollte aktiviert sein, so daß er nicht unterschiedslos alle Schwingungen aufnimmt, mit denen er in Kontakt kommt. Dies bezeichnet man als das »Schließen« eines Menschen, und es wird folgendermaßen gemacht:

Benutze deinen Atem, und blase ihn horizontal im Bereich des Herzchakras über den Körper, oder benutze deine Hand und streiche horizontal über das Herzchakra. Dabei kannst du auch eine Feder benutzen. Spüre, erzeuge und visualisiere eine leichte Brise. Du kannst von rechts nach links, von links nach rechts oder in beide Richtungen gehen. Die betreffende Person ist dann bereit für den Alltag außerhalb der heilenden Atmosphäre deines Raumes.

Wenn du dies getan hast, streiche mit raschen Bewegungen in ungefähr fünfzehn Zentimetern Abstand von der Haut über deinen Körper, und zwar vom Kopf hinunter zu den Füßen und in Richtung auf den Boden. Du streichst damit jede negative Energie aus dir heraus, die in deinem Körper verblieben ist, und leitest sie in die Erde ab, wo sie umgewandelt werden kann. Dein Patient wird sich sehr angespannt fühlen. Bei dieser Technik kannst du auch deine Hände benutzen, deinen Atem, Kristalle, Kristallwerkzeuge oder Federn benutzen. Denke daran, daß die Bewegung immer in Richtung vom Kopf zu den Füßen ausgeführt wird. Mache sehr kräftige Streichbewegungen.

Nachdem du deine Heilung beendet hast, solltest du einige wichtige Dinge tun. Beim Heilen neigst du dazu, die Negativität, die du aus dem Körper des anderen Menschen abgezogen hast, in deinem eigenen Körper aufzunehmen. Dies ist nicht in deinem Sinne, denn diese Energie wird dich negativ beeinflussen. Dies ist eines der Hauptprobleme der Heiler, und es ist daher von besonderer Wichtigkeit, zu lernen, nach einer Heilung diese Energie aus dem Körper hinauszuleiten. Wenn du dich nicht von der negativen Energie, die du absorbiert hast, reinigst, kannst du krank werden, sehr starken Stimmungsschwankungen unterliegen, nervös werden, oder an Gewicht zu- oder abnehmen. Es kann sein, daß du dich sehr »ausgepumpt« fühlst. Es ist auch möglich, daß du dich ständig müde fühlst. Meistens aber wirst du krank.

Um dich nach einer Heilung zu reinigen, beginne damit, deine Hände mit kaltem Wasser zu waschen. Dies verhindert, daß negative Energie durch die Hände in den Körper einfließt. Wenn du möchtest, lege deine Hände auf den Boden. Dann bürste deinen ganzen Körper kräftig ab, während du stehst. Bürste vom Kopf den Rücken hinunter und zu den Füßen in den Boden hinein. Berühre den Boden mit deinen Händen. Manchmal bedarf es nur eines Augenblickes der Verbindung mit der Erde, um dich von Negativität zu reinigen. Bürste dich ab und berühre die Erde, bis du intuitiv spürst, daß es genug ist.

Als nächstes reinige den Raum, dich selbst und den anderen mit der Räuchermethode oder mit einer anderen Reinigungsmethode, die du benutzt hast, bevor du mit der Heilung begonnen hast. Reinige deine Kristalle und alle Werkzeuge, die du benutzt hast.

Es ist nicht ungewöhnlich, wenn dein Patient einschläft. Du kannst dann dennoch mit der Heilarbeit fortfahren. Es ist nicht einmal notwendig, daß die betreffende Person, mit der du arbeitest, an das glaubt, was du tust. Alles, was der Patient braucht, ist seine Bereitschaft, rezeptiv zu sein.

Bei dieser Heilungsmethode solltest du dir noch einige andere Punkte klarmachen. Am Nabelchakra laufen 72000 feinstoffliche Nerven zusammen und verteilen von hier aus Energie in den Körper. Sorge dafür, daß du dich auf dieses Gebiet harmonisch einstimmst und in diesem Körperbereich arbeitest. Dies dient dazu, feinstoffliche Energie richtig durch den ganzen Körper zu verteilen. Unausgedrückte Emotionen und alles, was unausgesprochen ist, wird im Körper aufgespeichert. Unausgedrückter Ärger wird im Nabelchakra gestaut. Unterdrücke Traurigkeit und unterdrückte Gefühle, die nicht mitgeteilt worden sind, sind im Kehlkopfchakra aufgestaut.

Wenn du bei deiner Heilarbeit diese Emotionen oder unausgesprochenen Gefühle spürst, arbeite an dem entsprechenden Körperbereich. Es kann beispielsweise sein, daß du plötzlich Traurigkeit spürst, wenn du in diesem Gebiet arbeitest. Behalte alle Gefühle im Gedächtnis, da du sie deinem Patienten später mitteilen kannst, um ihm bei seinem Heilungsprozeß behilflich zu sein. Diese unausgedrückten Gefühle stehen oft in einem engen Zusammenhang mit dem, was in ihm vorgeht.

Darüber hinaus solltest du in der Lage sein, den Energiefluß aus den Fingerspitzen deines Patienten zu spüren. Wenn dieser Energiefluß blockiert ist, kannst du eine Energiekonzentration in seiner Hand spüren, während aus seinen Fingerspitzen keine Energie fließt. Dasselbe gilt für die Fußsohlen und das Gebiet über dem Scheitel. Diese Körperbereiche sollten offen sein, und Energie sollte aus ihnen herausströmen. Wir sind nur dann in Harmonie, wenn all diese Energiezentren offen und miteinander in Harmonie sind. Benutze deine Kristalle, um diese Chakras zu öffnen und die feinstoffliche Energie, die in Fluß sein sollte, aus ihnen »herauszuziehen«.

Denke daran, es zu ignorieren, wenn deine Gedanken abschweifen, und bleibe bei deiner Arbeit immer zentriert.

In Hinsicht auf einen verbalen Austausch mit deinem Patienten kannst du in verschiedener Weise vorgehen. Manche Menschen möchten gerne ein Feedback von ihren Patienten. Sie wollen, daß ihnen der andere sagt: »Ja, das fühle ich wirklich« oder »an dieser Stelle spüre ich nichts besonderes«. Jedoch stört Feedback meistens bei der Heilarbeit, da es deine Konzentration und die des Patienten unterbricht. Daher solltest du lieber schweigend arbeiten und das verbale Feedback auf später verschieben oder auf einen Zeitpunkt, an dem sich eine Unterbrechung ganz natürlich ergibt. Denke daran, je konzentrierter du bist, um so wirkungsvoller ist die Heilung.

Am Schluß der Heilung solltest du das Wasser, das du benutzt hast, um die Kristalle abzukühlen oder zu reinigen, weder trinken noch anderweitig benutzen. Schütte das Wasser einfach in die Erde. Dies wandelt die Negativität um, die im Wasser zurückgeblieben ist.

Während du heilst, solltest du dir das, was um dich herum vorgeht, so bewußt wie möglich machen: die Heilarbeit, deine Umgebung, deine Werkzeuge und alles andere.

Wenn du spürst, daß deine Konzentration abgelenkt wird, während du heilst oder wenn du müde wirst, nimm deinen energiespendenden Kristall in deine linke Hand und halte ihn für eine Weile auf dein Drittes Auge. Dies hilft dir, dich zu konzentrieren. Darüber hinaus rufe alle höheren Kräfte an, dir zu helfen, während du diesen Kristall in deiner linken Hand drückst.

Während du heilst, beobachte, wie sich dein Patient verspannt. Sind seine Hände entspannt und offen? Ist sein Kiefer verspannt, seine Stirn voller Falten, oder spürst du Verspannungen in den Schultern? Sei dir dieser Dinge bewußt. Du kannst diese Energie mit dem Kristall in deiner rechten Hand wegstreichen. Du wirst auch feststellen, daß du in jedem Körperbereich unterschiedlich arbeitest. In bestimmten Körperbereichen wirst du sehr ruhig und sanft vorgehen. In anderen Bereichen wirst du einen sehr starken Energiestrom spüren. Laß dich einfach gewähren, auch wenn du feststellst, daß du um deinen Patienten herumtanzt.

Manchmal genügt bei einem Patienten eine einzige Sitzung, um ihn zu heilen, manchmal bedarf es mehrerer Heilungssitzungen. Wenn du

Heilarbeit leistet, solltest du für alles offen sein. Die Heilung mag vielleicht ganz anders verlaufen, als du es erwartet hast. Was für den Patienten heilsam sein kann, kann dir äußerlich als etwas Schreckliches erscheinen. Beispielsweise könnte jemand mit einem verstauchten Knöchel zu dir kommen. Während du ihn heilst, stellst du vielleicht fest, daß der Knöchel sich immer noch in einem schrecklichen Zustand befindet, aber plötzlich öffnet sich das Kehlkopfchakra. Es kann sein, daß in Wahrheit das Kehlkopfchakra geheilt werden mußte, anstatt daß der Knöchel sofort wieder geheilt und schmerzfrei sein muß.

Denke immer daran, daß der höhere Geist oder die Lebensenergie durch dich heilt. Du öffnest dich nur für sie. Werte dich nicht ab, wenn die Heilung nicht so verläuft, wie du sie dir vorgestellt hast oder wenn sie keine sofortigen Resultate erzielt. Erkenne, daß dir durch die Übung alles leichter fallen wird und du Erfolge erzielen wirst. Menschen erleben auch oft Krankheit oder körperliche Beschwerden aus karmischen Gründen, welche einen höheren Sinn oder Zweck erfüllen, der auf dieser Erde nicht ersichtlich ist. Wenn dies der Fall ist, müssen diese Menschen diese Erfahrung durchleben, bis sie vollendet ist. Tue dein Bestes: Bitte um Führung. Es ist sehr nützlich, sich auf folgenden Ausspruch zu konzentrieren: »Nicht mein, sondern dein Wille geschehe.«

Visualisation mit Farbe und Klang

Bei der nachfolgenden Kristallheilungsmethode wird die Visualisation in Verbindung mit Licht und Klang verwendet. Du umgibst den Patienten mit großen, ätherischen Kristallen, die einen Schutzschild und ein Energiefeld um ihn herum aufbauen. Wenn du dies mit Konzentration machst, ist es eine sehr mächtige Übung. Sie erfordert die aktive Teilnahme des Patienten während des Heilungsprozesses. Bei der bereits beschriebenen Spiralmethode mußte der Patient nur rezeptiv sein. Bei dieser Visualisation nimmt er aktiv an dem Heilungsprozeß teil, wobei du ihn verbal anleitest.

Diese Heilweise wird sehr detailliert erklärt. Ich empfehle, die ersten Male, die du diese Visualisation anwendest, genau nach dieser Erklärung vorzugehen. Später, wenn du dich dazu aufgerufen fühlst, kannst du sie etwas abändern.

Halte einen klaren, einendigen Kristall in deiner rechten Hand. In deiner linken Hand hältst du einen zweiten klaren, einen Rauchquarz oder einen Amethyst-Kristall, dessen Spitze in Richtung deines Armes weist. Dies wird dich mit Energie aufladen. Der Rauchquarz wird dir helfen, geerdet zu bleiben, und dich ebenfalls mit Energie aufladen. Der Amethyst verleiht dir heilende Energie. Zu Beginn setzt du dich deinem Patienten von Angesicht zu Angesicht gegenüber. Ihr solltet beide die Augen schließen und euch auf euer Drittes Auge konzentrieren, wobei ihr ungefähr drei Minuten lang durch die Nase tief ein- und ausatmet. Löst alle Spannungen in eurem Körper auf. Dann zentriert euch mit den früher beschriebenen Methoden.

Nun beginnst du, mit dem Kristall in deiner rechten Hand die Chakras deines Patienten zu öffnen. Verwende dabei die früher beschriebenen Methoden. Umgib dich und den anderen mit einem Energiefeld von Kristallen. Dies wird euch mit Energie aufladen und euch schützen. In einem solchen Schutzschirm kann euch niemals Leid zugefügt werden.

Nimm nun den Kristall in deiner rechten Hand und richte seine Spitze auf das Scheitelchakra des Patienten. Visualisiere helles Licht, das durch den Kristall aus seiner Spitze in sein Scheitelchakra einfließt. Stelle dir ganz klares goldenes Licht vor. Dieses Licht reinigt alle Blockaden aus dem Körper, daher benutze deine Sensitivität. Stelle dir vor, wie das Licht durch den Scheitel in den Körper einfließt, und spüre, ob sich dort Blockaden befinden. Während des gesamten Prozesses kannst du den Patienten dabei anleiten und ihm mitteilen, wo sich das Licht gerade in ihm ausbreitet. Wenn der Patient eine Blockade, Spannung oder Schmerz fühlt, lasse ihn ein- und ausatmen. Beim Ausatmen läßt er die Blockade los. Durchbrich mit dem Licht die Dichte der Blockade, spreng sie auseinander. Sende das Licht nur durch den Kopf bis hinunter in den Nacken. Lasse den anderen sowie auch dich selbst den Kopf als kühl empfinden, von klarem goldenen Licht umhüllt und frei von jeglichen Blockaden.

Leite das klare Licht nun hinunter in die Kehle. Wenn du hier eine Verspannung spürst, atme ein und aus und löse sie. Leite das Licht nun in die Schultern und in die Brust. Reinige die Lungen und die oberen Organe. Fühle das Licht. Fühle es, wie es sich über den ganzen Rücken ausbreitet. Vergiß dabei nicht die Schultern. Alles ist jetzt von goldenem Licht umhüllt. Löse die Blockaden. Durchbrich jede Spannung mit diesem Licht. Du kannst dir auch vorstellen, daß graues Licht aus dem Körper ausströmt, während er von dem goldenen Licht eingehüllt wird. Leite den anderen weiter an, den gleichen Visualisierungsprozeß zu durchleben, den auch du machst. Und wenn du das Gefühl hast, soweit sei alles gereinigt, begib dich im Körper weiter nach unten. Lenke das Licht mit deinem Kristall hinunter in den Magen-Darm-Bereich. Löse mit dem goldenen Licht Blockaden in diesem Bereich. Bewege deinen Kristall nun zum Rücken. Stelle sicher, daß der ganze Rücken von oben bis unten von goldenem Licht umhüllt ist. Je stärker deine Visualisation, um so erfolgreicher die Heilung. Achte auf die Arme. Fülle erst den linken Arm mit goldenem Licht auf. Lasse es über den Ellenbogen, über den Unterarm in die Finger strömen. Stelle dir vor, daß alles Grau die Finger verläßt. Leite das graue Licht mit deinem Kristall ab, wenn du willst. Siehe nur noch als Ströme von goldenem Licht, die aus den Fingern hinausfließen. Wenn du dies getan hast, gehe zum anderen Arm über und mache dort dasselbe.

Nun kehre von den Gliedmaßen zurück zum Rumpf, in den Magen und die Eingeweide und den Nabelbereich. Fahre nun fort, das Licht über das Gesäß, die Hüften und den Unterleib auszuströmen. Bei jeder Spannung, die du spürst, atme. Laß beim Ein- und Ausatmen goldenes Licht durch deinen Kristall in die Blockaden einströmen. Auch dein Patient soll sich dies ständig vorstellen. Gehe nun weiter hinunter in die Sexualorgane und in die Oberschenkel. Der ganze Rumpf ist nun mit goldenem Licht umhüllt. Es gibt keinen Widerstand mehr. Das Licht wandelt jede Negativität um, wenn es durch den Körper strömt. Leite es nun in die Beine, und zwar nacheinander. Gehe in das linke Bein, und fülle den gesamten oberen Beinbereich mit goldenem Licht. Dann gehe zum rechten Knie über. Denke daran, jeden Teil mit Licht zu umhüllen. Die Haut, die Muskeln und Organe, das Blut, den ganzen Körper. Leite das Licht nun in den unteren Teil des Beines, in die Füße, die Fesseln, den Rist und in die Mitte des Fußes.

Stelle dir nun vor, wie das graue Licht die Zehen verläßt und von dem goldenen Licht verdrängt wird, bis du nur noch Ströme von goldenem Licht aus den Zehen hinausfließen siehst. Wenn du dies getan hast, verfährst du mit dem anderen Bein von oben nach unten genauso. Lenke goldenes Licht das Knie hinunter in den Unterschenkel bis in den ganzen Fuß. Gehe dabei in deinem eigenen Rhythmus vor. Da das Licht direkt aus deinem Kristall austritt, kannst du ihn leicht drükken, wenn du möchtest. Dein Kristall kann dich dabei führen. Vielleicht möchtest du ihn sehr festhalten oder lieber nur ganz leicht. Die Art und Weise, wie du deinen Kristall handhabst, kann sich ständig verändern.

Wenn du den Körper nun vollständig mit goldenem Licht gefüllt hast, bleibe mit deinem Patienten in diesem harmonischen Raum ruhig sitzen.

Nun gehst du dazu über, jedes Chakra mit Farbe und Klang zu vitalisieren und in Harmonie zu bringen. Soweit jedes Chakra mit Energie aufgeladen ist, kann der Heilungsprozeß in den physischen, mentalen und emotionalen Bereichen, die mit dem jeweiligen Chakra verbunden sind, einsetzen.

Richte den Kristall in deiner rechten Hand auf das Herzchakra. Du kannst seine Spitze direkt auf den Körperbereich des Herzchakra aufsetzen oder sie ein wenig davor halten. Tue, was dir am besten erscheint. Visualisiere nun, daß die Farbe Grün durch deinen Kristall aus seiner Spitze in dein Herzchakra einfließt. Singe dabei den Ton »AHA« oben in den Kristall. Lasse den Klang durch die Spitze des Kristalls in das Herzchakra einfließen, so daß er mit der Farbe Grün in Harmonie schwingt und das Herzchakra ausfüllt. Mache dies so lange, bis du das Gefühl hast, das Herz deines Patienten hat nun genug Energie bekommen. Vielleicht hast du das Gefühl, daß du dies mit sehr kräftigen, laserartigen Energiestößen, Klang und Farbe tun möchtest. Oder du möchtest das Herz mit dem Klang und dem grünen Licht ganz sanft massieren und dann zum Kehlkopfchakra übergehen, und dort türkisblau visualisieren, das aus dem Kristall in das Kehlkopfchakra einfließt. Berühre mit der Spitze ganz leicht das Zentrum des Kehlkopfchakras. Visualisiere die Farbe Türkis und benutze den Ton »OOOO«. Laß deinen Kehlkopf mit dem Ton schwingen und lasse ihn in den Kristall einfließen und in das Kehlkopfchakra des Patienten einströmen. Fülle sein Kehlkopfchakra mit türkisfarbenem Licht auf. Wenn du das Gefühl hast, daß das Kehlkopfchakra genügend Energie bekommen hat, bewege den Kristall hinauf zum Dritten Auge. Stelle dir hier die Farbe Königsblau vor, das in deinen Kristall einströmt. Lasse dein Drittes Auge mit dem Ton »EEEE« schwingen, sende ihn dann in den Kristall und von dort aus in das Dritte Auge des Patienten. Es kann sein, daß du dabei deine Arme ausgestreckt lassen möchtest, um Energie in den Kristall zu kanalisieren. Dies ähnelt dann einem langen Stab, von deiner Schulter bis zum Kristall. Beobachte, was du dabei empfindest. Ein anderes Mal möchtest du den Kristall vielleicht nur ganz leicht in der Hand halten.

Bewege den Kristall nun hinauf zum Scheitelchakra des Patienten. Richte die Spitze des Kristalls auf seinen Scheitel, indem du Amethyst oder violett visualisierst. Benutze den Urklang »MMMMM«, um die Farbe Violett durch den Kristall in sein Scheitelchakra zu leiten. Wenn du Schwierigkeiten hast, die Farben von Chakra zu Chakra zu wechseln, kannst du den Kristall kräftig schütteln, so als würdest du die Farben aus ihm hinausschütteln. Vielleicht möchtest du dir etwas mehr Zeit dafür nehmen, dir vorzustellen, wie die Farbe aus dem Kristall ausströmt. Wenn du Salbei oder Zeder zur Hand hast, kannst du den Kristall jedesmal in Rauch reinigen, wenn du die Farbe wechselst.

Wenn du das Gefühl hast, daß du fertig bist, überprüfe intuitiv jedes Chakra. Achte darauf, ob die Chakras miteinander in Harmonie sind. Wenn eines der Chakras sich immer noch etwas disharmonisch anfühlt, bringe es ins Gleichgewicht.

Als nächstes balancierst du den allgemeinen emotionalen Zustand deines Patienten aus. Wenn beispielsweise Traurigkeit in ihm ist, möchtest du ihm vielleicht eine kleine gelbe Sonne senden, damit er sich daran erfreuen kann. Du kannst dies visuell machen oder einen Klang benutzen. Stelle dir die Farbe vor, die du durch deinen Kristall ausströmen lassen willst. Wie klingt diese Farbe? Wenn sie einen eigenen Ton besäße, wie würde dieser Ton klingen? Stimme den Ton auf die Farbe ab, während du sie visualisierst. Wenn du willst, kannst du die Energie von einem Goldzitrin in den Patienten kanalisieren.

Als nächstes untersuche mit Hilfe deiner Intuition den Mentalkörper oder den allgemeinen Geisteszustand des Patienten. Wie fühlt er sich geistig? Manchmal spürst du vielleicht eine Spannung im Kopfbereich, geistige Aktivität oder Streß. Wie fühlst du seinen Bewußtseinszustand? Wenn du ein Gefühl dafür bekommen hast, spüre, welche Farbe diesem Zustand entspricht. Welcher Ton könnte damit verbunden sein? Stell dir nun vor, welcher Bewußtseinszustand für diesen Menschen heilsam wäre, und frage dich, welche Farbe dieser Zustand hat. Welchen Klang besitzt dieser gesunde Bewußtseinszustand. Stimme diesen Ton nun mit deinem Kristall ab und sende ihn durch den Kopf des Patienten in sein Drittes Auge. Du lädst den Kristall in deiner rechten Hand beständig mit diesen Tönen und Farben auf. Diese Schwingungen treten nun in Interaktion mit der Körperschwingung und verändern sie. Dies verändert den Körper. In einem Kristall hast du ein Werkzeug, das endlos viele Werkzeuge in sich birgt.

Wenn du das Gefühl hast, daß du mit dem emotionalen und mentalen Körper genug gearbeitet hast, benutze den Kristall, um den Patienten vollständig mit klarem, goldenen Licht zu umgeben. Die goldenen Aura umhüllt ihn, schützt ihn und verleiht ihm Energie. Wenn du willst, spüre, welcher Klang diesem Licht entspricht. Du kannst diesen Ton singen, während du dir dieses Licht vorstellst.

Nachdem du dies getan hast, visualisiere eine goldene Schnur von Energie, die vom unteren Ende der Wirbelsäule in die Erde reicht. Diese Schnur verbindet den anderen mit der nährenden und transformierenden Kraft der Erde. Sieh den anderen nun als einen klaren Kanal zwischen Himmel und Erde. Schließlich schließt du den anderen wie bei dem vorherigen Heilungsprozeß und streichst ihn von Kopf bis Fuß kräftig ab. Streiche jede negative Energie, jede Disharmonie aus seinem Körper und schüttele sie in die Erde. Wasche dann deine Hände und reinige dich, deine Werkzeuge und den Raum, in dem du gearbeitet hast.

Wasseraufladen

Eine weitere Methode, die nicht nur zum Heilen, sondern auch zur Aufrechterhaltung der Gesundheit geeignet ist, besteht darin, Wasser mit Kristallen und anderen Edelsteinen mit Energie aufzuladen. Diese Technik ist auch zur Energieaufladung des Körpers geeignet, indem sie dein Wohlbefinden steigert und deine Vitalität erhöht. Um Wasser aufzuladen, benutze ein klares Glasgefäß und fülle es mit destilliertem oder Quellwasser. Dann such dir einen klaren Quarzkristall oder jeden anderen farbigen Edelstein, um ihn zusammen mit Wasser zu benutzen. Mit diesem Stein sollte eine Eigenschaft oder eine besondere Schwingung verbunden sein, die du als wohltuend für deinen Körper empfindest. Wenn du dich beispielsweise krank fühlst, verwende einen Amethyst. Dieser Edelstein eignet sich für jede Art von Heilung. Ebenso kannst du einen weißen Kristall wählen, wenn du das Bedürfnis nach mehr Energie verspürst. Klare Kristalle können auch als vorbeugende Maßnahme gegen Krankheit oder Unwohlsein verwendet werden. Reinige den Edelstein, bevor du ihn benutzt. Nachdem du ihn gereinigt hast, kannst du ihn mit Energie aufladen. Lege ihn dann in den Wasserbehälter. Sensitiviere deine Hände und konzentriere dich auf den Wasserbehälter.

Halte deine Hände mit den Handflächen nach unten ungefähr zehn Zentimeter über das Wassergefäß. Wenn deine Hände sensitiv sind und deine Konzentration sehr stark ist, wirst du zwischen deinen Handflächen und dem Wasser eine sehr starke Energie spüren. Kreise mit deinen Händen drei- oder viermal im Uhrzeigersinn über dem Gefäß, wobei die Handflächen immer noch nach unten weisen. Mit Hilfe deiner Sensitivität wirst du eine tatsächliche Veränderung zwischen deinen Handflächen und dem Wasser verspüren, in dem sich der Kristall befindet. Du hast die Qualität des Wassers nun wirklich mit den Energien des Edelsteines, den du in das Wasser hineingelegt hast, verändert. Du kannst den Unterschied tatsächlich wahrnehmen. Dies beruht nicht nur auf der Farbe und der bestimmten Sorte Edelstein, die du verwendet hast, sondern auch auf der Energie, mit der der Stein aufgeladen worden ist. Wenn du das Wasser nun trinkst, wird es wiederum deinen Körper beeinflussen, indem es ihm die Energie verleiht, die du dem Edelstein »einprogrammiert« hast. Wenn du in Eile bist, kannst du nun von diesem Wasser trinken. Die Wirkungen des Wassers werden jedoch noch viel stärker sein, wenn du den Wasserbehälter eine Stunde lang, einen Tag oder sogar drei Tage lang ins Sonnenlicht stellst. Dann kannst du es trinken oder im Kühlschrank zum späteren Gebrauch aufbewahren. Es ist auch möglich, im voraus mehrere Wassergefäße vorzubereiten, in die du verschiedene Edelsteine legst, je nachdem zu welchem Zweck du sie später verwenden möchtest. (Beschrifte die verschiedenen Gefäße, je nachdem, zu welchem Zweck du die Edelsteine programmiert hast, so daß du später immer genau weißt, wofür du das Wasser gebrauchen kannst.) Es empfiehlt sich, immer nur eine Sorte Edelstein von einer einzigen Farbe in jedes Gefäß zu legen. Manche Quellen geben aber auch an, daß man verschiedene Farben und Edelsteine mischen kann. Tu, was du für richtig hältst. Wenn du andere Menschen heilst, kannst du Wasser für sie mit Energie aufladen, das sie mitnehmen und in den darauffolgenden Tagen trinken können. Achte auch auf die Wirkungen der verschiedenen Dosierungen. Manchmal genügen ein paar Schlucke. In akuten Krankheitsfällen kannst du alle fünfzehn Minuten in der ersten Stunde ein Glas Wasser trinken, und dann im weiteren Tagesverlauf kleinere Mengen. Experimentiere selbst und überprüfe die Ergebnisse.

Farbheilen

Beginne, alles über Farben zu lernen und wann und wo du bestimmte Farben gebrauchen kannst. Lerne, welche Farben du im Zusammenhang mit einem bestimmten Menschen und bestimmten Umständen verwendest, indem du deine Intuition folgst, während du dir immer vor Augen hältst, was du an allgemeinem Wissen über Farben in dir hast. Es gibt verschiedene Methoden. Manche eignen sich für bestimmte Situationen, während sie in anderen Situationen ungeeignet sind. Jede Heilsituation ist anders. Jeder Mensch ist anders.

Um dein eigenes Gefühl für die Arbeit mit Farbe zu entwickeln, finde als erstes heraus, in welchem Zustand sich der Mensch befindet, mit dem du arbeiten möchtest. Finde dann heraus, welche Farbe seinem Zustand entspricht. Konzentriere dich auf die Veränderung, die du bewirken möchtest, und verwende die Farbe, die diese Veränderung repräsentiert. Um dies klarzumachen, wollen wir folgendes Beispiel betrachten. Angenommen ein Mensch hat Fieber. Schließe deine Augen und zentriere dich. Wie empfindest du das Fieber in deinem eigenen Körper? Welche Farbe scheint dem Fieber zu entsprechen? Welche Bilder tauchen in dir auf? Wähle die Farbe, die dir als erstes spontan in den Sinn kommt. Laß deinen Intellekt beiseite: Folge deiner inneren Führung. Welche Farbe taucht in dir auf? Rot? Ja, tiefrotes Feuer. Stell dir nun vor, daß das Fieber vorbei ist. Wie fühlt sich das an? Ruhig, kühl. Welche Farbe taucht vor deinem geistigen Auge auf? Blau oder manchmal auch Grün. Nimm dann deinen Edelstein und kanalisiere die Farbe Blau oder Grün in das Fieber hinein. Denke daran, daß du einen klaren Kristall verwenden kannst, um mit seiner Hilfe die jeweilige Farbe zu kanalisieren, oder du benutzt einen Edelstein, der diese Farbe besitzt. Manchmal kannst du den Patienten mit Amethysten umgeben, um zu seiner Heilung beizutragen. Oder du benutzt klares Licht, um ihn mit Energie aufzuladen. Auf diese Weise findet Farbheilung im wesentlichen statt. Farbheilung ist eine Angelegenheit der Praxis und des Feedbacks. Frage deinen Patienten einige Tage später nach seinem Befinden. Weitere Informationen über Farbheilung findest du in den Abschnitten über Farbe und farbige Edelsteine.

Heilmeditation

Die nachfolgende Kristallvisualisation ist eine Heilmethode, die du bei dir selbst und auch bei anderen anwenden kannst. Höre sie von einem Tonband ab oder laß sie dir von jemandem laut vorlesen, während du die Heilmeditation machst.

Der Kristallweg

Setz dich aufrecht hin. Lege einen natürlichen Quarzkristall vor dich hin, so daß du ihn sehen kannst. Oder du hältst den Kristall in deiner linken Hand und betrachtest ihn. Wenn du keinen Quarzkristall bei dir hast, stelle dir einen vor. Schließe die Augen, und stelle dir in deiner Phantasie einen Kristall vor. Schaue in den Kristall hinein und suche einen Ort, der dein Interesse erregt, und während du auf diesen Ort schaust, bewege dich immer mehr auf ihn zu. Wie sieht dieser Fleck aus? Betrachte ihn noch mehr aus der Nähe . . . konzentriere dich wirklich auf diesen Fleck . . . achte auf jedes noch so kleine Detail . . . suche dir ein Detail heraus, und betrachte es aus der Nähe . . . schaue genau hin . . . und während du diesen Fleck betrachtest, scheinst du dich zu bewegen . . . immer näher und näher und näher . . . deine Augen schließen sich, während du dich diesem Fleck immer mehr näherst, und plötzlich befindest du dich im Inneren des Quarzkristalles.

Über dir befindet sich die Spitze des Kristalls, und du sitzt auf dem Boden des Kristalls. Spüre den Boden des Kristalls unter dir. Welche Temperatur herrscht hier? Wie sieht es im Inneren des Kristalls aus? Achte einmal darauf, daß das Licht in dem Kristall sehr, sehr klar ist. Du kannst eine Schwingung um dich herum wahrnehmen. Der Kristall schwingt schnell und gleichmäßig, und du fühlst dich geborgen.

Atme nun in langen, tiefen Atemzügen ein und aus. Fülle deine Lungen . . . atme ein und aus, und leere deine Lungen nun vollständig. Atme ein . . . aus . . . ein . . . aus . . . Achte nun beim Atmen darauf, daß aus dem Bereich deines Herzens grünes Licht ausströmt, und während du atmest, siehst du, daß das Licht jedesmal, wenn du einatmest, stärker wird ... du atmest aus, und die Intensität des Lichts bleibt erhalten ... du atmest ein: Das Licht dehnt sich aus. Du atmest aus ... und atmest in diesem Rhythmus weiter, wobei das grüne Licht die Gegend um dein Herz vollständig einhüllt. Atme ein ... und aus ... Lenke deine Aufmerksamkeit nun auf den Bereich deiner Kehle. Während du diesen Bereich betrachtest, beginnt er, in türkisfarbenem Licht zu leuchten ... sehr hell, die Farbe des Himmels ... Türkis. Atme ein ... und aus. Während du atmest, wird das Türkis immer leuchtender und leuchtender, breitet sich aus ... bis der Bereich deiner Kehle vollkommen in Türkis gehüllt ist. Betrachte nun den Bereich zwischen deinen Augenbrauen in der Mitte deiner Stirn. Während du diesen Körperbereich betrachtest, erkennst du, daß er königsblau schimmert. Benutze deinen Atem, atme ein und aus ... ein und aus ... ein und aus ... und die Stelle in der Mitte deiner Stimme leuchtet nun heller und heller in Königsblau. Konzentriere dich nun auf den Bereich des Scheitels. Sieh dort die Farbe Violett. Du atmest in langen, tiefen Atemzügen und atmest tief aus, um in diesem violetten Licht zu schwingen. Laß sich dieses Licht immer weiter ausdehnen. Es erstreckt sich von der höchsten Stelle deines Kopfes aus so weit in den Raum hinein, wie du sehen kannst: violettes Licht. Laß dich seitlich, von vorne und von hinten von diesem Licht einhüllen, bis du vollkommen von violettem Licht umgeben bist. Vollkommen eingehüllt in kühles, violettes Licht. Entspanne dich in diesem Licht. Genieße sein Leuchten, seine Energie. Spüre die Ruhe, den Frieden. Die Farbe Violett wirkt sehr heilsam, sanft, weich, stark.

Spüre nun die äußere Hülle deines Körpers, die Haut ... die dich von dem violetten Licht, das dich von außen einhüllt, zu trennen scheint. Während du das Violett betrachtest, scheint es von dir getrennt zu sein. Beginne, es in dich hineinströmen zu lassen. Nimm seine heilende Kräfte in dich auf ... suche einen Bereich in deinem physischen Körper, der Heilenergie braucht, und lenke das violette Licht in diesen Bereich, reinige die erkrankten Körperteile in diesem Licht, ohne Schmerz, ohne Widerstand, weich und sanft ... fülle diese Körperstellen mit Violett ... laß Violett durch jeden Bereich in deinem Körper strömen, der gereinigt werden muß. Fülle dann deinen ganzen Körper mit diesem heilenden violetten Licht aus. Wenn du spürst, daß du friedvoll und zufrieden bist, betrachte die Emotionen, die mit irgendeiner Krankheit oder einem bestimmten Umstand verbunden sind ... und lenke deine Aufmerksamkeit auf die Emotionen, die besonders schmerzlich für dich sind. Laß das violette Licht nun durch dein Herz fließen ... durch deinen Kopf ... durch deinen ganzen Körper ... es beruhigt dich, bis du dich vollkommen entspannst. Du badest in Violett, Lila, Amethyst, violettem Licht.

Spüre nun, wie du dich fühlst. Spüre, wie du in dem Violett zu vibrieren scheinst. Überall in dir sind Schwingungen. Achte nun auf deine Umgebung. Wie fühlt sie sich an? Befindet sie sich in Harmonie mit der violetten Schwingung in dir? Achte darauf, ob du irgendwelche Bereiche in deiner Umgebung findest, die dir disharmonisch erscheinen und nicht mit dir im Gleichgewicht sind. Fülle diese Bereiche mit Violett. Fülle deine ganze Umgebung mit violettem Licht, bis du in vollkommener Harmonie mit ihr bist. Es gibt nun keinen Unterschied mehr zwischen der Schwingung, den Gefühlen, der Ganzheit, dem Frieden in dir und deiner Umgebung.

Entspanne dich in deiner Umgebung. Spüre, wie du dich immer zufriedener, friedvoller und freudvoller fühlst. Entspanne dich. Laß das Violett, das dich umgibt, sich nun ausdehnen. Laß es sich vor dir nach rechts soweit ausdehnen, wie du sehen kannst. Laß es sich hinter dir ausdehnen ... nach links ... es dehnt sich weiter und weiter aus ... überall um dich herum, auf allen Seiten ... deine Umgebung ist vollkommen violett. Laß die Farbe Violett sich nun auch unter dir ausdehnen. Immer weiter und weiter, so weit du sehen kannst. Fühle, daß alles unter dir violett ist, überall heilender Amethyst! Und auch über dir. Betrachte das Violett über deinem Kopf. Laß es sich ausdehnen. Laß seine Schwingung höher und höher werden. Dehne es immer höher aus. So lange, bis alles über dir, soweit du sehen kannst, violett ist, Amethyst. Alles um dich herum ist ruhig und friedlich, geheilt, vollkommen geheilt. Tauche in das Gefühl des Ganzseins und Teilseins ein. Du bist vollkommen entspannt und zufrieden.

Während du das violette Licht nun visualisiert, so weit dein Auge reicht, und zwar in jeder Richtung, ziehe das Violett nun wieder zu dir zurück, immer näher und näher. Während du dies tust, bist du immer noch von Violett umgeben, aber du hast das Gefühl, als würdest du dich immer mehr zurückziehen. Bis du Grenzen um dich herum spürst. Die Haut deines Körpers. Spüre deine Haut. Spüre den Druck unter dir, den Fußboden unter dir, das Gefühl des Bodens unter deinen Füßen. Spüre seine Wirklichkeit.

Achte nun auf deinen Atem. Atme ein . . . fülle deine Lungen . . . halte den Atem an . . . und atme aus, leere deine Lungen vollständig. Atme ein . . . fülle deine Lungen . . . atme aus, leere deine Lungen. Atme und fühle deinen Atem. Und während du deinen Atem spürst, erkennst du die Wände des Kristalls, in dem du sitzt. Schau um dich, und sieh die Wände des Quarzkristalles, in dem du dich befindest. Nimm wahr, daß alles um dich herum Kristall ist, leuchtendes Weiß. Klares Licht, hohe Schwingung, starke Energie. Klarer Quarzkristall. Während du sitzt und geradeaus blickst, öffnet sich nun vor dir eine Tür, die dich einlädt, hindurchzugehen. Visualisiere, wie du auf die Tür zutrittst und durch sie hindurch. Dreh dich nun um und entferne dich von dem Quarzkristall. Die Tür schließt sich. Während du dich immer weiter von dem Kristall entfernst, siehst du, wie er sich schließt. Du entfernst dich immer mehr. Der Kristall schrumpft scheinbar und kommt auf dich zu, bis du ihn in deiner linken Hand hältst; oder du erinnerst dich wieder, daß der Kristall vor dir liegt. Visualisiere den Quarzkristall nun vor dir oder in deiner linken Hand. Stell ihn dir vor. Wenn du ihn in der Hand hältst, spüre ihn. Dreh ihn in deiner Hand und spüre, wie er sich anfühlt. Öffne nun deine Augen. Schau nun den Quarzkristall vor dir oder in deiner linken Hand an. Blicke in deinen Kristall hinein. Spüre nun, wie du dich fühlst. Ruhig, voller Frieden und Zufriedenheit, geheilt.

Wie deine Kristallarbeit in Gang kommt, und andere Betrachtungen

Jetzt, da du einige Heilmethoden kennst, fragst du dich sicher, wie du nun überhaupt beginnen sollst? Das erste, was du tun mußt, ist zunächst, selbst mit Hilfe deiner Kristalle zu arbeiten. Arbeite mit deiner Familie, deinen Haustieren und sogar mit deinen Pflanzen. Achte darauf, was sich um dich herum in deiner unmittelbaren Umgebung befindet. Ist deine Umwelt in Harmonie? Wenn ja, finde heraus, welche Faktoren diese Harmonie schaffen. Sei bei deinen Beobachtungen aufrichtig. Spürst du Disharmonie, finde die Ursache dieses Ungleichgewichts. Was kannst du mit deinen Kristallen tun, um das Gleichgewicht wiederherzustellen. Wenn du anfangs mit dir, deinen Familienangehörigen und deiner unmittelbaren häuslichen Umgebung arbeitest, lernst du nicht nur aus der tatsächlichen Erfahrung, sondern baust in dir und deiner Umgebung ein festes Fundament an Vitalität, Gesundheit, Harmonie und Weisheit auf, von wo aus du wirken kannst. Dann besitzt du wirklich etwas, das du anderen anzubieten hast. Je mehr du mit dir arbeitest, desto mehr werden deine Mitmenschen das bemerken, auf dich zukommen und dich bitten, auch mit ihnen zu arbeiten. Du bekommst eine ganz bestimmte Ausstrahlung und erzielst Wirkungen, die von anderen wahrgenommen werden. Wenn du dann mit anderen Menschen arbeitest und Erfolge erzielst, werden deine Heilbefähigung und deine Bereitwilligkeit, mit deinen Fähigkeiten anderen Menschen zu dienen, durch Mundpropaganda immer mehr Menschen bekannt werden.

Um durch Kristallarbeit zu heilen, brauchst du Mut. Selbst wenn du vielleicht verstehst, daß der höhere Geist, die Lebensenergie, durch dich wirkt und dir zeigen wird, welche Absicht, welches Ziel er verfolgt, stellen andere Menschen völlig andere Erwartungen an dich. Im allgemeinen erwarten die Menschen sichtbare Ergebnisse, wenn sie zu dir kommen, und reagieren wahrscheinlich nicht gerade positiv, wenn sie keine sofortigen Erfolge sehen. Jedesmal, wenn du mit Kristallen arbeitest, mußt du dich selbst für den heilenden Energiestrom öffnen, der durch dich fließt, und daher kannst du dich verletzbar fühlen.

Vielleicht hast du das Gefühl, daß du ein sehr großes Risiko auf dich nimmst. Wenn du jedoch in deiner Mitte bist, erkennst du, daß du in Wirklichkeit kein Risiko eingehst. Du bleibst der, der du bist, gleich, was andere Menschen in dich hineinprojizieren. Eigentlich ist nichts gewonnen oder verloren worden. Dennoch erachtest du es zuweilen als riskant, dich zu öffnen und verletzlich zu werden, um zu heilen. Aber du bleibst bei der Stange und stellst dich der Herausforderung und der Verantwortung. Dies ist das Gefühl, wenn man Energie kanalisiert, und es bedarf großen Mutes, sich darauf einzulassen und einfach vorwärts zu gehen.

Wenn du andere Menschen heilst, wird es sich als sehr nützlich erweisen, wenn du, bevor du arbeitest, ganz offen mit ihnen sprichst. Erklär ihnen, daß du dich selbst anbietest, ein Kanal zu sein, und daß die Heilung vielleicht nicht der entspricht, die sie erwarten. Versprich nicht, was du letztlich nicht in der Hand hast. Biete an, es zu versuchen, und schau, was passiert. Dies eröffnet dem anderen die richtige Perspektive dafür und hilft ihm, für die Heilung offener zu sein. Es kann vorkommen, daß dein Ansatz dem anderen vielleicht das Gefühl gibt, daß er sich nicht selbst heilen kann. Dies schwächt ihn, wo du ihn doch eigentlich bei seiner Heilung unterstützen möchtest. Ist der andere geschwächt, kann er nicht mehr aktiv an dem Heilungsprozeß teilnehmen, was die Heilung ja erst wirklich wirkungsvoll macht. Daher ist es gut, daran zu denken, daß du nur der Kanal bist, und dies deinem Patienten mitzuteilen. Eine andere Sache, die dich bei deiner Kristallarbeit stören kann, ist Zweifel. Du mußt bereit sein, dich über jeden Zweifel hinwegzusetzen, um die Heilung durchzuführen. Zweifel können sich auf vielerlei Art manifestieren, daher achte darauf, ob und wann du zweifelst, und setz dich darüber hinweg. Jeder Heiler erlebt dies bei seiner Arbeit früher oder später einmal. Manche Heiler haben jedesmal Zweifel. Wenn du mit deiner Arbeit anfängst und die Energie durch dich hindurchzufließen beginnt, wirst du bewußter, und der Zweifel verschwindet. Dies ist ähnlich wie Lampenfieber. Kurz bevor du auf die Bühne gehst, ist die Angst am stärksten. Wenn du dann auf der Bühne bist und zu spielen beginnst, verschwindet sie.

Was noch geschehen kann, ist, daß du Angst bekommst. Dies kann die Angst sein, etwas falsch zu machen, oder die Furcht, zu sehr »abzuheben«, wenn du dich im meditativen Zustand befindest, oder daß du nicht mehr genau weißt, was vorgeht, oder die Befürchtung, ausgelacht oder psychisch »angegriffen« zu werden. Erkenne, daß du dich in die Hände des höheren Geistes begibst, damit er dich benutzen kann, und daß du von ihm geführt wirst. Du bist also auch beschützt. Dies kann ich nicht genug betonen. Der höhere Geist wird dich immer beschützen!

Wenn du es für notwendig hältst, kannst du einiges tun, um deinen Schutz zu gewährleisten. Das eine ist die Methode, bei der du dich mit einem goldenen Lichtkreis umgibst und dir vorstellst, daß jede eventuell auftauchende Negativität an diesem goldenen Lichtkreis abprallt. Eine andere Technik besteht darin, jede Angst in lilafarbenes Licht einzuhüllen, mitunter auch in ein warmes Grün, das aus deinem Herzen ausströmt. Hülle jede Angst mit liebevoller Energie ein. Dadurch wird sich die Angst auflösen.

Manchmal absorbierst du vielleicht Negativität durch dein Herzchakra, manchmal durch dein Nabelchakra. Wenn du einen Kristall über diesen Energiezentren trägst, wirkt dies wie ein Spiegel. Jede Negativität wird dorthin zurückreflektiert, wo sie herstammt. Und je offener dein Herz ist, um so weniger wirst du mit Angst und Zweifel zu tun haben.

Bei der Heilarbeit mit Kristallen werden enorme Energiemengen durch den Körper kanalisiert und manchmal auch durch den Körper des Patienten. Sehr oft erkennst du dies nicht. Bisweilen hat dies sehr unangenehme Auswirkungen auf deinen physischen Körper, die dich bei deiner Heilarbeit stören können. Dein Körper kann beispielsweise sehr kalt werden oder manchmal kühlt sich der Körper deines Patienten ab. In diesem Fall mußt du dafür sorgen, daß du die Raumtemperatur erhöhst. Du kannst auch eine Decke über deinen Patienten legen und dir selbst einen Pullover anziehen. Bei der Heilarbeit ist es nicht ungewöhnlich, daß der Körper auskühlt, so daß du immer eine Decke oder ein warmes Kleidungsstück zur Hand haben solltest.

Andere Symptome, die auftauchen können, betreffen besonders dein Nervensystem. Wenn du schwache Nerven hast, können Schüttelfrost, Verspannungen der Schultern, des Kiefers, Zähneklappern oder ein unangenehmer metallischer Geschmack im Mund auftauchen. In extremen Fällen kann sich dein ganzer Körper schütteln. Dann ist dein Nervensystem für die Energie, die durch dich hindurch fließt, zu schwach. Ein rasches Gegenmittel besteht in einer Übung, bei der das Kinn wie beim Nicken ungefähr ein bis zwei Zentimeter zur Brust hin gesenkt wird. Dabei werden die oberen Chakras geöffnet, und die Energie kann abfließen. Bei dieser Übung blickst du geradeaus, senkst dann das Kinn ein bis zwei Zentimeter nach unten, ohne dabei den Kopf fallen zu lassen. Dabei streckst du den Hals. Statt Zittern oder Schütteln kann es auch sein, daß du Schwindelanfälle bekommst. Auch dagegen wirkt die obige Übung genauso effektiv. Atme dann in langen, tiefen Atemzügen und trinke etwas Wasser. Solche Anzeichen deuten darauf hin, daß es Zeit ist, Blockierungen in bestimmten Energiekanälen zu lösen, dein Nervensystem zu stärken und wenn möglich etwas auszuruhen.

Wenn du beginnst, mit Kristallen zu arbeiten, und erste Erfolge erzielst, möchtest du sofort die ganze Welt heilen. Versuch das ja nicht! *Heile nur dann, wenn du darum gebeten wirst.* Wenn du nicht abwartest, bis man dich fragt, rufst du bei anderen nicht nur Ärger und Befremdung hervor, sondern bringst sie von ihrem tatsächlichen Heilungsprozeß ab. Wenn jemand geheilt werden möchte, wird er danach fragen. Du hast nicht das Recht, dich in das Leben eines anderen Menschen einzumischen. Der andere wäre dann für eine Heilung wahrscheinlich auch gar nicht offen. Wenn er nicht offen ist oder sich dir aktiv widersetzt, wird deine Heilung wohl auch keinen Erfolg haben, worauf du in Verwirrung und Selbstzweifel gerätst. Dies wird dich wiederum bei deiner zukünftigen Heilarbeit mit Kristallen eine Zeitlang sehr negativ beeinflussen.

Zu der Regel, daß man niemals heilen soll, wenn man nicht darum gebeten wurde, sollte man noch einen weiteren Punkt berücksichtigen: Du kannst heilen, wenn du die Erlaubnis dazu bekommen hast. Manchmal vernimmst du durch deine innere Stimme, Gott, den höheren Geist, oder wie auch immer du es nennen magst, die Botschaft, mit einem bestimmten Menschen zu arbeiten. Wenn du nun mit diesem

Menschen arbeitest, ohne ihn gefragt zu haben, weil du die Erlaubnis dazu hast, arbeite niemals offenkundig, wie bei den ersten drei Heilmethoden dieses Kapitels. Wenn du einen subtilen Aufruf bekommen hast, den anderen zu heilen, dann arbeite auch mit subtilen Methoden. Arbeite mit Hilfe von Visualisation. Mit dieser Methode kannst du über eine große Entfernung heilen. (Natürlich kannst du auch aus der Entfernung heilen, wenn du konkret um eine Fernheilung gebeten worden bist.)

Bei einer Fernheilung visualisiere als erstes die andere Person. Stell sie dir vor deinem geistigen Auge klar vor, und arbeite so mit ihr, als wäre sie anwesend. Auf den Bewußtseinsebenen, auf denen du nun wirkst, spielen Zeit und Entfernung keine Rolle. Diese Art der Arbeit erfordert mehr Konzentration als eine Heilung, bei der der Patient körperlich anwesend ist. Bei dieser Heilarbeit arbeitest du auf den feinstofflichen Ebenen. Du mußt die Funktionsweise dieser Bewußtseinsebenen nicht unbedingt verstehen, sondern nur deine Konzentration und deine Visualisation aufrecht erhalten.

Der Mensch, den du heilst, muß dies nicht unbedingt wissen. Er muß auch nicht unbedingt an die Wirkung deiner Fernheilung glauben oder besonders offen dafür sein. Deshalb heile nur dann, wenn du darum gebeten wurdest oder die Erlaubnis dazu bekommen hast. Alles andere wird auf dich selbst zurückfallen, und zwar so, daß du wünschtest, du hättest es nicht getan. Wenn du versuchst, ohne Erlaubnis zu heilen, oder ohne daß du darum gebeten wurdest, agierst du aus deinem Ego, deinen Wünschen heraus anstatt in Übereinstimmung mit den höheren Bewußtseinsebenen in dir. Dieses Gesetz ist bisweilen schwierig zu befolgen, da bei der Kristallarbeit dein Herz so offen wird, daß du all das Leiden um dich herum verstärkt wahrnimmst und dich danach sehnst, den Menschen zu helfen. Aber wahre Weisheit besteht darin, zu erkennen, daß man sich in die Dinge, so wie sie sind, oft nicht einmischen darf. Manchmal ist das der beste Weg zu dienen und zu helfen.

Bei der Heilarbeit mit Kristallen mußt du dich ständig regenerieren. Du kannst dich nicht immerzu nur verausgaben und Energie abgeben. Du mußt einen Energiekreislauf herstellen, der dich auch immer wieder mit Energie »auftankt«. Dazu schaffst du dir als erstes die Umgebung und Bedingungen, die dich stärken und regenerieren. Wenn du dann wieder »aufgeladen« bist, kannst du wieder mit dem Heilen beginnen. Gehe also nach einem bestimmten Plan oder Schema vor, oder lade dich immer sofort dann mit Energie auf, wenn du die ersten Anzeichen von Erschöpfung verspürst. Wenn du auf diese Anzeichen nicht achtest, wirst du dich ernsthaft schädigen und nicht mehr arbeiten können. Deshalb ist es wichtig, nein sagen zu lernen. Arbeite nicht, wenn es dir nicht paßt oder wenn es nicht die richtige Zeit für dich ist, um zu arbeiten. Arbeite nicht, wenn du müde bist. Verabrede dich zu einem späteren Zeitpunkt. Vor allem, sei aufrichtig mit dir selbst – und feinfühlig. Denke, wenn du arbeitest, an einen Energiekreislauf, durch den Energie von dir in einen anderen hineinfließt und von ihm zu dir zurück. Du mußt auf dich achten und für dich sorgen. Du bist nicht egoistisch, wenn du es ablehnst, jemanden zu heilen.

Es ist das Kennzeichen eines guten Heilers, daß er weiß, wann er nein sagen muß. Es ist am besten, offen und aufrichtig zu den Menschen zu sein, wenn man es ablehnt, sie zu heilen, und daran zu denken, daß man ihnen zu einem anderen Zeitpunkt immer noch helfen kann. Spüre intuitiv, was nötig ist, um den anderen zu heilen. Versuche dann, den anderen auf den richtigen Weg zu führen. Du kannst ihm eine einfache Technik vorschlagen, die ihm hilft, sich zu entspannen und besser zu fühlen. Dies erfordert nicht viel Energie. Den Klang »AHA« aus dem Herzchakra zu singen, ist eine ausgezeichnete Übung. Sie wirkt sehr beruhigend und hilft dem anderen, zu erkennen, was für ihn richtig ist. Und der Klang stärkt den anderen. Oftmals ist eine Krankheit eine Botschaft für den anderen, auf sich selbst zu hören. Da alle notwendige Information bereits in jedem von uns vorhanden ist, weiß auf einer bestimmten Bewußtseinsebene jeder, was er tun muß. Wir müssen uns nur zu dieser Information wieder Zugang verschaffen. Lehre die Menschen, etwas für sich zu tun, anstatt von dir abhängig zu werden, und immer wieder zu einer Heilung zu dir zu kommen. Erziehe die Menschen. Hilf ihnen, für sich selbst sensitiver zu werden und mehr Verantwortung für sich selbst und das eigene Wohlergehen zu übernehmen. Sei sehr feinfühlig. Versuche nicht, den anderen mehr zu sagen, als sie vertragen können. Lehre sie jedesmal, wenn sie kommen, ein bißchen mehr.

Mitgefühl

Was oft passiert, wenn man mit Kristallen heilt, ist, daß sich das Herz mehr öffnet und man das Leiden der Welt sowie der Menschen, mit denen man arbeitet, spürt. Man fühlt dieses Leid selbst physisch und emotionell. Du kannst es als dein eigenes persönliches Leiden empfinden, dich mit diesem Leiden füllen und Angst bekommen, wenn sich dein Bewußtsein erweitert. Vielleicht empfindest du dieses Mitleid so stark, daß du meinst, daß du es nicht ertragen kannst und daß es keine Möglichkeit gibt, zu helfen oder genug dagegen zu tun. An diesem Punkt mußt du erkennen, daß es für alles im Leben einen Grund gibt, so schrecklich es auch scheinen mag. Du kannst eine ganz andere Sichtweise des Leidens gewinnen, indem du dein Drittes Auge auf die Situationen konzentrierst, die voller Leiden sind oder auf Menschen, die leiden. Betrachte das Leiden von deinem Dritten Auge aus, und du wirst sehr viel Weisheit und Verständnis dafür erlangen. Einen Teil dieser Weisheit kannst du mitteilen, einen anderen Teil dieser Weisheit solltest du besser für dich behalten, aber er hilft dir, eine größere Perspektive zu gewinnen. Je mehr Weisheit du erlangst und je mehr du mit Kristallen oder metyphysisch arbeitest, um so mehr wirst du persönlich erfahren und verstehen, daß alles im Universum vollkommen zusammenpaßt.

Weise Menschen erfahren diese Wahrheit. Dies bedeutet nicht, daß du deine Augen oder dein Herz verschließen sollst oder aufhören sollst zu helfen. Im Gegenteil. Je mehr Weisheit du erlangst, um so stärker wird dein Mitgefühl. Und das heißt »unbeteiligtes« Mitgefühl. *Mitgefühl* hat nichts mit *Mitleid* zu tun. Mitgefühl besteht darin, weise und richtig auf Leid zu reagieren und zu helfen, und zwar nicht als Retter, oder indem der andere als schwächer oder geringer eingeschätzt wird, sondern als Gleichberechtigter. Mitgefühl und »Unbeteiligtsein« sind möglich, wenn du in dem Wissen lebst, daß alles im

Leben in Wahrheit eins ist. Zu wissen, daß alle Dinge in einer Wechselbeziehung zueinander stehen, bedeutet auch, zur richtigen Zeit richtig zu handeln. Nur die Verbindung von Weisheit und Herz ermöglicht dir, diesen Bewußtseinszustand zu erreichen. Entwickle dein Mitgefühl, indem du dein Herz und dein Drittes Auge öffnest, und du wirst wissen, wie du wirkungsvoll handeln mußt, damit dein Handeln ein wahrer Dienst am Leben ist.

Tod

Viele Kristallheiler finden es sehr schwierig, mit Situationen umzugehen, die mit Tod und Sterben zu tun haben. Es könnte beispielsweise jemand zu dir kommen, und du erkennst, daß er bald sterben wird. Du erkennst vielleicht sogar, daß es für ihn richtig ist, zu sterben. Es ist Zeit für seinen Übergang. Wie also kannst du dem anderen dies sagen, und wie solltest du mit ihm arbeiten? Um mit einem Menschen in dieser Situation umgehen zu können, mußt du dich mit deinem eigenen Tod konfrontieren. Du kannst mit nichts arbeiten, das du nicht bereit bist, selbst zu erfahren. Bevor du also mit einem Menschen arbeitest, meditiere über deinen eigenen Tod.

Meditation über den Tod

Stelle in Augenhöhe einen Quarzkristall vor dich. Du solltest am besten in einem dunklen Raum sitzen, wobei du den Kristall von hinten mit einer Lichtquelle oder einer Kerze beleuchtest. Setz dich bequem mit aufrechter Wirbelsäule hin. Blicke mit entspannter Konzentration in den Kristall. Schaue so lange in den Kristall, bis sich deine Augen ganz von alleine schließen wollen. Wenn sich deine Augen schließen, stell dir vor, daß du dich im Inneren des Kristalls befindest . . . in einem geborgenen, sicheren, erleuchteten Raum. Während du ruhig dasitzt, lenke deine Aufmerksamkeit sanft auf dein Herzchakra. Stell dir vor, daß du in dein Herz ein- und ausatmest. Laß alle Gedanken an dir vorbeiziehen, während sich deine Bewußtheit auf dein Herz konzentriert. Fühle dich an diesem ruhigen Ort und dehne dich aus, bis zwischen dem, was unter und außerhalb deiner Haut ist, kein Unterschied mehr zu bestehen scheint. Dehne dich über deine Haut hinaus aus, und zwar in alle Richtungen: Unter deine Füße, aus deinen beiden Körperseiten, deiner Vorderseite, deinem Rücken und über deinem Kopf . . . immer weiter nach außen. Fühle dich so, als hättest du keine Grenzen, keinen Körper. Tauche in diesen Raum ein . . . dieses Gefühl der »Istheit«, des reinen Seins. Kannst du dir vorstellen, daß du keinen Körper besitzt? Wie empfindest du das? Was ist dort? Keine Gedanken, nichts zu tun. Ein friedliches Fließen im Raum. Was ist dort? Wer macht diese Erfahrung? Wer bist du? Während du in diesen Raum eintauchst, werde dir langsam deiner Grenzen, deiner Haut bewußt. Tritt nun durch diese Grenzen in dein Inneres ein. Komm durch die Seiten, den Rücken, die Vorderseite, die Fußsohlen und den Kopf wieder zurück zu dir, in dich selbst hinein, bis du in deinem Mittelpunkt, deinem Herzen, angelangt bist. Werde dir deines Atems bewußt und tu so, als ob du aus deinem Herzchakra heraus atmen würdest. Stell dir nun vor, daß du stirbst. Welche Emotionen tauchen in dir auf? Traurigkeit – Angst? Welche Gedanken tauchen in dir auf? Überlaß dich diesen Emotionen und Gedanken. Tauche in sie ein. Lenke deine Aufmerksamkeit nun zurück auf deinen Atem. Atme aus deinem Herzchakra ein und aus. Atme bewußt und willentlich dreimal tief ein, fülle deine Lungen. Atme jedesmal kräftig durch den Mund aus. Wenn du nun so ruhig mit geschlossenen Augen dasitzt, visualisiere die Wände deines Quarzkristalls, der dich umgibt. Während du die Wände betrachtest, stell dir eine Tür vor. Gehe in deiner Vorstellung durch diese Tür hinaus. Nun entfernst du dich von dem Kristall und siehst, wie die Tür verschwindet und der Kristall auf seine ursprüngliche Größe zusammenschrumpft. Sieh nun, wie der Kristall vor deinen Augen liegt. Fühle die Oberfläche, auf der du sitzt. Wenn du möchtest, öffne die Augen. Bleibe noch einige Minuten sitzen und erde dich, bevor du aufstehst.

Wenn du über deinen eigenen Tod öfters meditierst, einen bewußten Traum hast oder außerkörperliche Erfahrungen machst, lernst du, daß der Tod gar nichts Schlimmes an sich hat. Tatsächlich kann er etwas Wunderschönes sein. Aber der Prozeß des Sterbens kann sehr schwierig sein. Das Sterben kann furchterregend oder schmerzvoll sein. Wenn du dann erst einmal tot bist, ist alles gut. Du entwickelst ein Gefühl der Leichtigkeit und Helligkeit. Tatsächlich kann es einem Sterbenden enorm helfen, ihm von diesem Gefühl der Helligkeit und Leichtigkeit zu erzählen, während man sich dennoch des Ernstes der Lage bewußt bleibt. Sei sensibel für den anderen. Manche Menschen sind nicht bereit genug, als daß man ihnen direkt sagen könnte, daß sie im Sterben liegen. Ist dies der Fall, beschäftige dich bei deiner Heilarbeit mit ihren Symptomen, und arbeite darüberhinaus auf einer tieferen Ebene. Lehre sie, sich zu zentrieren und zeige ihnen, wie man seinen Geist beruhigt und Gedanken und Gefühle losläßt. Hilf den Menschen dabei, Erfahrungen mit ihren feinstofflichen Körpern zu machen, um ihre Verhaftung an den physischen Körper zu lockern. Lehre dies auch die Menschen, denen du offen sagen kannst, daß sie sterben werden. Arbeite mit Träumen. Diese Techniken wurden an früherer Stelle in diesem Buch beschrieben. Sei einfach bei dem Sterbenden, wenn er seine verschiedenen Erfahrungen auf seinem Weg zum Übergang macht. Sei bereit, seine Erfahrungen zu teilen, so wie du es bei jeder effektiven Kristallheilung tust. Sei aufrichtig zu ihm. Mache diese Heilung zu einer Zeit des Wachsens, des Selbstbewußtseins, der Öffnung und Hingabe sowohl für den anderen als auch für dich. Wenn der Sterbende es will, sei zum Zeitpunkt seines Todes bei ihm. Hilf ihm, seinen Zustand der Ruhe, des Annehmens und des Selbstbewußtseins aufrechtzuerhalten. Atme mit ihm. Sei wirklich bei ihm in einer wahren Verbundenheit von Mensch zu Mensch und begleite ihn an den Punkt seines Übergangs. Bleibe bei ihm sitzen, bei seinem Selbst, seiner Seele, nachdem er seinen Körper verlassen hat. Bleibe mit seinem Körper in dem Raum sitzen, und wenn die Zeit gekommen ist, verlaß ihn. Sende ihm alle deine guten Wünsche.

Wenn du möchtest, kannst du ein altes Mantra für den Verstorbenen singen. Dieses Mantra hilft seiner Seele, sich schnell auf höhere

Bewußtseinsebenen zu begeben. Du kannst dieses Mantra selbst singen oder eine kleine Gruppe um dich versammeln. Nach dem Singen reinige dich und löse jede Bindung zwischen dir und dem anderen. Dies ermöglicht ihm, auf seinem Weg in andere Bewußtseinsdimensionen schnell vorwärtszukommen. Reinige dich mit irgendeiner Methode, die du zur Reinigung eines Kristalles verwenden würdest. Die bei den Indianern verwendete Reinigung mit Rauch eignet sich dafür sehr gut. Reinige dich, den Raum, in dem der andere gestorben ist, und die Kristalle und anderen Werkzeuge, die du benutzt hast. Du kannst einen besonderen Kristall für den Verstorbenen mit Energie aufladen, den du auf einen Altar oder irgendwo in der freien Natur niederlegst. Du könntest dem Kristall folgendes einprogrammieren:

---

1. Stelle dir den Verstorbenen vor deinem geistigen Auge vor, während du einen klaren Quarzkristall oder Amethyst in der Hand hältst. Dabei singst du ein Mantra in den Kristall hinein, das ihm helfen soll, schneller auf höhere Bewußtseinsebenen zu gelangen und die niederen astralen Ebenen rasch zu passieren. Empfohlene Mantras sind: OM, RAMA oder SATNAM. Nachdem du das Mantra in den Kristall hineingesungen hast, kannst du ihn auf ein Bild mit dem Symbol des Mantras legen oder darin einwickeln.

2. Nimm ein Bild von einem Engel oder heiligen Wesen hervor oder zeichne eines. Konzentriere dich auf den Verstorbenen, während du einen klaren Kristall oder einen Amethyst in der Hand hältst. Frage den Engel oder das Wesen, ob es den Verstorbenen durch die nachtodlichen Bereiche führen und begleiten und ihm helfen möchte. Wenn du in dir eine bejahende Antwort vernimmst, lege den Kristall auf das Bild dieses Wesens. Während du dies tust, konzentriere dich ständig auf den Verstorbenen.

Wenn du dies getan hast, laß den anderen emotional, mental und psychisch los. Deine Heilarbeit ist getan. Manchmal vernimmst du intuitiv, daß du deine Heilarbeit nach dem Tod des Betreffenden fortsetzen solltest. In diesem Fall hör auf deine innere Stimme. Sie wird dir mitteilen, was du zu tun hast. Du wirst geführt. Du kannst deine Kristalle benutzen sowie jede Technik, die du bei Menschen, die in ihrem Körper sind, anwenden würdest. Setze diese Techniken ein, solange du dir die hinübergegangene Person ganz klar vor deinem geistigen Auge vorstellen kannst. Höre jeden Tag sehr genau in dich, damit du weißt, wann es Zeit ist aufzuhören. Dann laß einfach los.

Mantra für Seelen im Übergang

Um ihnen auf ihrem Weg behilflich zu sein
(Für Menschen, Tiere und Pflanzen)

Stehe oder sitze mit geschlossenen Augen, und konzentriere dich auf dein Drittes Auge oder dein Herzchakra. Falte die Hände zum Gebet, und drücke sie fest auf dein Herzchakra. Singe drei- bis fünfmal, langsam folgendes Mantra (ungefähr je sieben Sekunden lang):

AKAL . . . AKAL . . . AKAL . . . AKAL . . . AKAL

Das erste A in AKAL wird ausgesprochen wie der Laut »a« in dem Wort »Tasse« und der Ton wird ungefähr eine halbe Sekunde lang gehalten.

Die Endung KAL wird die übrige Zeit lang gehalten und wird ausgesprochen wie in dem englischen Wort »call« (also wie ein offenes »o«; Anm. d. Übers.).

Bei dieser Aussprache wirst du automatisch in den richtigen Rhythmus fallen.

Dies brauchst du nur einen Tag zu machen. Du kannst das Mantra jedoch auch mehrere Tage lang singen, wenn du willst.

Wenn du stirbst, gehst du
nirgendwohin . . .
du bist dann immer noch hier.

KAPITEL 5: WEITERE ANMERKUNGEN

Festhalten

Bei der Kristallarbeit wirst du unvermeidlich auf Hindernisse stoßen, die du überwinden mußt. Wie bereits erwähnt, kannst du keine wirkungsvolle Kristallarbeit leisten, wenn du dich nicht konzentrieren, von Gedanken und Emotionen lösen oder deine innere Stimme nicht vernehmen kannst. Ein weiteres Hindernis besteht dann, wenn dein Körper nicht stark oder gesund genug ist, um die erhöhte Energie hindurchzukanalisieren. In diesem Buch wurden bereits verschiedene Methoden beschrieben, um diese offensichtlichen Hindernisse zu überwinden. Doch es gibt noch eine weitere große Schwierigkeit, auf die man ständig achten und die man immer wieder überwinden muß, da sie in vielerlei Gestalt auftauchen kann. Sie ist sehr schwer bei sich selbst zu entdecken, weil sie sehr subtil ist. Und zwar ist das das Problem des »Anklammerns« oder »Festhalten-Wollens« um jeden Preis.

Anklammern bedeutet, daß du dich von einer falschen Vorstellung dessen leiten läßt, wer du in Wirklichkeit bist, und dann an diesen Vorstellungen festhältst. Da das, worauf du dich da konzentrierst, in

Wirklichkeit eine Illusion ist und daher nicht von Dauer, wirst du dich immer unsicher fühlen. Bist du aber unsicher, so wirst du ständig versuchen, ein Gefühl der Sicherheit zurückzugewinnen. Da du an deinem illusorischen Selbstbild festhältst, wer du bist (oder nicht bist), wirst du diese Sicherheit mit den falschen Mitteln zu erreichen suchen. Du hältst an diesen falschen Mitteln fest, die dir scheinbar Sicherheit versprechen. *Die Folge dieses Festhaltens ist immer irgendeine Art von Leid.* Mit anderen Worten: Wenn du dich nicht darauf konzentrierst, wer du in Wirklichkeit bist, wirst du dich eher im Hinblick darauf festlegen, was du tust, was du denkst, was du fühlst, was du hast oder wie du aussehen möchtest. All dies verändert sich jedoch ständig, wie sehr du auch versuchst, es gleichbleibend beizubehalten: Dein Körper altert. Deine Gedanken und Gefühle ändern sich. Du bist vielleicht unfähig, etwas zu tun, was du früher tun konntest. Du kannst nirgendwo wirklich der Beste werden, da es immer noch jemand Besseren als dich zu geben scheint. Du meinst, nie genug zu bekommen, und was dessen mehr ist. Du wirst immer das Gefühl haben, daß es dir noch an etwas fehlt oder daß etwas noch nicht richtig ist. Meist gestehst du dir nicht einmal bewußt ein, daß du so empfindest. Diese Vorstellungen sind sehr subtil und beeinflussen all deine Gedanken, Gefühle und Handlungen. Du wirst das Opfer von Stolz, Ärger, Neid, Eifersucht und anderen Manifestationen deines begrenzten Ego.

Wozu führt dieses Festhalten an falschen Vorstellungen, und wie wird es zu einem Hindernis für effektive Kristallarbeit? Eine Folge davon ist Angst. Du hast Angst, etwas falsch zu machen. Du glaubst, immer alles richtig machen zu müssen. Wie, wenn das Heilen mit Kristallen nicht funktioniert? Diese Angst macht dich empfindlich. Du meinst, daß du immer mehr erreichen und der beste Kristallarbeiter werden mußt. Du gerätst in einen Konkurrenzkampf und verschließt dein Herz. Du klammerst dich zu sehr daran, ein Kristallarbeiter zu sein.

Wie kannst du dich für andere öffnen? Wie kannst du so offen werden, daß du jede Methode der Kristallarbeit je nach Situation in geeigneter Weise abwandeln kannst? Schließlich bist du so beschäftigt mit dir selbst (deinem falschen Selbst), daß dein Hauptinteresse nicht dem anderen gilt, mit dem du arbeitest, sondern insgeheim der Erhaltung deines Selbstbildes. Wenn du dich an eine falsche Vorstellung von dir hängst, bist du nicht in der Lage, deine innere Wahrheit zu vernehmen, und du kannst deiner inneren Führung nicht folgen. Bis dahin wird deine Kristallarbeit nur teilweise erfolgreich sein. Je mehr du an Vorstellungen festhältst, desto weniger können sich deine höheren Chakras öffnen, um dir bei deiner Kristallarbeit zur Verfügung zu stehen. Wenn deine höheren Chakras geschlossen sind, kannst du weder Sensitivität noch Bewußtsein für die höheren Ebenen entwikkeln.

Auch hierdurch wird deine Kristallarbeit in ihrer Effektivität wieder eingeschränkt. Klammerst du dich an eine illusorische Idee über dich selbst, wirst du niemals wahrhaft erfüllt und tief zufrieden sein können. Doch nur aus dieser tief inneren Erfüllung heraus gelingt die beste Kristallarbeit.

Dieses Anklammern ist eine Falle, in die man sehr leicht hineintappen kann, wenn man mit Kristallen oder metaphysisch arbeitet, vor allem wenn man sich dessen nicht bewußt ist. Diese Vorgänge sind kaum merklich. Achte auf Anzeichen wie Stolz, Ärger, Neid und andere derartige Manifestationen. Sei aufrichtig, verurteile dich nicht, und sei bereit, dich zu ändern. Um dich bei diesem Problem hilfreich zu unterstützen, kannst du dich außerdem mit aufrichtigen Menschen umgeben, die dir objektiv mitteilen, wenn du ihrer Meinung nach auf dem falschen Weg bist. Das können enge Freunde oder Lehrer sein. Schau, wie du dich selber definierst. Definierst du dich durch das, was du tust? Oder mit deinem Intellekt? Bist du bereit, dein altes Selbstbild loszulassen und herauszufinden, was wirklich da ist? Es erfordert Mut, den Vorstellungen ins Auge zu sehen, an die man sich klammert. Besitzt du diesen Mut und die Verantwortung für dich und deine Kristallarbeit? Die nachfolgende Meditation eignet sich ausgezeichnet dazu, dich von falschen Vorstellungen zu lösen.

Methode, um falsche Vorstellungen loszulassen

1. Umgib dich mit einem Kristallfeld: Einem Kreis, einem doppelten Dreieck oder irgendeiner anderen zentrierenden geometrischen Figur.

2. Zentriere dich und beruhige deinen Geist.

3. Als nächstes konzentriere dich auf folgende Fragen: Bist du bereit, nichts zu sein? Bist du bereit, nichts zu tun? Bist du bereit, niemand Besonderes, nichts Außergewöhnliches zu sein? Sitze nur einfach da.

4. Visualisiere, wie du bist, wenn du nichts tust und von keiner besonderen Bedeutung bist. Du hast weder recht noch unrecht. Sitze nur einfach da.

5. Visualisiere, wie du ganz einfach dasitzt, während das Leben oder die Ereignisse lediglich an dir vorüberziehen. Sitze nur einfach da. Laß die Vorstellung los, daß du irgend etwas tun mußt.

6. Spüre, wie du dich fühlst und wie es ist, nichts zu tun und nichts zu sein. Viele Emotionen werden bei diesem Prozeß in dir aufsteigen, wenn du ihn mit starker Konzentration und Visualisation ausführst.

Wie fühlst du dich? Fühlst du dich bedroht? Hast du das Gefühl, daß du etwas Wichtiges verlierst? Was wäre, wenn niemand wüßte, daß du sympathisch bist? Was wäre, wenn du an irgendeinem unbekannten Ort lebtest und du dort überhaupt nichts besonders Weltbewegendes machtest? Wie fühlst du dich dabei? Durchlebe jede Emotion, jeden Gedanken und jede gedankliche Vorstellung, die in dir auftaucht, und laß sie dann los. Dann mache weiter.

7. Wenn du dies mindestens elf Minuten lang gemacht hast, nimm einen großen Quarzkristall zur Hand und stell dir vor deinem geistigen Auge vor, wie du in diesem Zustand des Nichtstuns bist. Genieße diesen Zustand. Koste ihn voll aus. Wenn du in diesem Zustand keine Freude empfinden kannst, dann tu so, als ob er dir Vergnügen bereiten würde.

8. Während du dich in diesem Zustand des Nichtstuns und Nichts-Seins siehst, achte auf jeden Gedanken, jedes Gefühl, das in dir auf-

taucht und dir die Freude an diesem Zustand nimmt. Wenn derartige Gedanken oder Gefühle auftauchen, atme ein und aus und laß sie beim Ausatmen in den Kristall einströmen. Mache dies eine Weile lang. Mache dir alle Gedanken oder Gefühle bewußt, die dich aus deiner Harmonie bringen und dich in Spannung oder innere Aufregung versetzen, und laß sie in den Kristall hineinfließen.

9. Wenn du das Gefühl hast, daß es Zeit ist aufzuhören oder du diesen Prozeß beendet hast, nimm den Kristall und reinige ihn oder vergrabe ihn drei Tage lang über Nacht in der Erde.

10. Reinige die Kristalle, die du um dich herumgelegt hast, und bewahre sie auf. Reinige deine Umgebung. Erde und reinige dich.

Diese Übung eignet sich ganz ausgezeichnet dafür, etwas über dein Festhalten und Anklammern zu lernen. Mache sie mindestens dreißig Tage lang oder so lange, wie du willst. Wenn du erst einmal weißt, woran du dich hängst, kannst du das in deinem Alltag immer wieder beobachten. Beobachte dein Festhalten an einer Idee jedesmal und sieh zu, ob du sie loslassen kannst, wenn sie auftaucht. Verurteile dich nicht. Du bist nicht im Unrecht oder weniger wert, als irgend jemand anderes. Wenn ein Urteil in dir aufsteigt, laß es ebenfalls los. Währenddessen kannst du auch über die Frage nachdenken: »Wer bin ich?«

Streß hast du,
weil du dich an Ideen klammerst.
Kein Festhalten . . . Kein Streß

SCHLUSS . . .

Das Beste kommt noch

Wenn du die Übungen in diesem Buch so lange machst, bis du ihre Wirkungen erfährst, entwickelst du die Fähigkeit zu einem Meister der Kristallarbeit.

In diesem Prozeß wirst du auch noch andere Fähigkeiten in dir erkennen, die du vorher für unmöglich gehalten hättest. Vielleicht entwickelst du die Fähigkeit, genau zu wissen, was jemand denkt oder fühlt. Vielleicht kannst du in die Zukunft oder in die Vergangenheit sehen, feinstoffliche Farben und die Aura eines Menschen wahrnehmen, feinstoffliche Klänge hören, Astralreisen machen und verschiedene außersinnliche Wahrnehmungen erleben. Wenn du aber diese und andere phantastische Fähigkeiten für deine eigene persönliche Entwicklung nutzt, um dein Ego zu stärken, wirst du sie verlieren und darunter leiden.

Nachdem du diese Übungen am eigenen Leibe erfahren hast und mit deinen Kristallen arbeitest, wirst du erkennen, daß Kristallarbeit und jede andere metaphysische Arbeit kein Ziel an sich ist. Etwas anderes geschieht mit dir, das noch viel wichtiger ist. Du erlangst ein neues Bewußtsein und eine neue Lebensweise. Du überschreitest die Grenzen, innerhalb derer du dich vorher bewegt hast. Du erfährst einen Zustand unendlicher Expansion. Du lebst in einem Seins-Zustand, der ohne jeden Anfang und ohne jedes Ende existiert. Du bist in diesem Bewußtsein lebendig, ob du wach bist, schläfst oder deinen Körper verlassen hast. Du besitzt viel mehr Kraft und lebst im Wissen deiner eigenen Wahrheit. Alles wird dir möglich, solange es in Harmonie mit deiner inneren, intuitiven Stimme ist. Kristallarbeit steigert diese Erfahrungen nur noch. Das Beste daran ist jedoch, daß du eine unbegrenzte innere Freiheit erlebst, die aus deinem Herzen auszuströmen scheint. Du bist glücklich.

Du bist der Schöpfer deines eigenen Universums.

Mögest du glücklich sein

Möge die Freude vollkommener Freiheit
das Herz
deiner Seele durchdringen,
Und möge strahlende Ruhe
dein eigen sein.
Möge die Heiterkeit des Geistes
dein Geschenk sein,
wenn du der Vision der Wahrheit
mit unerschütterlichem Mut folgst.

Uma Silbey

Lebenshilfe

geb., 120 S.
ISBN 3-8138-0305-8

Britt Menrow

Im Reich der Düfte

„Rosen auf den Weg gestreut und des Harms vergessen.“

Blumen, wie Pflanzen allgemein, erfreuen nicht nur durch ihren Anblick, sondern helfen und heilen. Prominentestes Beispiel dafür ist die Rose – wie hier in der Zeile eines alten Volkslieds zitiert. Der Mythos, mit dem die Rose und ihr Duft seit Jahrhunderten in der Menschheitsgeschichte verankert ist, steht auch am Anfang des Buches „Geheimnisvolle Duft-Welt“, das in die Begegnungen mit ätherischen Ölen einführt.

Die Vielfalt und Konzentration dieser Duftstoffe hat aufgrund langjähriger therapeutischer Erfahrungen neben der angenehmen Sinneserfahrung den Effekt, ausgleichend und stabilisierend auf Körper und Geist zu wirken.

Britt Menrow arbeitet seit vielen Jahren als Heilpraktikerin auf dem Gebiet der Verhaltens-Therapie und ist auch als Beraterin in Seminaren mit dem Schwerpunkt Persönlichkeitsentwicklung aktiv.

Bücher aus dem Peter-Erd-Programm finden Sie überall im Buchhandel.
Fordern Sie das kostenlose Gesamtverzeichnis an bei:

Verlag Peter Erd • Gaißacher Straße 18 • 81371 München
Telefon (0 89) 7 25 30 04
Fax (0 89) 7 25 01 41

Ratgeber Partnerschaft

geb. m. Schutzumschlag, 280 S.,ISBN 3-8138-0288-4

Lauri-Rae

Vom Zauber der Erotik

„Die Sehnsucht nach Berührung“ wird nie vergehen – auch wenn das Stadium des heißen Verliebtseins schon eine Weile her ist. Doch wann ist Zeit für „Zärtlichkeit, der Ausdruck von Wärme und Liebe“? Wie arrangiert mann/frau „vergnügliche Stunden“, auf daß „die Lust auf Sex“ geweckt wird?

Die Kapitelüberschriften von „Beglückende Sinnlichkeit“ machen die Richtung des Bandes deutlich: Sympathisch einfühlsam möchte er Paare animieren, mit einer verfeinerten Erotik einander mehr Spaß und Lebensfreude zu bereiten. Was bedeutet: Von der Gastro-Liebesrezeptur bis zur Wahl der Dessous.

Lauri-Rae, Ex-Ehefrau von Bestseller-Autor Joachim H. Bürger und Fotomodell, gibt in diesem Band nicht nur aufregende Anregungen, sondern zeigt auch ihre schönsten (Körper-)Ansichten auf Kunstdruckpapier.

Bücher aus dem Peter-Erd-Programm finden Sie überall im Buchhandel.
Fordern Sie das kostenlose Gesamtverzeichnis an bei:

Verlag Peter Erd • Gaißacher Straße 18 • 81371 München
Telefon (0 89) 7 25 30 04
Fax (0 89) 7 25 01 41

Ratgeber Partnerschaft

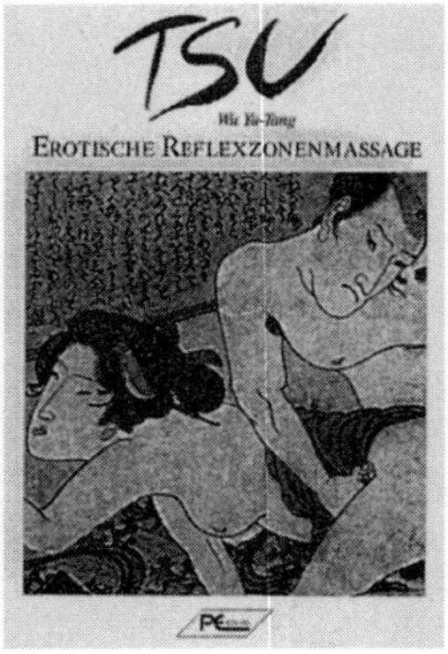

geb., 144 S.
ISBN 3-8138-0289-2

Tsu– die erotische Reflexzonenmassage

Jede Massage hat für den Empfänger neben dem gesundheitlichen auch einen genießerischen Aspekt, der eindeutig von sexuellen Empfindungen begleitet wird. Jeder mag es, aber kaum einer spricht darüber, wie sehr das durch die Berührung ausgelöste ‚Kribbeln' im Körper und auf der Haut guttut. Dabei entspricht der körperliche Kontakt unserer natürlichen Neigung nach Zärtlichkeit und Berührung.

Welche unglaublichen Spielräume der Körperkontakt als Urform menschlicher Kommunikation birgt, ist nachzulesen: In „Tsu – erotische Reflexzonenmassage" beschreibt Wu Yu-Tang die Feinheiten der chinesischen Massage, die nicht nur zu neuen Höhepunkten des erotischen Zusammenseins führen, sondern auch Ängste und Probleme im sexuellen Bereich auf sanfte Art beseitigen helfen.

Bücher aus dem Peter-Erd-Programm finden Sie überall im Buchhandel.
Fordern Sie das kostenlose Gesamtverzeichnis an bei:

Verlag Peter Erd • Gaißacher Straße 18 • 81371 München
Telefon (0 89) 7 25 30 04
Fax (0 89) 7 25 01 41